●収録内容一覧

■2025年度中学受験用

西武台千葉中学校

3年間スーパー過去問

入試問題と解説・解答の収録内容

2024年度　第一志望	算数・社会・理科・英語・国語 （英語は解答のみ）
2024年度　1回	算数・社会・理科・英語・国語 （英語は解答のみ）
2023年度　第一志望	算数・社会・理科・英語・国語 （英語は解答のみ）
2023年度　1回	算数・社会・理科・英語・国語 （英語は解答のみ）
2022年度　第一志望	算数・社会・理科・英語・国語 （英語は解答のみ）
2022年度　1回	算数・社会・理科・英語・国語 （英語は解答のみ）

～本書ご利用上の注意～　以下の点について，あらかじめご了承ください。

★別冊解答用紙は巻末にございます。本書に収録している試験の実物解答用紙は，弊社サイトの各校商品情報ページより，一部または全部をダウンロードできます。

★編集の都合上，学校実施のすべての試験を掲載していない場合がございます。

★当問題集のバックナンバーは，弊社には在庫がございません（ネット書店などに一部在庫あり）。

合格を勝ち取るための『スーパー過去問』の使い方

本書に掲載されている過去問をご覧になって，「難しそう」と感じたかもしれません。でも，多くの受験生が同じように感じているはずです。なぜなら，中学入試で出題される問題は，小学校で習う内容よりも高度なものが多く，たくさんの知識や解き方のコツを身につけることも必要だからです。ですから，初めて本書に取り組むさいには，点数を気にしすぎないようにしましょう。本番でしっかり点数を取れることが大事なのです。

過去問で重要なのは「まちがえること」です。自分の弱点を知るために，過去問に取り組むのです。当然，まちがえた問題をそのままにしておいては意味がありません。

本書には，長年にわたって中学入試にたずさわっているスタッフによるていねいな解説がついています。まちがえた問題はしっかりと解説を読み，できるようになるまで何度も解き直しをしてください。理解できていないと感じた分野については，参考書や資料集などを活用し，改めて整理しておきましょう。

このページも参考にしてみましょう！

◆どの年度から解こうかな　「入試問題と解説・解答の収録内容一覧」

本書のはじめには収録内容が掲載されていますので，収録年度や収録されている入試回などを確認できます。

※著作権上の都合によって掲載できない問題が収録されている場合は，最新年度の問題の前に，ピンク色の紙を差しこんでご案内しています。

◆学校の情報を知ろう!!「学校紹介ページ」

このページのあとに，各学校の基本情報などを掲載しています。問題を解くのに疲れたら息ぬきに読んで，志望校合格への気持ちを新たにし，再び過去問に挑戦してみるのもよいでしょう。なお，最新の情報につきましては，学校のホームページなどでご確認ください。

◆入試に向けてどんな対策をしよう？「出題傾向＆対策」

「学校紹介ページ」に続いて，「出題傾向＆対策」ページがあります。過去にどのような分野の問題が出題され，どのように対策すればよいかをアドバイスしていますので，参考にしてください。

◇別冊「入試問題解答用紙編」

本書の巻末には，ぬき取って使える別冊の解答用紙が収録してあります。解答用紙が非公表の場合などを除き，（注）が記載されたページの指定倍率にしたがって拡大コピーをとれば，実際の入試問題とほぼ同じ解答欄の大きさで，何度でも過去問に取り組むことができます。このように，入試本番に近い条件で練習できるのも，本書の強みです。また，データが公表されている学校は別冊の１ページ目に過去の「入試結果表」を掲載しています。合格に必要な得点の目安として活用してください。

本書がみなさんの志望校合格の助けとなることを，心より願っています。

株式会社　声の教育社　編集部

西武台千葉中学校

所在地	〒270-0235　千葉県野田市尾崎2241-2
電　話	04-7127-1111
ホームページ	https://www.seibudai-chiba.jp
交通案内	東武アーバンパークライン「川間駅」北口より 徒歩20分，スクールバス6分 坂東・関宿・境方面スクールバスあり

くわしい情報はホームページへ

トピックス

★2021年度よりApple ipad端末本体を貸与。
★教職を目指す生徒による，月2回の「小学校学習支援ボランティア」を実施。

創立年 平成4年　男女共学　高校募集あり

2024年度応募状況

募集数		応募数	受験数	合格数	倍率
第一	男	14名	14名	12名	1.2倍
50名	女	25名	25名	24名	1.0倍
1回	男	17名	9名	8名	1.1倍
30名	女	24名	8名	8名	1.0倍
特待	男	13名	9名	1名	9.0倍
10名	女	16名	9名	0名	—
2回	男	13名	—	—	—
10名	女	17名	—	—	—

2024年度入試情報

第一志望入試（50名）
試 験 日 ：2023年12月3日
試験科目：国語・算数　もしくは
　　　　　国語・算数+英語・社会・理科から1科
　　　　　国語・算数（帰国子女・外国人）
第一回入試（30名）
試 験 日 ：2024年1月20日
試験科目：国語・算数　もしくは
　　　　　国語・算数+英語・社会・理科から1科
一科目特待選抜入試（10名）
試験日　：2024年1月27日
試験科目：算数・英語から1科
第二回入試（10名）
試 験 日 ：2024年2月4日
試験科目：国語・算数　もしくは
　　　　　国語・算数+英語・社会・理科から1科

教育目標

知性を磨き，情操を豊かにし，徳性を高め，教養ある人間を育成する。

社会に適応する能力を養い，社会正義と平和を実現できる心身強健な人間を育成する。

自分自身が幸福な人生を送るだけでなく，世の中に役立ち得る人間を育成する。

教育方針

「学習活動」「部活動」「体験活動（教養）」を3本柱に据え，バランスの良い人材育成を目指しています。そして，それらの活動は，西武台千葉中学校・高等学校の校章の文字イニシャル「武」の精神性=「礼儀正しさ」「相手を慮る気持ち」「他人の役に立つために自らを律し，高めようとする強い精神力」等を意識して行われています。

2024年春の主な大学合格実績

＜国公立大学＞
東京工業大，千葉大
＜私立大学＞
慶應義塾大，早稲田大，上智大，東京理科大，明治大，青山学院大，立教大，中央大，法政大，成蹊大，日本女子大，國學院大，獨協大，武蔵大，日本大，東洋大，駒澤大，専修大，芝浦工業大，千葉工業大，東京電機大，大東文化大，亜細亜大，帝京大，東海大

編集部注一本書の内容は2024年4月現在のものであり，変更されている場合があります。正式な情報は，学校のホームページ等で必ずご確認ください。

算数 出題傾向＆対策

◆基本データ（2024年度第一志望）

試験時間／満点	50分／100点
問題構成	・大問数…６題 計算１題（５問）／応用小問１題（５問）／応用問題４題 ・小問数…20問
解答形式	解答のみを記入するものと，求め方も記述するものがある。必要な単位などはあらかじめ印刷されている。
実際の問題用紙	Ａ４サイズ，小冊子形式
実際の解答用紙	Ａ３サイズ

◆出題傾向と内容

▶過去３年の出題率トップ３
１位：四則計算・逆算18％　２位：計算のくふう12％　３位：場合の数８％
▶今年の出題率トップ３
１位：四則計算・逆数23％　２位：約数と倍数，図形と規則13％

計算問題は，小数，分数の計算が中心ですが，計算の順序をくふうすれば簡単になるなど，くふうが必要な問題も出されています。

応用小問は，いろいろな分野から基本的なものを中心に出題されています。レベル的には，公式を使って，習ったとおりに解けば，確実に答えがだせる問題が多いので，ここでしっかり得点しておきたいところです。

応用問題では，図形に関するもの，中でも特に面積を求めるものが合格のカギをにぎりそうです。また，平面図形ばかりでなく，立体図形も見られます。

◆対策～合格点を取るには？～

まず，正確ですばやい計算力を毎日の計算練習でモノにしましょう。自分で無理なくこなせる問題量を決めて，コツコツと続けてください。

本校では，図形の面積を求める問題がよく出題されていますから，問題集で，等しい面積の部分を見つける練習などをくり返しておくとよいでしょう。

なお，全体を通していえることですが，算数では答えを導くまでの考え方や式がもっとも大切です。ふだんからノートに自分の考え方，線分図，式をしっかりとかく習慣をつけましょう。

分野 ＼ 年度		2024		2023		2022	
		第一	１回	第一	１回	第一	１回
計算	四則計算・逆算	●	●	●	◎	●	◎
	計算のくふう		○	◎	●	○	●
	単位の計算			○			
和と差	和差算・分配算		○				
	消去算					○	
	つるかめ算		○				
	平均とのべ	○			○	○	
	過不足算・差集め算		○				
	集まり						
	年齢算						
割合と比	割合と比			○			
	正比例と反比例						
	還元算・相当算					○	
	比の性質						
	倍数算						
	売買損益	○	●		○		○
	濃度		○				
	仕事算						
	ニュートン算						
速さ	速さ		○	●			○
	旅人算	○		◎			
	通過算					○	
	流水算						
	時計算	◎			◎		
	速さと比					○	
図形	角度・面積・長さ	◎	◎	◎		◎	
	辺の比と面積の比・相似					○	○
	体積・表面積					○	
	水の深さと体積		●		◎		◎
	展開図						
	構成・分割						
	図形・点の移動				◎		◎
表とグラフ							
数の性質	約数と倍数	●		◎		○	
	Ｎ進数						
	約束記号・文字式				◎		
	整数・小数・分数の性質				◎		○
規則性	植木算						
	周期算			○			
	数列						●
	方陣算						
	図形と規則	●	◎				
場合の数				●	●		
調べ・推理・条件の整理							●
その他							

※　○印はその分野の問題が１題，◎印は２題，●印は３題以上出題されたことをしめします。

社会　出題傾向＆対策

◆基本データ（2024年度第一志望）

試験時間／満点	30分／50点
問　題　構　成	・大問数…７題 ・小問数…33問
解　答　形　式	記号選択と用語の記入を中心とした出題となっている。記号は択一式で，記述問題は見られない。
実際の問題用紙	Ａ４サイズ，小冊子形式
実際の解答用紙	Ａ３サイズ

分野＼年度		2024 第一	2024 1回	2023 第一	2023 1回	2022 第一	2022 1回
日本の地理	地図の見方						
	国土・自然・気候	○	★	★		○	★
	資源						
	農林水産業	○			★		
	工業						
	交通・通信・貿易						
	人口・生活・文化						
	各地方の特色	★		★	★	★	★
	地理総合	★	★	★		★	★
世界の地理						○	
日本の歴史　時代	原始～古代	○	○	○		○	○
	中世～近世	○	○	○	○	○	○
	近代～現代	○	○	○	○	○	○
日本の歴史　テーマ	政治・法律史	○					
	産業・経済史						
	文化・宗教史						
	外交・戦争史						
	歴史総合	★	★	★	★	★	★
世界の歴史							
政治	憲法						
	国会・内閣・裁判所			★			
	地方自治						
	経済		★				
	生活と福祉	○		○			
	国際関係・国際政治						
	政治総合			○			
環境問題			★		★	★	
時事問題		★	★	★	★	★	★
世界遺産							
複数分野総合						★	

※　原始～古代…平安時代以前，中世～近世…鎌倉時代～江戸時代，近代～現代…明治時代以降
※　★印は大問の中心となる分野をしめします。

◆出題傾向と内容

地理・歴史・政治の各分野からまんべんなく出題されています。問題数はやや多めですが，レベルは標準的です。また，本校の特ちょうとして，時事問題をからめた出題が多く見られます。

●**地理**…資料や文章をもとに都道府県名や平野などの地形名，都市名を答える問題が出題されました。また，上空写真と文章から，施設名を問う問題が出題されています。

●**歴史**…年代を並べ替えの形で問う問題や文章から歴史人物名を答える問題が出題されています。古代から現代までの歴史の知識が必要です。

●**政治**…環境対策に関する問題が出されています。また，時事問題にからめて，都市名を答える問題が出題されています。日常的に新聞やテレビなどのニュースの確認は必須です。

◆対策～合格点を取るには？～

問題のレベルは標準的ですから，まず，基礎を固めることを心がけてください。教科書のほか，説明がていねいでやさしい標準的な参考書を選び，基本事項をしっかりと身につけましょう。

地理分野では，地図と表，グラフが欠かせません。つねにこれらを参照しながら，白地図作業帳を利用して地形と気候をまとめ，そこから産業のようすへと広げていってください。なお，世界地理は，小学校で取り上げられることが少ないため，日本とかかわりの深い国については，自分で参考書などを使ってまとめておきましょう。

歴史分野では，教科書や参考書を読むだけでなく，自分で年表をつくって覚えると学習効果が上がります。できあがった年表は，各時代，各分野のまとめに活用できます。本校の歴史の問題にはさまざまな分野が取り上げられていますから，この作業はおおいに威力を発揮するはずです。

政治分野では，日本国憲法の基本的な内容と三権についてはひと通りおさえておいた方がよいでしょう。また，時事問題については，新聞やテレビ番組でニュースを確認し，国の政治や経済の動き，世界各国の情勢などについて，ノートにまとめておきましょう。

理科　出題傾向＆対策

◆基本データ（2024年度第一志望）

試験時間／満点	30分／50点
問題構成	・大問数…４題 ・小問数…29問
解答形式	記号選択，用語の記入のほかに，１行程度の短文記述や作図も出題されている。
実際の問題用紙	Ａ４サイズ，小冊子形式
実際の解答用紙	Ａ３サイズ

◆出題傾向と内容

「生命」「物質」「エネルギー」「地球」の各分野からかたよりなく出題されています。実験や観察をもとにしたものがほとんどとなっており，なかには思考力が問われるものも出されています。

●生命…植物の発芽と成長，水中の小さな生物，花のつくりとはたらき，血液の循環，心臓のつくり，ヒトのからだのつくり，食物連鎖などが出題されています。

●物質…ものの溶け方，水の状態変化，気体の発生，水溶液の性質，気体の性質などが取り上げられており，グラフをかく問題が多く見られます。

●エネルギー…ものの温まり方，ばねののび方，電気のはたらき，光の性質，ふりこの長さと往復の時間などから出題されています。

●地球…１日の気温の変化，月の満ち欠け，地震，火山の噴火と岩石，流れる水のはたらき，空気にふくまれる水蒸気量などが取り上げられています。

分野 ＼ 年度		2024		2023		2022	
		第一	1回	第一	1回	第一	1回
生命	植物		★			○	
	動物					★	★
	人体			★			
	生物と環境	★			★		
	季節と生物						
	生命総合						
物質	物質のすがた		★	★			
	気体の性質					★	
	水溶液の性質				★	○	★
	ものの溶け方	★					○
	金属の性質						○
	ものの燃え方						
	物質総合						
エネルギー	てこ・滑車・輪軸	★					
	ばねののび方			★			
	ふりこ・物体の運動				★		
	浮力と密度・圧力						
	光の進み方						★
	ものの温まり方					★	
	音の伝わり方						
	電気回路		★				
	磁石・電磁石						
	エネルギー総合		○				
地球	地球・月・太陽系				★		
	星と星座						
	風・雲と天候						
	気温・地温・湿度		★	★			
	流水のはたらき・地層と岩石	★				○	○
	火山・地震					★	★
	地球総合						
実験器具		○					○
観察							
環境問題							
時事問題							
複数分野総合							

※　★印は大問の中心となる分野をしめします。

◆対策～合格点を取るには？～

本校の理科は，各分野からまんべんなく出題されており，その内容は基礎的なものが中心ですが，やや高度なものもふくまれています。したがって，まず基礎的な知識をはやいうちに身につけ，そのうえで問題集で演習をくり返しながら思考力アップをめざしましょう。それでは，以下に各分野のポイントをあげておきます。

「生命」では，ヒトと動物のからだのつくり，植物のつくりと成長などを中心に，ノートにまとめて知識を深めましょう。「物質」では，気体や水溶液の性質，ものの燃え方などに重点をおいて学習してください。そのさい，中和反応や水の状態変化，溶解度曲線，気体の発生など，表やグラフをもとに計算させる問題にも積極的に取り組むように心がけてください。「エネルギー」では，電磁石，エネルギーや発電，光の進み方，ふりこの運動などに注目しましょう。「地球」では，太陽・月・地球の動き，地震，地層のでき方などが重要なポイントです。

なお，実験や観察を中心とした問題が多く出題されますから，器具や装置の正しい使い方についてもしっかりマスターしておきましょう。

国語 出題傾向＆対策

◆基本データ（2024年度第一志望）

試験時間／満点	50分／100点
問題構成	・大問数…４題 文章読解題２題／知識問題２題 ・小問数…27問
解答形式	記号選択と適語・適文の書きぬきに加え，記述問題もある。漢字の書き取りと読みは，10問ほど見られる。
実際の問題用紙	Ａ４サイズ，小冊子形式
実際の解答用紙	Ａ３サイズ

◆出題傾向と内容

▶近年の出典情報（著者名）
説明文：髙橋みか　井出留美　富山和子
小　説：髙森美由紀　佐藤いつ子　植木雅俊

●読解問題…設問は多種多様です。主題や要旨，適語・適文の補充，文脈理解，指示語の内容，接続語などといった，中学入試の読解問題で考えられる設問のほぼすべてが出そろっています。

●知識問題…本校では知識問題に力を入れており，慣用句・ことわざの意味や使い方，熟語の構成，類義語・対義語，敬語，品詞の区別などの基本的なことばや文法の知識のほかに，送りがな，部首・画数・筆順といった漢字の知識問題，表現技法など，あらゆる問題がまんべんなく出されています。

◆対策～合格点を取るには？～

文章読解の基礎力は，読書で身につきます。読書を通じて，さまざまな漢字・熟語・表現を覚えることができ，また，文脈をとらえ，要点を理解する力が自然とつくのです。最初は興味の持てる分野の本からでかまいません。読書習慣が身についてきたら，少しずつ内容のはばを広げるとともに，①主題，②指示語の内容，③段落・場面の構成，④人物の性格と心情などについても意識しながら読むようにしてください。

漢字については，教科書で確認するのはもちろん，問題集を使って音訓の読み方や熟語の練習をしましょう。さらに，文法やことばの知識などについても，問題集を選んで取り組んでください。

分野 ＼ 年度			2024		2023		2022	
			第一	１回	第一	１回	第一	１回
読解	文章の種類	説明文・論説文	★	★	★	★	★	
		小説・物語・伝記	★	★	★	★	★	★
		随筆・紀行・日記						
		会話・戯曲						
		詩						
		短歌・俳句						
	内容の分類	主題・要旨	○	○	○	○	○	○
		内容理解	○	○	○	○	○	○
		文脈・段落構成						
		指示語・接続語	○		○	○	○	○
		その他			○	○	○	○
知識	漢字	漢字の読み	○	○	○	○	○	○
		漢字の書き取り	○	○	○	○	○	○
		部首・画数・筆順						
	語句	語句の意味	○					
		かなづかい						
		熟語	○					
		慣用句・ことわざ	○	○	○	○	○	○
	文法	文の組み立て						
		品詞・用法						
		敬語	○	○	○	○	○	○
	形式・技法							
	文学作品の知識							
	その他							
	知識総合		★	★	★	★	★	★
表現	作文							
	短文記述							
	その他							
放送問題								

※　★印は大問の中心となる分野をしめします。

カコを追いかけ
ミライをつかめ
「今の説明、もう一回」を何度でも
web過去問
ストリーミング配信による入試問題の解説動画
もっと古いカコモンないの？
カコ過去問
「さらにカコの」過去問をHPに掲載（DL）
声の教育社
詳しくはこちらから

2024年度 西武台千葉中学校

◆注意事項◆　筆記用具・定規《じょうぎ》以外は机《つくえ》の上に置いてはいけません。

【算　数】〈第一志望試験〉(50分)〈満点：100点〉

1

(1)　$2024-1203-24$ を計算しなさい。

(2)　$25 \div 5+4 \times 2$ を計算しなさい。

(3)　$\frac{1}{3}+\frac{1}{4}+\frac{1}{5}$ を計算しなさい。

(4)　$12-7 \times \left(\frac{4}{5}-0.3\right)$ を計算しなさい。

(5)　$28.47 \div 3.4$ の商を小数第2位まで求め，そのときの余りを求めなさい。

2　1から100までの整数について，次の問いに答えなさい。

(1)　2の倍数は何個ありますか。

(2)　3の倍数は何個ありますか。

(3)　2でも3でも割り切れない数は何個ありますか。

3 次の問いに答えなさい。

(1) 3つの整数 21，84，126の最大公約数はいくつですか。

(2) 3つの整数 21，84，126の最小公倍数はいくつですか。

(3) Aさんは，国語，算数，社会，理科，英語の5教科のテストを受けました。
テストの結果は，国語が80点，社会が65点，理科が90点，英語が70点で，5教科の平均点はちょうど80点でした。Aさんは算数で何点とりましたか。

(4) 1500円の品物が3割引きで売られていました。その品物はいくらで売られていますか。

(5) 兄は自転車で，弟は徒歩で同時に家を出ました。兄は弟への伝言を思い出し，家から3.3 km進んだ地点で引き返しました。兄は自転車で時速15 km，弟は徒歩で分速80 mでそれぞれ一定の速度で進んだとすると，2人が出会うのは家を出てから何分後ですか。

4 右下の図は，半径12 cmの円の一部を取り除いたものです。
次の問いに答えなさい。ただし，円周率は3.14とします。

(1) 囲まれた部分の面積を求めなさい。

(2) 囲まれた部分の周の長さを求めなさい。

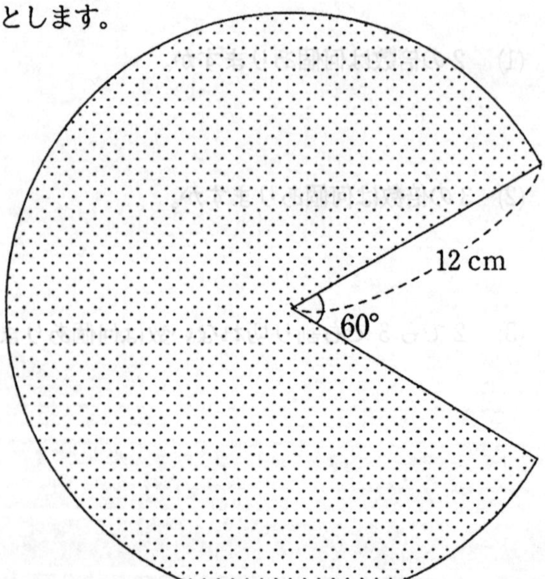

5 右の図のように，正三角形を下に向かって重ねていきます。
上から順番に，1段目，2段目，…と数えていくことにします。
すると例えば，右の図を見て，3段目には正三角形が5個ある
ことが分かります。
次の問いに答えなさい。

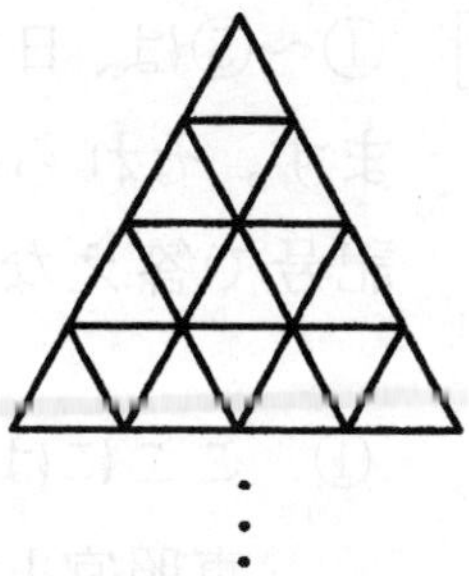

(1) 6段目にある正三角形の個数は何個ですか。

(2) 6段目までにある正三角形の個数をすべて合わせると何個ですか。

(3) 100段目にある正三角形の個数は何個ですか。

6 分針(長針)と時針(短針)の2つの針が絶えず同じ速度で動くアナログ時計があります。

(1) 分針と時針が，それぞれ1分間で回転する角度は何度ですか。

(2) 時刻が4時26分のとき，2つの針が作る小さい方の角度は何度ですか。

【社　会】〈第一志望試験〉（30分）〈満点：50点〉

1 ①～⑤は、日本の世界遺産に登録されている観光名所を説明しています。それらの観光名所がある都道府県を示す白地図を下から選び記号で答えなさい。

① ここには、徳川家康を神として祀《まつ》った日光東照宮があります。この東照宮と周辺地域は、1999 年に文化遺産として登録され、世界中からも多くの観光客が訪れています。

② ここには、太平洋を約 1000km 南へ行った美しい自然の残る小笠原諸島があります。2011 年に自然遺産として登録されたが、船を使い 1 日ほどかかるため、なかなか訪れにくい場所です。

③ ここには、数多くの文化遺産が登録されています。中心都市は、江戸時代まで日本の都でした。現在は、世界中から多くの観光客が訪れています。

④ ここには、貴重な自然が残る知床半島があります。2005 年に自然遺産として登録され、動植物を自然のまま観ることができます。

⑤ ここには、武士文化を代表する城として姫路城があります。1993 年に登録された文化遺産の一つで、多くの観光客が訪れています。

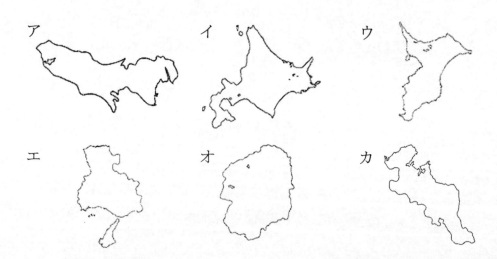

ア
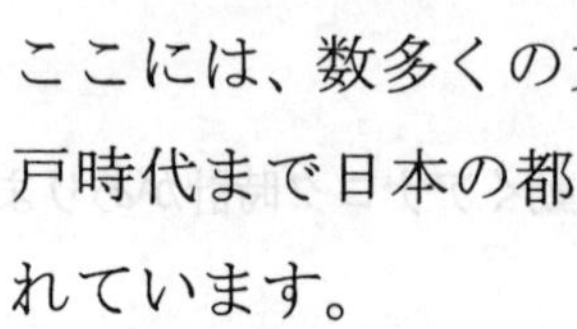

イ
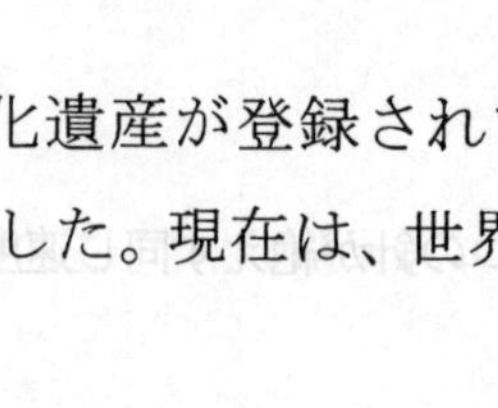

ウ
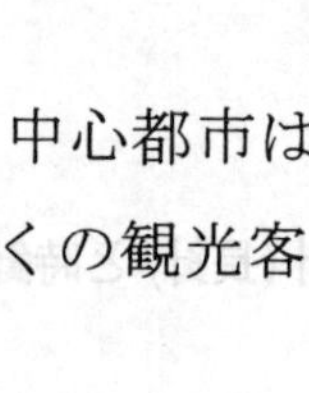

エ

オ
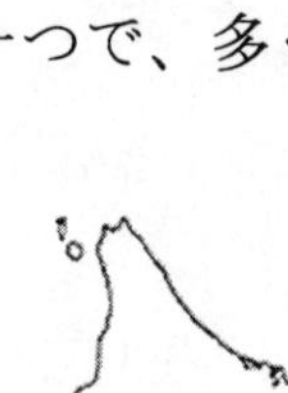

カ

2 日本は、自然豊かな国です。各地の山・川・湖など観光名所も多いです。次に説明している日本一を答えなさい。

① 日本の川は、世界に比べると短く流れが速いです。その中でも長野県の山から新潟県に流れる全長約 367km に及ぶ日本一長い川は、長野県を流れているとき千曲川とも呼ばれています。

② 日本は、大小たくさんの島々から成り立っています。多くの人々は、一番大きな島で暮らしています。この島は、〇〇島と言う名前では呼ばれていません。

③ 日本各地に大小多くの湖があります。その中で日本最大の湖は、滋賀県の中央にあり、県の面積の多くを占めています。

④ 日本は、山の多い国です。どの山々も季節ごとに美しく変化し、観光名所となっています。その中でも、日本一高い山は、夏の登山シーズンに多くの登山客が訪れます。

⑤ 日本沿岸は、入江が多く美しい自然の残る半島が多いです。その中で近畿地方には、日本最大の半島があります。

⑥ 日本は山々が多く、あまり大きな平野はありません。中でも東日本にある日本一広い平野は、多くの人々が暮らし政治・経済・文化などが集まっています。

3 戦後日本では、国の発展に伴い国際的なイベントをたくさん開催してきました。次に説明している国際的なイベント開催都市を答えなさい。

① 日本では、これまでに夏2回、冬2回のオリンピックが開催されています。その中で、夏に2回オリンピックが開催された都市はどこでしょうか。

② 日本では、過去に5回の万国博覧会を開催してきました。2025年に3回目の万国博覧会を開催する都市はどこでしょうか。

③ 日本は、主要7か国首脳会議(サミット)のメンバー国です。毎年の開催都市は、加盟国が順番に開催都市を決めています。今年は、日本の都市で開かれました。その開催都市はどこでしょうか。

④ 地球温暖化など地球環境問題を話し合う国連気候変動枠組条約締約国会議(COP)が毎年開催都市を移し開かれています。日本でも過去に一度開催されました。1997年の第3回会議を開いた歴史的な都市はどこでしょうか。

4 次の空からの写真は、東京にある施設です。説明をもとにその施設を答えなさい。

① 写真中央に広大な緑地に囲まれた施設があります。ここには、江戸時代に江戸城がありました。現在は、天皇が暮らす施設となっています。

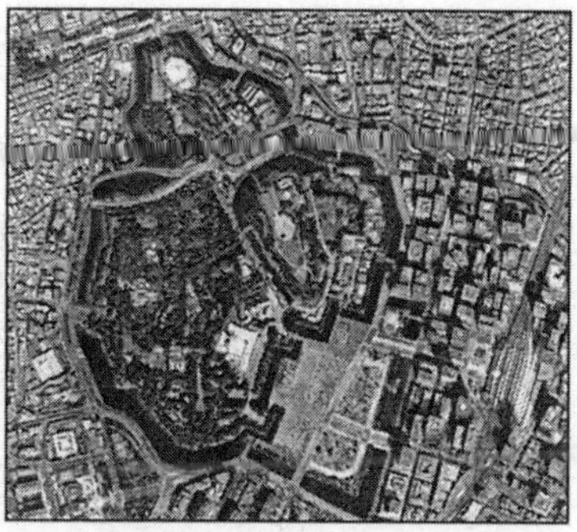

② 写真中央の施設は、東京湾を埋め立てた施設です。日本一巨大な空港で、毎日多くの飛行機が離着陸する空の玄関口となっています。

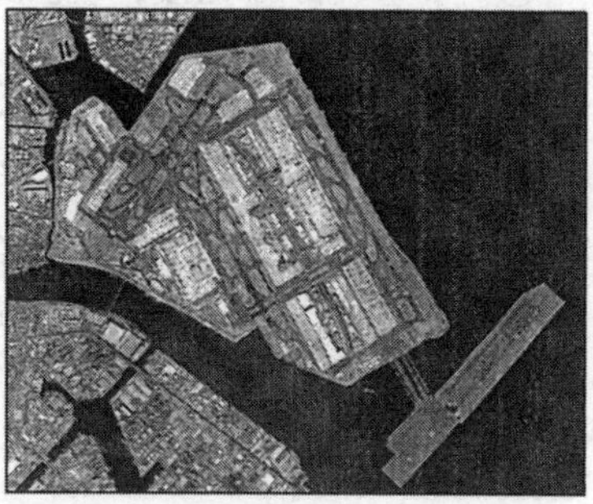

③ 写真中央は、ターミナル駅です。この駅の利用者数は全国一多いと言われています。駅西口には、多くの高層ビルが立ち並び、東京都庁もこの駅近くにあります。

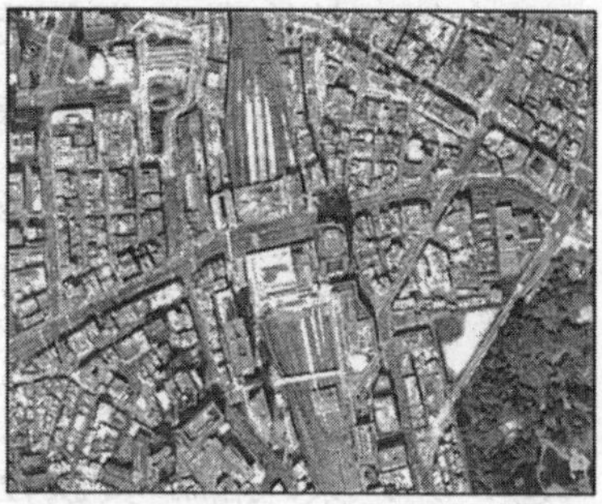

④ 写真中央は、長く関東のテレビなどの電波をカバーしていた電波塔です。2012 年に新しく造られた電波塔に変わるまで日本で一番高い建造物でした。

5 次に書かれた出来事は、平安時代・鎌倉時代・室町時代・江戸時代の出来事です。古い順に並べ替え記号で答えなさい。

① ア．参勤交代の制度が定められた。
イ．応仁の乱がおこり京の都が乱れた。
ウ．後鳥羽上皇が承久の乱をおこした。
エ．平清盛が太政大臣となり権力を持った。

② ア．菅原道真の意見により遣唐使が停止された。
イ．ペリーが浦賀に来航し、日本の開国を求めた。
ウ．二度に渡って元軍が北九州を襲ってきた。
エ．明との間で勘合貿易を始めた。

③ ア．朝廷が、京都と吉野の南北に別れた。
イ．執権職の北条氏が将軍に変わり幕府の実権を握った。
ウ．権力を持った藤原氏が、摂関政治を始めた。
エ．将軍が、大政奉還を行う。

④ ア．紫式部が貴族社会をもとに「源氏物語」を書いた。
イ．ザビエルが、キリスト教を日本に伝えた。
ウ．松尾芭蕉が旅の俳句をまとめた「奥の細道」を作った。
エ．座禅を行い、さとりを開く禅宗が始まった。

6 次の表は、令和３年の資料です。農業・漁業における都道府県別生産高上位５位を示しています。各設問に答えなさい。

① 下の表の空欄は、東北地方にある県です。当てはまる県はどこか。

	リンゴ	スイカ	西洋梨	メロン	モモ	ブドウ	さくらんぼ
１位	青森県	熊本県		茨城県	山梨県	山梨県	
２位	長野県	千葉県	新潟県	熊本県	福島県	長野県	北海道
３位	岩手県		青森県	北海道	長野県	岡山県	山梨県
４位		新潟県	長野県				秋田県
５位	福島県	愛知県	福島県	青森県	和歌山県	福岡県	

② 北海道は、多くの穀物や豆類の生産高で１位です。その中で、生産高が２位となっている穀物は、どのような穀物か。

		小麦	そば	とうもろこし	大豆	小豆
１位	新潟県	北海道	北海道	北海道	北海道	北海道
２位	北海道	福岡県	山形県	千葉県	宮城県	兵庫県
３位	秋田県	佐賀県	長野県	茨城県	秋田県	京都府
４位	山形県	愛知県	福島県	群馬県	滋賀県	滋賀県
５位	宮城県	三重県	秋田県	山梨県	青森県	

③ 魚の養殖が盛んな地域は、西日本に多いです。空欄の、大小たくさんの島々があり、養殖に適した穏やかな入江の多い九州の県はどこか。

	ブリ	タイ	マグロ	フグ	わかめ	真珠
１位	鹿児島県	愛媛県			宮城県	
２位	大分県	熊本県	鹿児島県	熊本県	岩手県	愛媛県
３位	愛媛県	高知県	高知県	大分県	徳島県	三重県
４位	宮崎県	三重県	愛媛県	佐賀県	兵庫県	熊本県
５位			和歌山県	香川県		大分県

④ 寒流を好む魚介類の漁獲高です。空欄の東北最北の県はどこか。

	タコ	ウニ	イカ	タラ	サケ	ニシン
１位	北海道	北海道		北海道	北海道	北海道
２位	宮城県	岩手県	北海道	岩手県		
３位	岩手県	宮城県	長崎県		岩手県	鳥取県
４位			兵庫県	宮城県	秋田県	岩手県
５位	長崎県	福岡県	石川県	秋田県	新潟県	宮城県

7 次に説明している歴史上の人物を答えなさい。

① 明治時代、幼い子供の頃にアメリカへ留学した女性です。帰国後女子教育に力を入れました。この女性は、2024 年から使われる新紙幣の肖像画になります。

② 約 1800 年前、日本には女性が治める国があったと中国の本に書かれていました。その国は、邪馬台国と書かれていました。

③ 貧しい農民の出身から戦国時代を生き抜き、全国を統一するまでになりました。その後、農業を安定させるために検地や刀狩などの政策を行いました。

④ 平安時代初めに活躍した僧侶《そうりょ》です。中国での修行をもとに仏教の教えを日本に伝えました。高野山を中心に真言宗を広めました。

⑤ 江戸時代の将軍の一人です。御三家の一つである紀州藩の出身で、幕府に節約を心掛けさせ苦しかった幕府財政を立て直すことに成功しました。

⑥ 天皇から征夷大将軍に任ぜられました。それまでの時代は、貴族が世の中を治めてきましたが、この時から武士が治める時代へと変わりました。政治の中心は、京都から鎌倉へ移り新しい社会が誕生しました。

【理　科】〈第一志望試験〉（30分）〈満点：50点〉

1　**１００ｇの水に食塩とホウ酸をそれぞれ溶《と》かすと、温度によって溶《と》ける量がちがうことがわかった。表は、その結果をまとめたものである。次の各問いに答えなさい。**

表　１００ｇの水に溶《と》ける物質の量［ｇ］

	０ ℃	２０ ℃	４０ ℃	６０ ℃	８０ ℃
食　塩［ｇ］	３５.７	３５.８	３６.３	３７.１	３８.０
ホウ酸［ｇ］	２.８	５.０	９.０	１５.０	２４.０

問１　表より、１００ｇの水に溶《と》けるホウ酸の量と温度の関係を、なめらかな曲線で表しなさい。

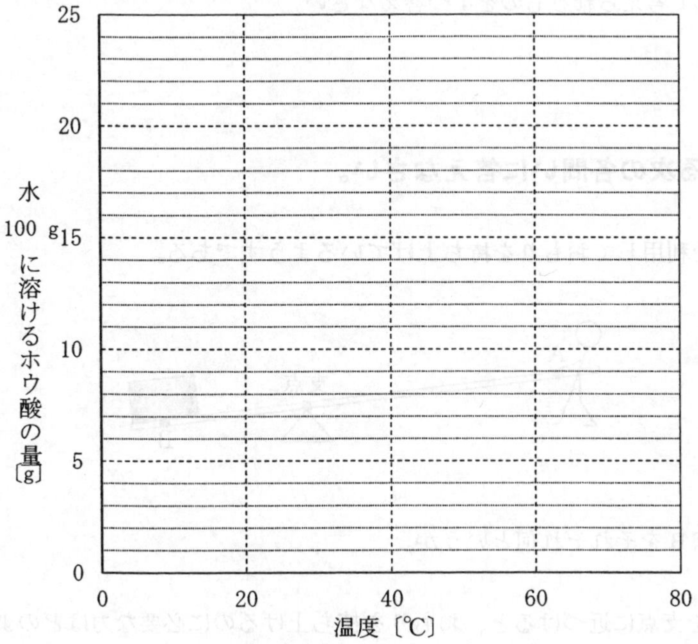

問２　下の図は、固体の物質を水の中に入れた直後のようすを表している。この物質が完全に溶《と》けたときのようすを ● でかきなさい。

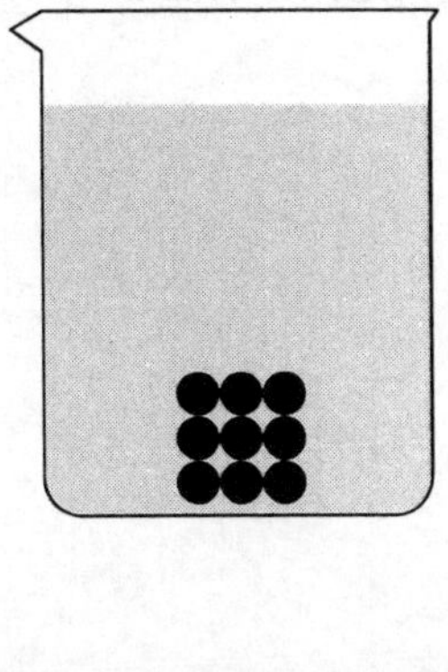

問３　問２の水よう液を長い時間放置したとき、物質の粒子《りゅうし》のようすは変化するか。ただし、水の量や水よう液の温度は変化しないものとする。

問４　４０℃の水１００ｇに２０ｇの食塩を溶《と》かした。この水よう液の質量は何ｇか。

問５　問４の水よう液には、あと何ｇの食塩を溶《と》かすことができるか。

問６　８０℃の水に、食塩とホウ酸をそれぞれ溶《と》けるだけ溶《と》かし，その後２０℃まで冷やした。

このとき、結晶《けっしょう》を多く取り出せるのは食塩とホウ酸のどちらか。

問７　結晶《けっしょう》は、水よう液の温度を変化させることで取り出すことができる。これ以外に、結晶《けっしょう》を取り出す方法として考えられるものを１つ答えなさい。

2　てこに関する次の各問いに答えなさい。

下の図は、てこを利用しておもりを持ち上げているようすである。

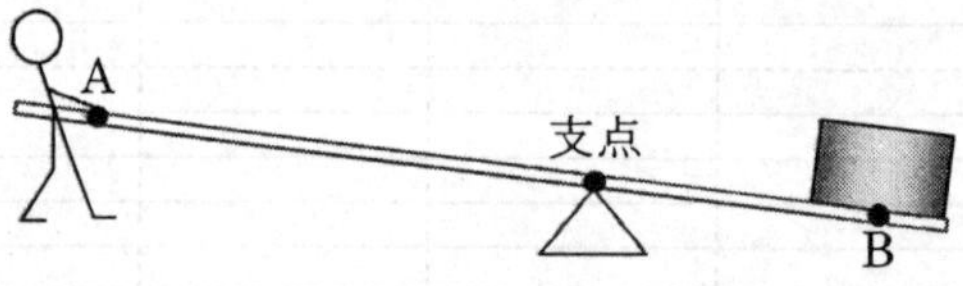

問１　図の点Ａ，点Ｂをそれぞれ何というか。

問２　点Ａの位置を支点に近づけると、おもりを持ち上げるのに必要な力はどのようになるか。次のア～ウから１つ選び、記号で答えなさい。

ア　大きくなる　　　イ　変わらない　　　ウ　小さくなる

問３　身近にあるてこの原理を利用した道具の名前を１つ答えなさい。

次に、実験用てこと、すべて同じ重さのおもりを用いて、力のつり合いを調べる実験をした。

問４　図１のように、❶におもりを３個つるした。このとき、③におもりをつるしてつり合わせるには、何個のおもりをつるせばよいか。

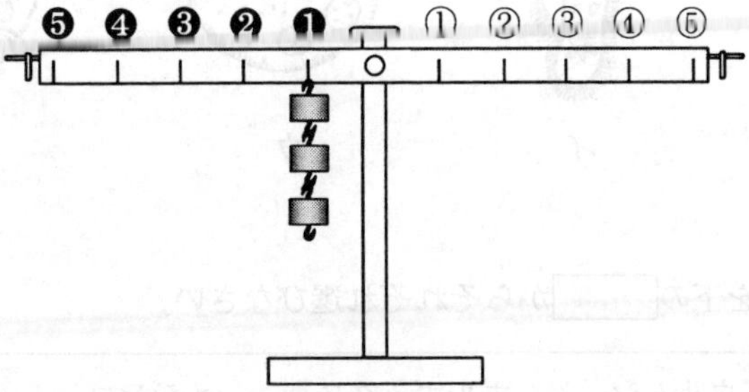

図１

問５　図２のように、❹におもりを１個つるした。これについて、次の（１），（２）の各問いに答えなさい。

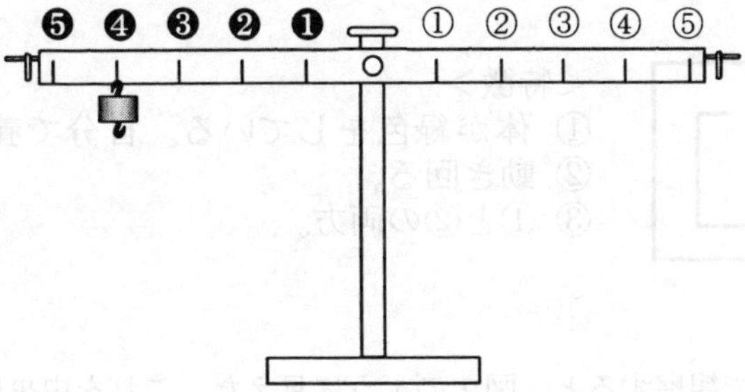

図２

（１）４個のおもりをつるしてつり合わせるには、図２の①～⑤のどこにおもりをつるせばよいか。

（２）２個のおもりをつるしてつり合わせるには、図２の①～⑤のどこにおもりをつるせばよいか。

3　**次のア～エは、池や川にすむ小さな生物である。次の各問いに答えなさい。**

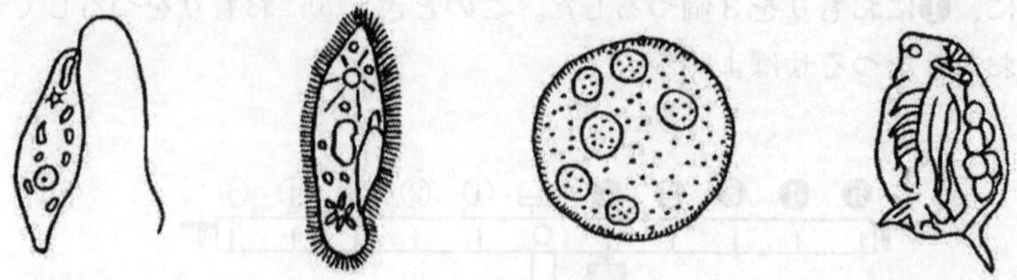

ア　　　イ　　　ウ　　　エ

問１　ア～エの生物の名前を下の□からそれぞれ選びなさい。

アメーバ	ゾウリムシ	ボルボックス	ミジンコ	ミドリムシ

問２　ア～エの生物を次のようになかま分けしたとき、①～③の＜特徴《とくちょう》＞にあてはまるものをそれぞれすべて選び、記号で答えなさい。ただし、あてはまるものがない場合は なし と答えなさい。

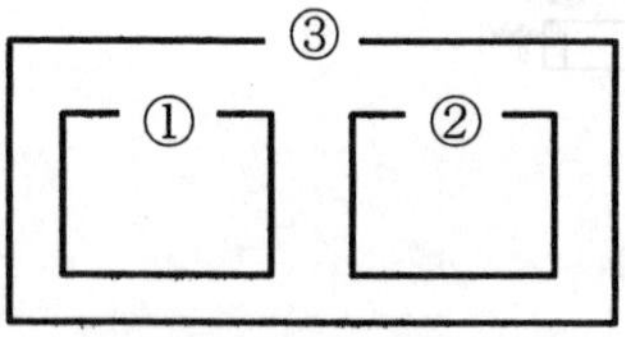

＜特徴＞
① 体が緑色をしている。自分で養分をつくる。
② 動き回る。
③ ①と②の両方。

問３　水中の生物を顕微鏡《けんびきょう》で観察すると、図１のように見えた。これを中央に見えるようにするためには、図２のプレパラートをA～Dのどの向きに動かせばよいか記号で答えなさい。

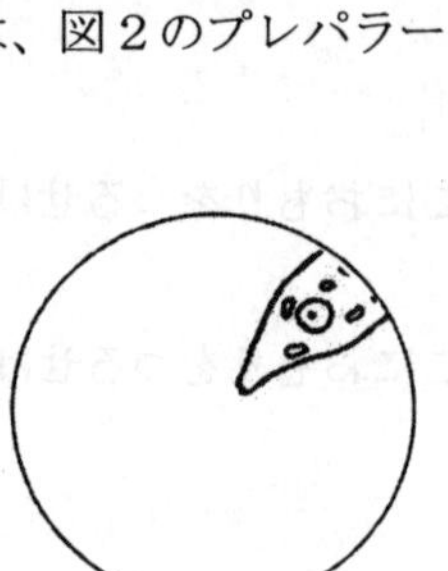

図１

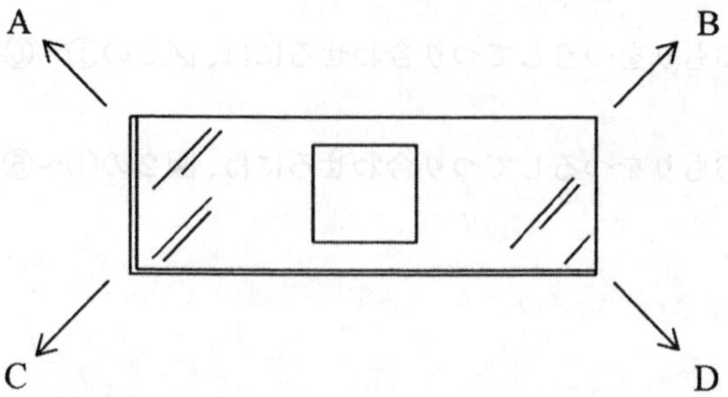

図２

問４　顕微鏡《けんびきょう》の使い方について、下線部に間違《まちが》いがあるものを１つ選び、番号で答えなさい。また、その間違《まちが》いを正しい答えに直しなさい。

①　直射《ちょくしゃ》日光があたらない、明るいところに置く。

②　対物レンズとプレパラートを近づけるときは、横から見ながら調節ねじを回す。

③　接眼レンズをのぞきながら、対物レンズとプレパラートを近づけてピントを合わせる。

④　観察するときは、低い倍率からおこなう。

4　**図１は、川が曲がるところの地形で、矢印は川の流れの向きを表している。次の各問いに答えなさい。**

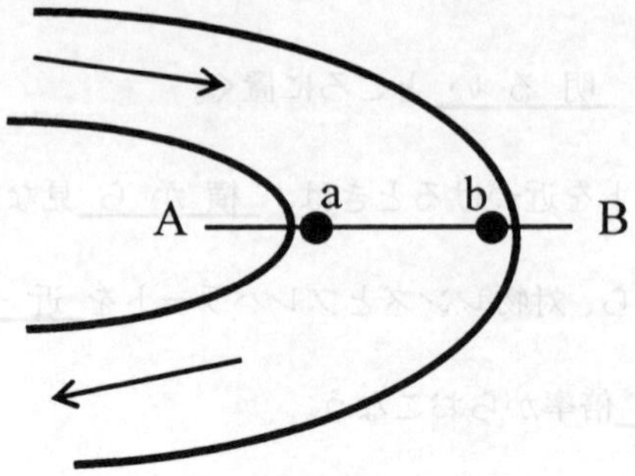

図１

問１　aとbでは、川の流れの速さはどうなっていると考えられるか。次のア～ウから１つ選び、記号で答えなさい。

ア　bよりもaの方が速い。　イ　aよりもbの方が速い。　ウ　aとbは同じ速さである。

問２　AとBの川岸として考えられるものを次のア～エから１つ選び、記号で答えなさい。

	ア	イ	ウ	エ
A	川原	がけ	川原	がけ
B	川原	がけ	がけ	川原

問３　A－Bの川の断面として考えられるものを図２のア～ウから１つ選び、記号で答えなさい。

図２　川の断面

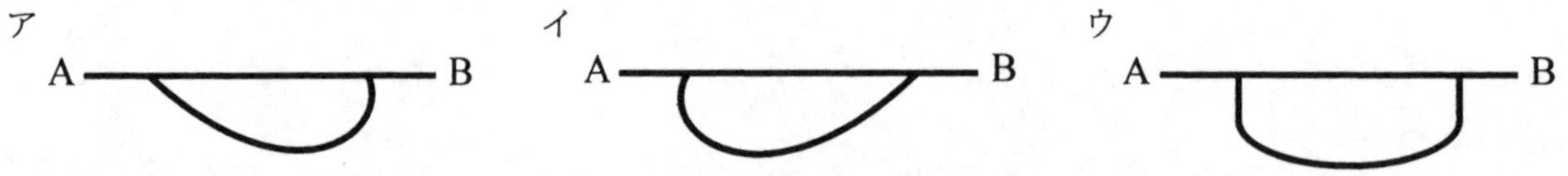

問４　川の上流から下流にいくにつれて、川原の石は形と大きさがどうなると考えられるか。次のア～ウから１つ選び、記号で答えなさい。

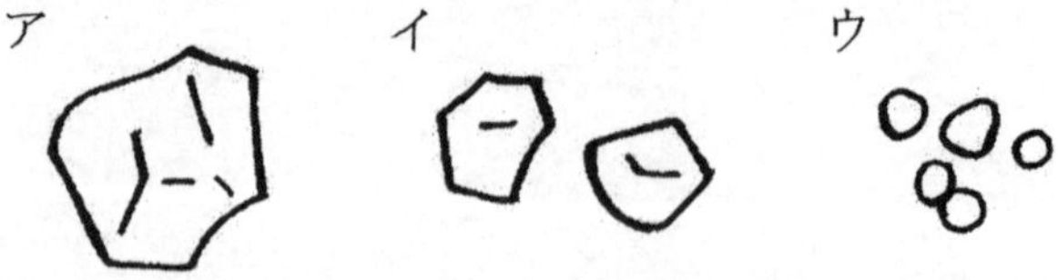

問５　次のア～ウのうち、川の流れが速いところでさかんなものをすべて選び、記号で答えなさい。

ア　しん食　イ　運ぱん　ウ　たい積

【英　語】〈第一志望試験〉（30分）〈満点：50点〉

1　対話と質問を聞き、その答えとして最も適切なものをア～エの中から一つ選び、記号を解答欄に書きなさい。問題と質問は２回読まれます。

1．　ア　On Friday.　　イ　On Sunday.
　　ウ　On Saturday.　　エ　On Monday.

2．　ア　1 dollar.　　イ　20 dollars.
　　ウ　50 dollars.　　エ　100 dollars.

3．　ア　Two.　　イ　Four.
　　ウ　Six.　　エ　Ten.

2　ア～ウの三つの英文を聞き、その中から絵の内容を最もよく表しているものを一つ選び、記号（ア～ウ）を解答欄に書きなさい。英文は２回読まれます。

1．

ア
イ
ウ

2．

ア
イ
ウ

※〈リスニング放送原稿〉は，英語の問題のうしろに掲載してあります。

3 次の英文の下線部に入れるのに最も適切なものをア～エの中から一つ選び、記号を解答欄に書きなさい。

1．I have a daughter. __________ likes soft tennis.

ア She　イ He　ウ You　エ I

2．My mother __________ shopping every day.

ア has　イ does　ウ goes　エ is

3．I get __________ at 6 a.m. every morning.

ア on　イ up　ウ to　エ from

4．My cat is sleeping __________ the sofa.

ア with　イ from　ウ about　エ on

5．Please __________ the window.

ア opens　イ opening　ウ open　エ opened

6．A: What __________ do you like?

B: I like pink.

ア color　イ food　ウ car　エ book

7. A: ＿＿＿＿＿ do you like cats?

B: Because they are cute.

ア Who　イ Why　ウ What　エ Where

8. My school has a ＿＿＿＿＿ gym. Many students play sports there.

ア long　イ heavy　ウ big　エ slow

9. I have a new video game. It's so cool. I ＿＿＿＿＿ it every night.

ア listen to　イ eat　ウ sing　エ play

10. ＿＿＿＿＿ is the last month of the year.

ア September　イ December　ウ March　エ January

11. A: Do you have my music ＿＿＿＿＿?

B: No, I don't. It's on the dining table.

ア CD　イ drink　ウ desk　エ chair

12. A: Do you ＿＿＿＿＿ that lady?

B : Yes. She is my teacher.

ア who　イ study　ウ eat　エ know

１３．My father drinks a __________ of coffee every morning.

ア glass　イ cup　ウ sheet　エ spoon

１４．A: Are these your pens, Nobu?

B: Yes, they are __________. Thanks a lot.

ア mine　イ me　ウ my　エ him

１５．__________ use that computer. It is for teachers.

ア Are　イ Does　ウ Don't　エ Is

4 次の各問いの会話について、下線部に入れるのに最も適切なものをア～エの中から一つ選び、記号を解答欄に書きなさい。

１．A: He loves Italian food. __________

B: Me, too.

ア How are you?　イ And you?

ウ What's up?　エ How about you?

２．A: Where is my mother? Do you know?

B: __________

ア Yes, she is fine.　イ Yes, she is in the supermarket.

ウ Yes, she is busy.　エ Yes, she isn't singing.

3. A: How long does it take to your school?

B: ＿＿＿＿＿＿

ア It takes about 30 minutes　イ You can walk.

ウ It is about 30 cm.　エ You can use a taxi.

4. A: ＿＿＿＿＿＿

B: I'm studying in the library.

ア Where are you studying?　イ How are you studying?

ウ Why are you studying?　エ What are you studying?

5. A: Please show me your passport.

B: ＿＿＿＿＿＿

ア Yes, I have.　イ No, I'm not.

ウ Here, it is.　エ I'm here.

5 次の各問いの日本文の意味を表すように、(　)内の語(句)を並べかえて解答欄に正しく書きなさい。ただし、文の最初に来る語も小文字になっています。

1．今度の日曜日に清水公園に行きましょう。※1語余ります。

(please / let's / to / Shimizu Park / go) next Sunday.

2．今日は誰が昼食を作りますか？ ※1語余ります。

(do / lunch / who / cooks) today?

3．ヒロ、学校に行く時間よ。

Hiro, (is / it / for / school / time).

4．あなたは犬を何匹飼っていますか？

(many / dogs / do / have / you)？ ※1語加えて答えて下さい。

5．サトシは放課後、毎日バドミントンをします。※1語加えて答えて下さい。

Satoshi (badminton / school / every / plays / day).

〈リスニング放送原稿〉

1 対話と質問を聞き、その答えとして最も適切なものをア〜エの中から一つ選び、記号を解答欄に書きなさい。問題と質問は２回読まれます。

それでは始めます。

1.

A. Are you going to New York on Friday, Anna?

B. No, we are going on Saturday.

Question- when is Anna going to New York?

2.

A. That coat is 100 dollars.

B. Oh, no! I can't buy it.　I only have a dollar in my wallet.

Question- how much is the coat?

3.

A. Hey Jane! You have 10 hamsters, don't you?

B. Yes! I have 10 lovely hamsters.

Question-how many hamsters does Jane have?

2 ア～ウの三つの英文を聞き、その中から絵の内容を最もよく表しているものを一つ選び、記号（ア～ウ）を解答欄に書きなさい。英文は２回読まれます。それでは始めます。

1.

ア　The people are fishing.

イ　The people are watching fish.

ウ　The people are playing with the fish.

2.

ア　The panda is eating a tree.

イ　The panda is climbing a tree.

ウ　The panda is cutting a tree.

イ　素直に聞いてくれたらふつうに答えたのに、人を試すような手段をとって「オレ」の本性をあばいた優希に対する「不満」。
ウ　他人が手作りしたかもしれないなっとう巻きを食べさせられそうになって追いつめられたことによる「あせり」。
エ　「オレ」はやりたいと思っているのに、優希がリズムに乗るのが苦手でおどれないために新技ができないことに対する「もどかしさ」。
オ　他の人は気にしていないのに、「オレ」だけが他人が素手でさわったものを食べられないということに対する「情けなさ」。

問二　――線部②「オレは、かゆくもないほおをかく」とありますが、このときの「オレ」の気持ちとしてふさわしいものを次の中から一つ選び、記号で答えなさい。
ア　正直に自分のキャラを優希に話したことで、優希がこれからも「オレ」と仲良くしてくれるのかどうか、不安に思っている。
イ　勇気を出して自分のキャラを正直に話したのに、優希の反応があっさりしすぎていることに対して、意外に思っている。
ウ　本当は話したくなかった自分のキャラについて話をしたのに、優希がわかってくれていないことに対して不満を感じている。
エ　自分のキャラを正直に優希に話したことと、そのことを優希が受け入れてくれたことに対して照れくさく感じている。
オ　自分のキャラを正直に話したが、優希が思ったよりも重く受け止めてしまったので、逆にあわててしまっている。

問三　――線部③「食べようとした時、ふるえてたもんね」とありますが、なぜふるえていたのでしょうか。その理由を説明した次の文に当てはまる言葉を文章の中から抜き出して示しなさい。

「オレ」は【　二十字以内　】のに、それを無理して食べようとしていたから。

問四　――線部④「ちょっと、つうか……言いかけたが、全力でのみこんだ」とありますが、「オレ」は本当は何と言いたかったのでしょうか。次の文に当てはまる言葉を考えて示しなさい。

「ちょっと、つうか、【　五字程度　】根性曲がってるよ」

問五　――線部⑤「オレは、ハッとした」とありますが、「オレ」は何に気づいたのでしょうか。「『オレ』も優希と同じように、～ことにより、しんどくなっていたこと。」の形に合うように、四十五字以内で答えなさい。

「オレ」も優希と同じように、【　四十五字以内　】ことにより、しんどくなっていたこと。

問六　「優希」の性格や「優希」についての説明としてふさわしいものを次の中から二つ選び、記号で答えなさい。
ア　人をだますような方法でしか確かめることができないほど、人を信用することができない。
イ　キャラに飲みこまれてしまうことは警戒《けいかい》しているが、実は「王子キャラ」も気に入っている。
ウ　確固とした信念を持っており、友達と言い争いをしたくらいでは自分の意志を曲げることはない。
エ　転校生という立場でありながら「えびす舞」をやりたいと言い出すほど、えんぶりのことしか考えていない。
オ　自分がどんなに相手を傷つけたとわかっていても、意地を張ってしまい素直に謝れない。
カ　自分の欠点や苦手なことについて理解をしていて、それを素直に認めることができている。

がって、人間っぽい本当の優希の顔に見えた。
「試さなくても、ふつうに聞けばいかったべ」
「ふつうに答えた？」
「答えるもんか」
　鼻にしわを寄せると、優希はほらね、と肩《かた》をすくめた。
「ぼく、最初の時、えびす舞をやってみたかったって言ったでしょ」
「言ったな。感動したって」
「うん、もちろん感動したんだけど、実は、あのおどりをやったら、一発で王子キャラから脱出《だっしゅつ》できるはずっていう目論見《もくろみ》があったんだ。えんぶりを利用して、よくなかったと思う。そんなことしなくとも、転校してきてすぐに、そういうキャラじゃないって否定すればよかったんだ」
「そうかな。転校初日から否定するってのは、むずかしくね？へたすると、ターゲットになるかもしんねし」
　なんのターゲットかというと、いじめだ。でも、おたがいに口にはださない。学校でもそのキーワードは、禁句の空気がある。
　幸運なことに今のところ、クラスでいじめはない。代わりに、うそっぽさと、ジワリとした息づまり感はある。
「おめ、本当に思いきったよな。王子キャラでいたほうが、ちやほやされるし、何かにつけていい思いができてたのに。とりあえずのとこ、女子は優しかった」
　優希は笑った。
「王子はぼくじゃないから」
　その静かな断言に、オレはだまった。
　――王子は、ぼくじゃない。
「でね、いつの間にか、ぼく自身がキャラに寄っていってることに気づいたんだ。ゾッとしたよ。王子キャラからぬけだせなくなるって。このままいったら、まずいことになる、と」
　⑤オレは、ハッとした。
　オレもそうだ。寄せていっていた。だから、どんどんキャラが強くなっていって、本当のオレとかけはなれていった。はなれていくのを止められなかった。それで、しんどくなっていたんだ。
「ふたりとも、仲なおりだな。ケンカしてれんば、えびす舞の呼吸が合わねくなる」
　親方が言った。さすが、組のボスだけある。頭にあるのは、清々《すがすが》しいほどえんぶりのみ。意地のはり合いなんて、親方にとってはささいなことなんだ。
　そう思ったら、気持ちがさっぱりした。
「ギスギスした気持ちっことはさよならして、また、新しく向かいあえ」
　さようならンダバ――ってことか。オレは深呼吸して、胸の中の空気を入れかえた。
「さっき、ごめん。優希のせいで新技ができないとか、ののしって」
「それだけえんぶりさ真剣《しんけん》になってきたってこったな」
　親方が満足げにうなずく。あくまで、えんぶり第一。
「あと、他にもきついこと言ったかもしんね。すまん」
「ぼくも、キャラに文句をつけてごめんね。でも、アレは本当のことだから」
　確固とした信念を持っている優希に、オレは苦笑いする。
「言うなあ。だったら、やっぱりおめのせいで新技ができねっていうのは、取りさげない」
「まあ、そうだろうね。ぼく自身もそう思ってたとこ」
　優希が、肩をすくめて認める。
「きみとは気が合いそうだ」
「キャラがなくてもな」

（『ふたりのえびす』髙森美由紀）

問一　――線部①「ぐちゃぐちゃになってオレをのみこんだ感情」とありますが、その内容にあてはまらないものを次の中から一つ選び、記号で答えなさい。

ア　小さいことにこだわらない陽気なキャラを演じてきたのに、本当は神経質なやつだということがばれてしまうかもしれないという「恐怖」。

そして、結局は優希にはキャラバレしていたことがわかり「ゾッとした」――、それらがひっからまったものだ。

言葉にしたら整理されて、気分が少し晴れた。

カタカタカタカタカタ、と親方の歯の音が聞こえる。道路のでこぼこの上を通ると、カスタネットはしゃっくりをするみたいに、はねた。

「かすてらぁネット～」

ポソリとつぶやくと、優希はふっと笑い、親方はカタカタをいったんやめて「なんだそりゃ」とバックミラーに映る目元をほぐす。車内の空気がゆるんだ。

オレは、自分が進んでいくほうをふたたび見すえた。深く息を吸いこむ。

「優希、なっとう巻きば海に落としてしまって悪かった」

優希の視線をほっぺたに感じた。

優希にはバレたんだから、というかバレてたんだから、ちゃんと言っておこう。

「オレ、他人が素手でさわったとか、さわったかもしんねのは、食いたくねんだ」

明るくて陽気でちょっと失礼で、ざっくばらんで、小さいことにこだわらないキャラは、本当のところ、他人が素手でさわったものが食べられない神経質なやつなのだ。

手作りのものが食べられないってこととは、もういい加減、さよならしたい。神経ばっかり使ってつかれる。

「謝らなくていいよ。だれにだって苦手なのはあるから」

リズムに乗るのが苦手なプリンスは、理解があった。

②オレは、かゆくもないほおをかく。

「機械が作ったものとか手ぶくろをして作ったものとか、わかりきってるもんは平気なんだけどさ」

幸いなことに、給食のおばちゃんたちは手ぶくろをして作ってくれている。飲食店は手ぶくろ率が低いから、めったにそういうところに行かない。親も、それはわかっているから、外出の時は弁当を持っていくか、コンビニで買うかしてくれる。そもそも、オレは自分ちが一番落ちつくので、外出自体まれなのだけれど。

「お母さんが作ったのもダメなの」

「平気。絶対手ぇ洗ってるって、わかってるし」

「まあ、お母さんは変なことしないって、信じられるからね」

「んだ」

体に入れるものだ、信用できなきゃ、おっかなくてしょうがない。

「太一くんは、他人を信用してないんだね」

おだやかな口調からは、責めたりあわれんだりする気配は、読みとれなかった。

ただし、その言葉にオレはさびしくなる。

「じゃあ、家庭科の時に食べさせられたなっとう巻きは」

「死ぬかと思った……」

「やっぱり無理してたんだ。③食べようとした時、ふるえてたもんね」

「気づかれてたか」

ガックリ頭を落として見せたが、思いきってはきだしたからなのか、腹にズシンとあったおもしが感じられなくなっている。

「ひょっとしたら、そういうのが苦手なんじゃないかって推測した。でも確信はなかった。ぼくもキャラをかぶってたことにうんざりしていたから、本当の太一くんは、どんな子なんだろうって、単純に、知りたかったんだ」

オレは、優希を見た。同級生はじっと前を見ている。

親方はだまってハンドルをまわす。

優希がリュックを、ひざの上にかかえなおす。

「きみを試すようなことをしてしまって、ごめんね」

素直に謝られて、オレは面食らった。

「ぼくは自分でも思うけど、ちょっと根性曲がってるよ」

④ちょっと、つうか……言いかけたが、全力でのみこんだ。謝ってくれたんだし、オレはなっとう巻きを海に落としてしまったんだし。

「…………正直に打ち明けて、えらいと思う」

「ためにためてのフォローありがとう」

優希はいたずらっぽく笑った。その顔は、いつもの彫刻《ちょうこく》じみた顔とはち

問八　本文の内容としてふさわしくないものを次の中から二つ選び、記号で答えなさい。

ア　三度のミッションを成しとげた若田さんは、二〇一三年から二〇一四年の飛行でコマンダーに任命された。

イ　若田さんは国際宇宙ステーションに半年間滞在し、最初の二か月間にコマンダーとして指揮をとった。

ウ　宇宙飛行士の候補者に選ばれるのは、数百人の応募者の中からたったの十人という非常に倍率の高いものだった。

エ　若田さんと同じように宇宙に行きたいという夢を持っている仲間たちとは、今でも連らくをとっている。

オ　若田さんは日本で四人目の宇宙飛行士として、ミッションスペシャリストの資格を得た。

カ　若田さんは今まで四回宇宙に行き、宇宙飛行の記録は日本人宇宙飛行士の中で最も長いものになっている。

四　次の文章を読んで、あとの問いに答えなさい。

小学五年生の「オレ（＝太一）」と転校生の「優希《ゆうき》」は、二人が住む八戸《はちのへ》市の郷土芸能「えんぶり」の中の「えびす舞《まい》」をやることになった。えびす舞の参考にするために、二人はおどりを教わっている「親方」に連れられて海へつりにやってきた。ところが、優希が差し出したなっとう巻きを「オレ」がはらいのけて海へ落としてしまったことをきっかけに二人はケンカをしてしまう。さらに、止めに入った親方がはずみで海へ落ちてしまう。ケンカどころではなくなった二人は、力を合わせて親方を助け出した。

ワゴン車が動きだして、ちょっと落ちついてきたオレは、謝った。

「ごめんなさい、親方」

シートカバーからつきでた、しなびた足を前に、もうしわけなくて仕方ない。

「なんも、おめのせいじゃね。それに太一は、ほれ、いっつもニコニコしてらすけ、おこり方がわからねくなってらったんだ。加減がわからねば、爆発《ばくはつ》した時にそのおさえ方もわからねもんだ」

ハンドルをにぎる親方は、前を見すえて言った。

その言葉に、「だからしょうがなかった」と続くのか、それとも「だから次からは気をつけろ」と続くのか、待ったけど、ぬれネズミのボスは続けなかった。

オレは優希に顔を向ける。

「おめも、キレることあんだな」

オレだって頭の芯《しん》がしびれるほどムカついたくせに。

「自分でもびっくりした」

と言って、優希はひざの上の手を見て、やだなあ、まだふるえてると困った顔をする。

「キレたらダメだって思ってたのに」

「なして？」

聞くと、優希は首をひねった。「さあ、どうしてだろう」

車は信号で止まったり、角を曲がったりして、決してスムーズに一直線には走らなかったが、確実に進んでいく。親方とオレと優希は、そろって進行方向を見ている。

オレは父さんが言ってた、書け、を思いだしていた。

頭の中に白いページを思いうかべる。そこに、①ぐちゃぐちゃになってオレをのみこんだ感情をひとつひとつほぐして、よりわけて、順番に書いていく。

車のゆれは、その作業をするのにちょうどいい。

あの時ムカついたのは、食べさせられそうになって追いつめられたことによる「あせり」と、食べられない自分に対する「情けなさ」と、食べられないことでキャラバレするかもしれないという「恐怖《きょうふ》」と、それからつりに引っぱりだされたことへの「不満」と、優希のじごくのようなおどれなさのせいで、新技ができない「もどかしさ」。

問二 ――線部①「食いいるようにして」とありますが、ここから若田さんのどのような様子が読み取れますか。ふさわしいものを次の中から一つ選び、記号で答えなさい。

ア 宇宙で仕事をするということはとても大変なことだと認識しており、宇宙飛行士にはなりたくないと思っていた。
イ 地球や宇宙のことなど知らない点があったが、テレビが映しだす光景に、すっかりと心をうばわれ、夢中になっていた。
ウ テレビが映しだす宇宙の光景を見て、自分も宇宙飛行士になれるかもしれないとひそかに考えていた。
エ 宇宙とはどのような場所なのかよく分かっておらず、幼いながらにして不思議がいっぱいだと疑問に感じていた。
オ 国際宇宙ステーションで仕事をする人たちの映像を見て、自分も宇宙に行って仕事をしてみたいとあこがれていた。

問三 ――線部②「最後までやりとおした経験」とありますが、この文章と同じ意味で使われる四字熟語を次の中から一つ選び、記号で答えなさい。

ア 初志貫徹(しょしかんてつ)
イ 異口同音(いくどうおん)
ウ 一心不乱(いっしんふらん)
エ 無我夢中(むがむちゅう)
オ 右往左往(うおうさおう)

問四 ――線部③「決してつらくはなかった」とありますが、それはなぜですか。四十字以内で説明しなさい。

問五 ――線部④「言葉のかべ」とありますが、この「かべ」を乗り越《こ》えるために、若田さんはどのようなことをしましたか。説明した次の文にあてはまる言葉を文章の中から抜き出して示しなさい。

【 六字 】での会話、【 十七字 】ための勉強などを毎日一生けん命こなし、「早く正式な宇宙飛行士になりたい」という前向きな気持ちでいることで、「かべ」を乗り越《こ》えた。

問六 ――線部⑤「大きなミッション」とありますが、このときのミッションとしてふさわしいものを次の中から一つ選び、記号で答えなさい。

ア 日本人初の宇宙食を開発した宇宙飛行士として、国際宇宙ステーションに滞在するミッション。
イ 日本人初の宇宙飛行士のリーダーとして仲間をまとめ、宇宙に飛び立つミッション。
ウ ロボットアームを操作しながら、宇宙空間をただよう人工衛星を回収するミッション。
エ かけがえのない仲間たちと、国際宇宙ステーションで四か月半も滞在するミッション。
オ 長さが十メートルある機械を操作しながら、国際宇宙ステーションに長期間滞在するミッション。

問七 ――線部⑥「一つひとつのことを大切にして仲間たちとともにがんばってきた」とありますが、長期間仲間たちと一緒《いっしょ》に過ごすために何が大切だと言っていますか。説明した次の文に当てはまる言葉を文章の中から抜き出して示しなさい。

【 十九字 】と、【 十字 】が大切である。

そんな苦しい日びの中でも、若田は③「決してつらくはなかった」と言います。同じく宇宙に行きたいという夢をもつ、大切な仲間たちと知りあうことができたからです。この仲間たちとは、何年もたった今でも連らくを取りあっているそうです。

厳しい試験を乗りこえ、宇宙飛行士の候補者に選ばれた若田は、その後アメリカにあるジョンソン宇宙センターで、宇宙飛行士の資格をとるための訓練にいどみました。

外国でのひとり暮らし、慣れない英語での会話、宇宙飛行士に必要な知識を身につけるための勉強など、これまでやったことがないことばかりの毎日です。

特に④言葉のかべは、とても大きな問題でした。授業も訓練ももちろんすべて英語で、教官や仲間の話すスピードが速くてなかなかついていけません。本物そっくりに作られた宇宙船の模型の中での訓練では、飛び交う英語が聞きとれず、宇宙船をつい落させてしまったこともあります。これが、もし本番だったら、大変なことになります。いつも前向きな若田も、このころはかなり落ちこんでしまいました。でも、いつまでもくよくよしている若田ではありません。

「早く正式な宇宙飛行士になりたい」という一心で、とにかく毎日一生けん命勉強しました。きっとこのとき、高校の野球部で身につけたがまん強さが発揮されたのでしょう。

厳しい訓練にたえ、さらにそれが終わってからも、毎日英語の勉強に取りくんだかいあって、若田は日本で四人目の宇宙飛行士として、NASAミッションスペシャリストの資格を、得ることができました。このときもらった小さな紙一枚の認定証は、大切な宝物となったのです。

三年後の一九九六年、若田は初めて宇宙へと旅立ちました。そして、ロボットアームという装置を操作し、宇宙空間をただよう人工衛星を回収する⑤大きなミッションにいどみました。

ロボットアームは、長さが一五メートルもある、大きな人間のうでのような機械です。これを、宇宙船の中にある操縦室《そうじゅうしつ》で、たくさんの画面に映しだされる映像を見ながら操作するのです。もちろん何度も練習してきましたが、重力のない宇宙の軌道《きどう》上で、しかも動いている人工衛星をつかまえるのは、大変な作業です。

仲間たちが見守る中、若田が動かすロボットアームは、まるで本物の人間のうでのようにしなやかに動き、みごと人工衛星をつかまえることができました。

さらに二〇〇〇年には、二度目の宇宙飛行を無事に終えます。そして二〇〇九年の飛行では、なんと国際宇宙ステーションに約四か月半も滞在することになりました。

宇宙ステーションという限られた空間の中で、みんなで仲良く長期間暮らすためには、自分勝手な行動をとらないという強い意志と、仲間を思いやる気持ちが何よりも大切です。

若田は、いっしょに宇宙へ行く仲間たちとともに、これまで以上に厳しい練習を乗りこえ、日本の実験しせつ「きぼう」を完成させるという大仕事を終えて、帰ってきました。

そして、二〇一三年から二〇一四年は、ついに日本人初のコマンダーとして、国際宇宙ステーションでリーダーシップを発揮しました。どんなときもくじけず、⑥一つひとつのことを大切にして仲間たちとともにがんばってきた若田の人がらが、評価されました。

若田の、合計四回、総宇宙滞在時間三百四十七日八時間三十三分という宇宙飛行の記録は、日本人宇宙飛行士として最も長いものとなっています。

（「日本人で初めて宇宙ステーションのリーダーになった若田光一」髙橋《たかはし》みか）

問一 （Ⅰ）に入る言葉としてふさわしいものを次の中から一つ選び、記号で答えなさい。

ア だから　イ しかし　ウ かなり
エ たとえば　オ もちろん

三 **次の文章は、宇宙飛行士の若田光一さんをまとめた記録です。読んであとの問いに答えなさい。**

二〇一一年二月、こんなニュースが発表されました。

「日本人初のコマンダー誕生!」

これまで宇宙飛行士として、三度にわたるミッション(任務)を成しとげてきた若田光一が、二〇一三年一一月から二〇一四年五月の飛行において、日本人として初めてコマンダーに任命されたのです。

コマンダーとは、船でいう船長のことです。若田は、宇宙にある国際宇宙ステーションに、ほかの宇宙飛行士とともにおよそ六か月間滞在《たいざい》し、最後の二か月間はコマンダーとして、国際宇宙ステーションの指揮をとるのです。

地球から遠くはなれた宇宙に長期間いることは、とても大変な仕事です。その間、こなさなくてはならないミッションもたくさんあります。そんな中で、それぞれちがう文化を持つ、さまざまな国から集まってきた宇宙飛行士たちをまとめなくてはなりません。

『和の心』を大切にして、チームをまとめたい。」

ある新聞の取材に、若田はこう答えました。かれはいったいどのようにして宇宙飛行士になったのでしょうか。

一九八六年七月二十日、若田は五歳《ごさい》のときに、テレビが映しだすある光景に、すっかり心をうばわれていました。アメリカの宇宙船アポロ十一号が、世界で初めて月に着陸した映像が生中継《ちゅうけい》されていたのです。

「こんな遠いところへ行って、仕事している人がいるんだ。すごいなあ……。」

(I)このころの若田は、宇宙も、月も、地球ですら、なんのことやら、よくわかっていません。それでも①食いいるようにして、テレビの画面を見つめていました。

埼玉《さいたま》県大宮市に生まれた若田は、活発で外で遊ぶことが大好きな子どもでした。友だちをさそってザリガニつりに行くこともしょっちゅうです。特に野球が好きで、小学二年生から六年生までは、リトルリーグのチームに入っていました。勉強よりも遊ぶことに夢中で、成績はそれほど優秀《ゆうしゅう》なほうではありませんでした。

高校生になると、野球部に入部しました。ところが、毎日一生けん命練習していたにもかかわらず、なかなか試合に出してもらえません。かれよりも上手な選手がたくさんいたのです。それでも、とちゅうで投げだすことなく、三年間がんばりつづけました。結局最後まで補欠のままでしたが、このときの、たとえ満足のいく結果はでなくても②最後までやりとおした経験が、宇宙飛行士になるときに大いに役立つことになるのです。

一九九一年八月。二十八歳になった若田は、ある新聞記事に目をうばわれていました。

「宇宙飛行士候補者募集《ぼしゅう》」

確かに、そう書いてあります。

若田の頭の中に、幼いころに見たアポロ十一号の光景がよみがえってきます。このとき、若田は羽田空港で飛行機を整備する技術者として働いていました。小学生のころ、初めて家族で飛行機に乗ったときに、たまたま操縦席を見せてもらったことがあり、それ以来飛行機に夢中になっていたのです。そして、高校卒業後、大学や大学院で飛行機について学び、この仕事についたのでした。

(I)、飛行機に関わる今の仕事も、とても気に入っています。でも……。

宇宙飛行士の候補者に選ばれるのは、数百人の応募《おうぼ》者の中から、たった一人か二人。

「だめでもともとなのだから、迷うくらいなら応募してみよう。」

そう考えた若田は、思いきって応募書類を送ります。これが、「宇宙飛行士・若田光一」誕生の、最初の大きな一歩だったのです。

「だめでもともと」という予想に反して、難しいテストや検査、面接などの試験を次つぎと合格していきます。今までどおりの飛行機の整備の仕事を続けながらたくさんの仕事をこなしていくのは、簡単なことではありません。最終試験が終ったときには、応募してからすでに八か月が過ぎていました。

2024年度

西武台千葉中学校

【国語】〈第一志望試験〉(五〇分)〈満点:一〇〇点〉

(注意) 筆記用具・定規《じょうぎ》以外は机《つくえ》の上に置いてはいけません。

一

次の①～⑩の——線部の漢字はひらがなに、カタカナは漢字に、それぞれ直しなさい。

① 駅の窓口できっぷを買う。
② 種子が発芽する。
③ 台風に備える。
④ 友の胸中を察する。
⑤ 本屋を営む。
⑥ 生まれコキョウに帰る。
⑦ キチョウな体験をする。
⑧ ボールペンの使用をキョカする。
⑨ 世の中をオサめる。
⑩ シュシャ選択《せんたく》をする。

二

次の①～③の各問いに、それぞれあとのア～オの記号で答えなさい。

① ——線部が例文の敬語と同じ種類のものはどれですか。

例 毎日楽しんで読書をしています。

ア 先生が選定なさった課題図書を読む。
イ とても面白い本をいただいた。
ウ 上手に読み聞かせをしてさしあげる。
エ この本を借りても良いでしょうか。
オ 一番好きな本を教えてくださった。

② 次の中で、慣用句と意味の組み合わせが正しいものはどれですか。

例 あまく見る…みくびる

ア 青菜に塩… 青々として、元気である。
イ 口が堅《かた》い… 言ってはいけないことをつい話してしまう。
ウ 手のひらを返す… 人に対しての態度を急に変える。
エ 虫も殺さない… 自分の都合ばかりで、身勝手である。
オ 若気の至り… 感情のままに行動し、成功する。

③ 次の慣用表現の使い方として正しいものはどれですか。

「案の定」

ア 難しいだろうなと心配していると案の定失敗した。
イ 一生けん命考えた案の定が実現しなくて残念だった。
ウ 世界平和のための案の定を守り続ける必要がある。
エ 案の定から参加していた選手がとうとう優勝した。
オ 長い間会いたかった人と案の定になることができた。

2024年度

西武台千葉中学校 ▶解説と解答

算 数 ＜第一志望試験＞（50分）＜満点：100点＞

解 答

1 (1) 797 (2) 13 (3) $\frac{47}{60}$ (4) $8\frac{1}{2}$ (5) **商**…8.37，**余り**…0.012 2 (1) 50個 (2) 33個 (3) 33個 3 (1) 21 (2) 252 (3) 95点 (4) 1050円 (5) 20分後 4 (1) 376.8cm^2 (2) 86.8cm 5 (1) 11個 (2) 36個 (3) 199個 6 (1) **分針**…6度，**時針**…0.5度 (2) 23度

解 説

1 四則計算，小数のわり算

筆算

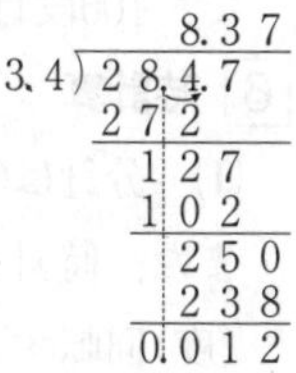

(1) $2024-1203-24=2024-24-1203=2000-1203=797$

(2) $25\div5+4\times2=5+8=13$

(3) $\frac{1}{3}+\frac{1}{4}+\frac{1}{5}=\frac{20}{60}+\frac{15}{60}+\frac{12}{60}=\frac{35}{60}+\frac{12}{60}=\frac{47}{60}$

(4) $12-7\times\left(\frac{4}{5}-0.3\right)=12-7\times\left(\frac{8}{10}-\frac{3}{10}\right)=12-7\times\frac{5}{10}=12-3\frac{1}{2}=8\frac{1}{2}$

(5) 右の筆算より，28.47÷3.4＝8.37余り0.012

2 数の性質，集まり

図

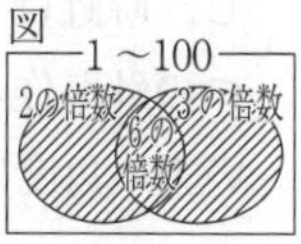

(1) 1から100までの整数で，2の倍数は，100÷2＝50より，50個ある。

(2) 1から100までの整数で，3の倍数は，100÷3＝33余り1より，33個ある。

(3) 2と3の最小公倍数は6だから，2の倍数でも3の倍数でもある整数は6の倍数とわかり，1から100までの整数で，6の倍数は，100÷6＝16余り4より，16個ある。よって，右上の図の斜線《しゃせん》部分の2か3の倍数の個数は，50＋33−16＝67(個)なので，2でも3でも割り切れない数は，100−67＝33(個)と求められる。

3 数の性質，平均，割合，旅人算

計算

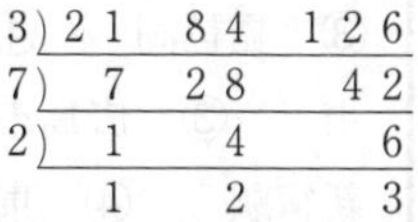

(1) 右の計算より，21，84，126の最大公約数は，3×7＝21である。

(2) 右の計算より，21，84，126の最小公倍数は，3×7×2×1×2×3＝252である。

(3) 国語，社会，理科，英語の4教科の合計点は，80＋65＋90＋70＝305(点)である。また，(平均点)×(教科数)＝(合計点)より，算数をふくめた5教科の合計点は，80×5＝400(点)となる。よって，Aさんの算数の得点は，400−305＝95(点)とわかる。

(4) 1500円の3割引きの値段は，1500×(1−0.3)＝1050(円)である。

図

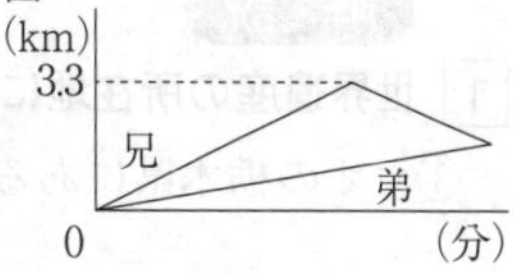

(5) 兄と弟が進むようすは右の図のようになり，2人合わせて，3.3×2＝6.6(km)，つまり，6.6×1000＝6600(m)進んだとわかる。時速15kmは分速，15×1000÷60＝250(m)より，兄と弟は1分間に合わせて，250＋80＝330(m)進む。よって，2人が出会うのは家を出てから，

6600÷330＝20(分後)と求められる。

4 面積，長さ

⑴　問題の図は，半径が12cmで，中心角が，360－60＝300(度)のおうぎ形なので，その面積は，$12\times12\times3.14\times\frac{300}{360}=120\times3.14=376.8$(cm^2)である。

⑵　直線部分(半径)の長さの和は，12×２＝24(cm)になる。おうぎ形の弧《こ》の部分の長さは，$12\times2\times3.14\times\frac{300}{360}=20\times3.14=62.8$(cm)となる。よって，囲まれた部分の周の長さは，24＋62.8＝86.8(cm)と求められる。

5 図形と規則

⑴　１段目には正三角形が１個ある。次に，２段目には３個，３段目には５個，４段目には７個，…で，１段目から順に，１，３，５，７，…と奇数個とわかる。よって，５段目には，５番目の奇数，２×５－１＝９(個)，６段目の正三角形は，６番目の奇数，２×６－１＝11(個)ある。

⑵　６段目までにある正三角形の個数をすべて合わせると，１＋３＋５＋７＋９＋11＝(１＋11)×６÷２＝36(個)ある。

⑶　□段目には正三角形の個数が，□番目の奇数個あるとわかるから，(２×□－１)個ある。よって，100段目にある正三角形の個数は，２×100－１＝199(個)ある。

6 時計算

図

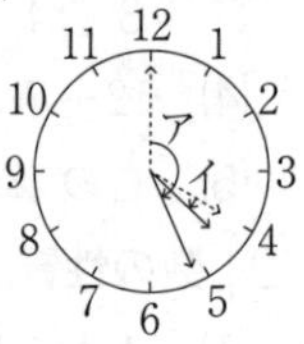

⑴　分針は60分で360度回転するので，１分間で，360÷60＝６(度)回転する。また，時針は60分で，360÷12＝30(度)回転するから，１分間で，30÷60＝0.5(度)回転する。

⑵　右の図で，４時から４時26分で分針はアの角度の，６×26＝156(度)回転し，時針はイの角度の，0.5×26＝13(度)回転する。よって，４時のとき，２つの針が作る小さい方の角度は，30×４＝120(度)なので，４時26分のとき，２つの針が作る小さい方の角度は，156－120－13＝23(度)と求められる。

社　会　＜第一志望試験＞（30分）＜満点：50点＞

解　答

1 ①　オ　②　ア　③　カ　④　イ　⑤　エ　2 ①　信濃川　②　本州　③　琵琶湖　④　富士山　⑤　紀伊半島　⑥　関東平野　3 ①　東京　②　大阪市　③　広島市　④　京都市　4 ①　皇居　②　東京国際空港(羽田空港)　③　新宿駅　④　東京タワー　5 ①　エ⇒ウ⇒イ⇒ア　②　ア⇒ウ⇒エ⇒イ　③　ウ⇒イ⇒ア⇒エ　④　ア⇒エ⇒イ⇒ウ　6 ①　山形県　②　稲(米)　③　長崎県　④　青森県　7 ①　津田梅子(津田うめ)　②　卑弥呼　③　豊臣秀吉　④　空海　⑤　徳川吉宗　⑥　源頼朝

解　説

1 世界遺産の所在地に関する問題

①　オの栃木県にある日光東照宮は，徳川家康を祀《まつ》る霊廟《れいびょう》としてつくられた。代々の将軍や，朝

廷の使者なども参詣した歴史的意義などが認められ，ユネスコの世界文化遺産に登録された。

② 東京都(ア)に属する小笠原諸島は，一度も大陸と陸続きになったことがなく，独自の進化をとげた固有種が多いことから，ユネスコの世界自然遺産に登録された。

③ 平安京《へいあんきょう》が置かれ，江戸《えど》時代まで日本の都だった京都府(カ)にある京都市。京都府内の17の寺・神社・城が，ユネスコの世界文化遺産に登録された。

④ 北海道(イ)の知床は，海と陸の生態系の豊かなつながりなどが評価され，ユネスコの世界自然遺産に登録された。

⑤ 兵庫県(エ)の姫路市にある姫路城は，天守閣《てんしゅかく》を中心とする堀《ほり》・門などの建築物が，良好な状態で保存され，日本独自の城の構造が残されていることなどから，ユネスコの世界文化遺産に登録された。

2 日本一の山・川・島などの地形に関する問題

① 日本一長い信濃川は，埼玉県・山梨県・長野県の県境にある甲武信ヶ岳《こぶしがたけ》を水源として，日本海に注いでいる。長野県内では千曲川と呼ばれ，新潟県に入ると信濃川と名前を変える。

② 日本列島で一番大きな島は本州《ほんしゅう》。本州には多くの人々が暮らしている。

③ 日本一大きい湖である琵琶湖《びわこ》の面積は，約669km^2で，滋賀県全体の約６分の１の面積を占めている。

④ 日本一高い山は，高さ3776mの富士山。７～９月の約２ヶ月間の登山シーズンに，約20万人の登山者がいる。

⑤ 近畿地方にある，日本最大の半島は紀伊半島。おおよそ，三重県・奈良県・和歌山県を合わせたあたりが紀伊半島と呼ばれている。

⑥ 日本一広い平野は，関東地方の一都六県に広がる関東平野で，日本の国土面積の５％近くを占《し》めている。関東平野には多くの人が住み，お金・物・情報などが集まるので，政治・経済・文化などの中心地となっている。

3 国際的なイベントについての問題

① 日本では，これまでに夏，冬計４回オリンピックが開催されている。冬季オリンピックは，札幌(1972年)と長野(1998年)で，夏季オリンピックは，1964年と2021年の２回，東京で開催された。なお，2021年のオリンピックは，新型コロナウイルスが世界的に流行したため(パンデミック)，2020年に開催される予定の大会が，１年間延期された。

② 万国博覧会とは，世界の国々が自国の産業・文化の成果を展示する博覧会のこと。日本では過去に５回(大阪府で２回，沖縄県・茨城県・愛知県で各１回)開催されており，2025年には大阪府大阪市で３回目の万国博覧会の開催が予定されている。

③ 日本は，アメリカ・イギリス・フランス・ドイツ・イタリア・カナダと共に，Ｇ７サミット(主要７か国首脳会議)のメンバー国なので，数年に一度，日本でＧ７サミットの会議が開かれる。2023年には，広島市で会議が開かれた。

④ 地球温暖化を防ぐため，年に一度，国連気候変動枠組条約に参加している国々の会議(COP)が開かれる。1997年のCOP３(第３回国連気候変動枠組条約締約国会議)は京都市で開かれた。COP３では先進国に対し，はじめて数値を示して，具体的な温室効果ガスの削減義務を課した，京都議定書が採択《さいたく》された。

4 東京にある施設についての問題

① 江戸時代，徳川幕府の将軍が住んでいた江戸城は，明治元年に皇居となり，天皇が暮らす御所，行事を行う宮殿などが置かれている。

② 東京湾の埋め立て地に建設された空港は，羽田《はねだ》空港(東京国際空港)。埋め立て地に建設された理由は，東京では，広い空港用地の確保が難しいことと，騒音《そうおん》対策のためである。

③ 東京都庁は1945年の東京大空襲《くうしゅう》で焼失し，戦後，千代田《ちよだ》区丸《まる》の内《うち》に再建された。その後，建物の老朽《ろうきゅう》化が進んだため，1991年，新宿《しんじゅく》駅西口の新宿副都心に移転した。

④ 東京タワーは関東地方のテレビ・ラジオなどの電波塔として，1958年に開業した。建設当時は日本で一番高い建造物だったが，2012年に東京スカイツリーが開業すると，日本で二番目に高い建造物となり，現在は予備の電波塔として使われている。

5 平安時代・鎌倉時代・室町時代・江戸時代の出来事についての問題

① アの参勤交代は，江戸幕府第３代将軍徳川家光が定めた制度。イの応仁の乱は，室町幕府第８代将軍足利義政の後継ぎ問題が原因でおこった。ウの承久の乱は，後鳥羽上皇が鎌倉幕府を倒そうとしておこした出来事。エの平清盛は，平安時代に武士としてはじめて太政大臣になった人物。古い順に並べ替えると，エ⇒ウ⇒イ⇒アになる。

② アの遣唐使の停止は，平安時代初めの894年，菅原道真の意見で行われた。イのペリーは，江戸時代後半(1853年)，浦賀に来航し，開国を求めた。ウの元軍の襲来(元寇《げんこう》)は，鎌倉時代の出来事。エの勘合貿易は室町幕府第３代将軍足利義満がはじめた。古い順に並べ替えると，ア⇒ウ⇒エ⇒イになる。

③ アの吉野に朝廷が開かれ，南北朝時代がはじまったのは室町時代の初め(1336～1392年)。イの北条氏が，執権となって政治の実権を握ったのは鎌倉時代。ウの藤原氏が摂関政治をはじめたのは平安時代で，11世紀ごろ，全盛期をむかえた。エの大政奉還をおこなったのは，徳川幕府第15代将軍徳川慶喜。古い順に並べ替えるとウ⇒イ⇒ア⇒エになる。

④ アの紫式部は，平安時代にかな文字を使って「源氏物語」を書いた。イのザビエルが，日本にキリスト教を伝えたのは，室町時代の後半(1549年)。ウの松尾芭蕉は，江戸時代の元禄《げんろく》文化で活躍《かつやく》した人物。エの禅宗がはじまったのは鎌倉時代。古い順に並べ替えると，ア⇒エ⇒イ⇒ウの順。

6 農業・漁業の都道府県別生産高についての問題

① さくらんぼの生産高１位の県は山形県。山形県の気候がさくらんぼの栽培に適していることから，山形県のさくらんぼ生産高は，全国の約７割で，２位を大きく引き離して１位である。

② 穀物(米や麦など，デンプン質の種子を食用とする植物)の中で，生産高１位が新潟県，２位が北海道，３位が秋田県となる作物は稲(米)である。

③ 真珠の養殖が生産高１位の県は長崎県。形が複雑で，波が静かなリアス海岸が広がる長崎県では，魚介類《ぎょかいるい》の養殖がさかんで，2021年には真珠の生産高が日本一になった。

④ イカは春から夏にかけて，暖流に乗って北上する性質があり，青森県で漁獲高が多い。問題文中の，「東北最北の県」もヒントとなる。

7 歴史上の人物についての問題

① 2024年から新紙幣が発行される。この新紙幣に肖像が使われる人物は，一万円札が渋沢栄一《しぶさわえいいち》，五千円札が津田梅子《つだうめこ》，千円札が北里柴三郎《きたざとしばさぶろう》で，女性は津田梅子だけである。津田梅子は６歳の時に，

日本最初の女子留学生として，岩倉具視《いわくらともみ》を団長とする岩倉使節団に加わり，アメリカに留学した。帰国後，女子英語塾(のちの津田塾《つだじゅく》大学)をつくるなど，女子教育の発展につとめた。

② 約1800年前，すなわち３世紀ごろの日本のことを書いた中国の歴史書は，『魏志倭人伝《ぎしわじんでん》』。この本には，倭(日本)に邪馬台国《やまたいこく》という国があり，卑弥呼《ひみこ》という女王が治めていると書かれている。

③ 1590年，豊臣秀吉《とよとみひでよし》が小田原《おだわら》の北条氏をほろぼして，天下を統一した。豊臣秀吉は全国を支配するため，太閤《たいこう》検地や刀狩などの政策を行った。

④ 平安時代初め，唐《とう》に渡った空海《くうかい》は，帰国後，高野山に金剛峯寺を建て，真言宗を広めた。

⑤ 紀伊藩出身の徳川吉宗《とくがわよしむね》は，第８代将軍になると，享保《きょうほう》の改革を行い，幕府財政を立て直した。

⑥ 征夷大将軍に任命された源《みなもとの》頼朝《よりとも》は，幕府を鎌倉に開いた。武士が政治の実権をにぎったことで，貴族が治める時代から，武士が治める時代へと変わった。

理 科 ＜第一志望試験＞(30分)＜満点：50点＞

解 答

1 問１ 右の図 問２ 解説の図を参照のこと。 問３ 変化しない 問４ 120g 問５ 16.3g 問６ ホウ酸 問７ (例) 水を蒸発させる。 2 問１ A 力点 B 作用点 問２ ア 問３ (例) せん抜き(ハサミ，くぎ抜き) 問４ １個 問５ (1) ① (2) ② 3 問１ ア ミドリムシ イ ゾウリムシ ウ ボルボックス エ ミジンコ 問２ ① なし ② イ，エ ③ ア，ウ 問３ B 問４ 番号…③ 正しい答え…遠ざけて 4 問１ イ 問２ ウ 問３ ア 問４ ウ 問５ ア，イ

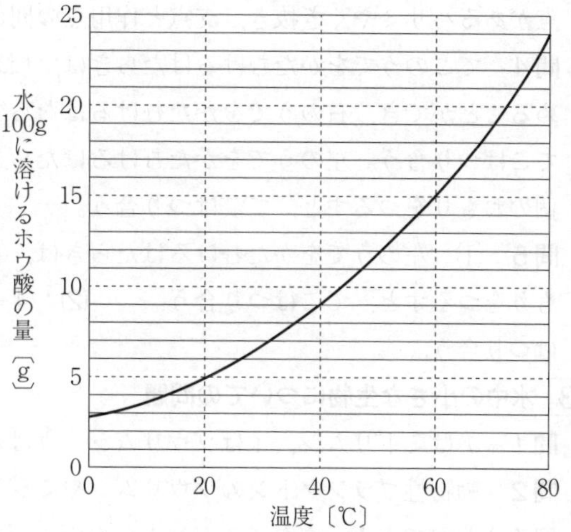

解 説

1 ものの溶《と》け方についての問題

問１ 100gの水に溶けるホウ酸の質量は，０℃のとき2.8g，20℃のとき5.0g，40℃のとき9.0g，60℃のとき15.0g，80℃のとき24.0gだから，これらの点を通るような曲線をかく。

問２ 物質が水に溶けているときは，粒子《りゅうし》は右の図のように，水の中に一様に広がった状態になる。

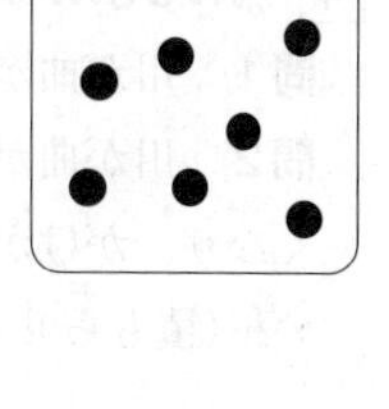

問３ 水に溶けた物質の粒子は，長い時間放置しても，水の中に一様に広がったままで，水よう液の上や下の方にたまったりすることはない。

問４ 水よう液の質量は，水の質量と水に溶かした物質の質量の和で求められるから，40℃の水100gに20gの食塩を溶かした水よう液の質量は，100＋

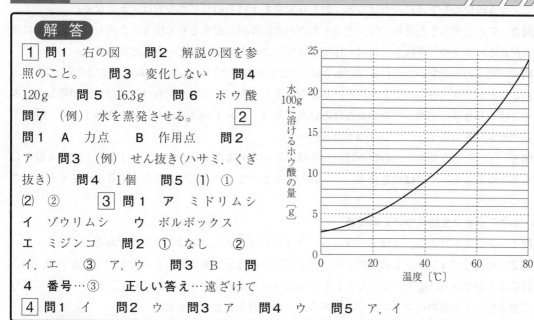

20＝120(g)である。

問5　40℃の水100gに溶かすことのできる食塩の質量は36.3gだから，この水よう液には，あと，36.3−20＝16.3(g)の食塩を溶かすことができる。

問6　表より，ホウ酸は水の温度が高いほど溶ける量が多くなるが，食塩は水の温度が高くなっても溶ける量はあまり変わらないことがわかる。したがって，80℃の水に食塩とホウ酸を溶けるだけ溶かした水よう液を20℃まで冷やすと，ホウ酸の結晶の方が多く取り出せる。

問7　水の量が多いほど水に溶ける物質の量は多くなるので，水よう液を加熱して水を蒸発させると，水に溶けきれなくなった物質が結晶となって現れる。

2 てこについての問題

問1　いつも同じ位置にあり動かないところを支点，力を加えるところを力点，ものに力をはたらかせているところを作用点という。

問2　支点から力点までのきょりが長いほど，小さな力でおもりを持ち上げることができる。よって，点Aの位置を支点に近づけると，おもりを持ち上げるのに必要な力は大きくなる。

問3　てこを利用した道具には，支点と力点の間に作用点があるせん抜き，力点と作用点の間に支点があるハサミやくぎ抜き，支点と作用点の間に力点があるピンセットなどがある。

問4　てこのうでをかたむけるはたらきは，(おもりの重さ)×(支点からおもりまでのきょり)で求めることができ，右のうでをかたむけるはたらきと，左のうでをかたむけるはたらきが等しいとき，てこはつり合う。左のうでをかたむけるはたらきは，3×1＝3だから，3÷3＝1より，③に1個のおもりをつるすと，てこはつり合う。

問5　(1)　左のうでをかたむけるはたらきは，1×4＝4だから，4÷4＝1より，①に4個のおもりをつるすと，てこはつり合う。　(2)　4÷2＝2より，②に2個のおもりをつるすと，てこはつり合う。

3 水中の小さな生物についての問題

問1　アはミドリムシ，イはゾウリムシ，ウはボルボックス，エはミジンコである。

問2　動物性プランクトンのゾウリムシやミジンコは自分で養分をつくることができないが，動き回ることができる。また，ミドリムシやボルボックスは，体が緑色をしていて，植物のように自分で養分をつくる植物性プランクトンであるが，動き回ることもできる。

問3　ふつう，顕《けん》微《び》鏡《きょう》は観察するものが上下左右反対に見えるので，図1で見える生物を左下に動かして中央で観察するためには，図2のプレパラートを右上のBの向きに動かせばよい。

問4　顕微鏡は直射日光が当たらない明るい場所に置き，ピントを合わせるときは，対物レンズとプレパラートがぶつからないように，横から見ながら対物レンズとプレパラートを近づけ，その後，接眼レンズをのぞきながら対物レンズとプレパラートを遠ざける。また，観察するときは，最初は低い倍率の対物レンズを使い，小さくて見にくいときは倍率を高いものに変える。

4 流れる水のはたらきについての問題

問1　川が曲がっているところでは，外側の流れが速く，内側の流れがおそくなる。

問2　川が曲がっているところの外側では，川の流れが速いため，しん食(けずるはたらき)が大きくなり，がけが見られる。また，川が曲がっているところの内側では，川の流れがおそいため，たい積(積もらせるはたらき)が大きくなり，川原が見られる。

問3　川が曲がっているところでは，外側の流れが速いため，川底は外側のBの方がけずられて深くなっている。

問4　川原にある石は，下流にいくにつれて流れる水のはたらきを受けるため，角がとれて丸みをおび，小さくなる。

問5　しん食(けずるはたらき)や運ぱん(運ぶはたらき)は，流れが速いところでは大きくなり，流れがおそいところでは小さくなる。一方，たい積(積もらせるはたらき)は，流れが速いところでは小さくなり，流れがおそいところでは大きくなる。

英語　＜第一志望試験＞（30分）＜満点：50点＞

解答

1　**1** ウ　**2** エ　**3** エ　**2**　**1** ア　**2** イ　**3**　**1** ア　**2** ウ　**3** イ　**4** エ　**5** ウ　**6** ア　**7** イ　**8** ウ　**9** エ　**10** イ　**11** ア　**12** エ　**13** イ　**14** ア　**15** ウ　**4**　**1** エ　**2** イ　**3** ア　**4** ア　**5** ウ　**5**　**1** Let's go to Shimizu Park next Sunday.　**2** Who cooks lunch today?　**3** Hiro, it is time for school.　**4** How many dogs do you have?　**5** Satoshi plays badminton after school every day.

国語　＜第一志望試験＞（50分）＜満点：100点＞

解答

一　①　まどぐち　②　はつが　③　そな　④　きょうちゅう　⑤　いとな　⑥～⑩　下記を参照のこと。　**二**　①　エ　②　ウ　③　ア　**三**　**問1**　オ　**問2**　イ　**問3**　ア　**問4**　(例)　宇宙に行きたいという同じ夢をもつ大切な仲間たちと知りあうことができたから。　**問5**　慣れない英語／宇宙飛行士に必要な知識を身につける　**問6**　ウ　**問7**　自分勝手な行動をとらないという強い意志／仲間を思いやる気持ち　**問8**　イ・ウ　**四**　**問1**　イ　**問2**　エ　**問3**　他人が素手でさわったものが食べられない　**問4**　(例)　ものすごく　**問5**　(例)　キャラに自分を寄せていったことで，キャラが強くなっていき，本当の自分とかけはなれていった　**問6**　ウ・カ

●漢字の書き取り

一　⑥　**故郷**　⑦　**貴重**　⑧　**許可**　⑨　**治**　⑩　**取捨**

解説

一　漢字の読みと書き取り

①　チケットや切符《きっぷ》を買う場所。　②　芽が出ること。　③　準備すること。　④　心の中。　⑤　経営すること。　⑥　生まれた土地。　⑦　めずらしくて大切であること。　⑧　それをすることを許すこと。　⑨　統治・支配すること。　⑩　取ったり，捨てたりすること。

二　敬語の知識，慣用句とその意味，慣用表現の使い方

①　例文の「ます」や「です」・「ございます」などを用いるのは，ていねい語である。同じ種類のものは，エ「でしょう」。アは尊敬語，イ・ウ・オは謙譲《けんじょう》語。　②　ア「青菜に塩」は，元気をなくしている様子，イ「口が堅《かた》い」は，秘密をもらさないこと，ウ「手のひらを返す」は，相手に対する態度を変えること，エ「虫も殺さない」は，非常におだやかであること，オ「若気の至り」は，若さが原因で軽率な行動をしてしまうこと。　③「案の定」は，思った通り，という意味なので，「思った通り失敗した」という意味のアが正しい。

三　出典：髙橋《たかはし》みか「日本人で初めて宇宙ステーションのリーダーになった若田光一《わかたこういち》」。若田光一が宇宙飛行士になったいきさつと，宇宙飛行士としての活躍《かつやく》を具体的に説明している。

問１　空欄《くうらん》が２ヶ所あることに注意する。一つ目は，五歳の若田がテレビに映る宇宙船を見ているが，まだ五歳なので「宇宙も，月も，地球ですら，なんのことやら，よくわかってい」ないという文脈なので「もちろん」がふさわしい。二つ目も，二十八歳になった若田が，羽田空港でおこなっていた「飛行機に関わる今の仕事」について，それを気に入っていたことは「言うまでもない」ので「もちろん」がふさわしい。

問２「食いいるように」は，「夢中になっている」様子である。ここでは，テレビが映しだすアポロ十一号が月に着陸した映像の生中継《ちゅうけい》を，若田が夢中で見ていた様子を表している。

問３　ア「初志貫徹《しょしかんてつ》」は，最初に決めたことをやり通すこと。イ「異口同音《いくどうおん》」は，みんなが口々に同じことを言うこと。ウ「一心不乱」，エ「無我夢中」は，夢中になって行う様子。オ「右往左往」は，どうしていいかわからずに迷うこと。

問４　ぼう線部③の直後に書かれているように，宇宙飛行士になるための試験や「苦しい日び」がつらくなかったのは，「同じく宇宙に行きたいという夢をもつ，大切な仲間たちと知りあうことができたから」である。

問５　ぼう線部④の直前の段落に書かれているように，若田は，「慣れない英語での会話，宇宙飛行士に必要な知識を身につけるための勉強」などを行っている中で，言葉のかべにぶつかったのである。

問６　ぼう線部⑤は，直前の内容を受けて「ロボットアームという装置を操作し，宇宙空間をただよう人工衛星を回収する」という「大きなミッション」，といった文脈になることをおさえる。

問７「みんなで仲良く長期間暮らすためには，自分勝手な行動をとらないという強い意志と，仲間を思いやる気持ちが何よりも大切」だと書かれている。

問８「コマンダー」として指揮をとったのは，「最後の二か月間」なので，イはふさわしくない。宇宙飛行士の候補者に選ばれるのは十人ではなく「一人か二人」なので，ウもふさわしくない。

四　出典：髙森美由紀《たかもりみゆき》『ふたりのえびす』。ケンカをした優希《ゆうき》と仲直りをする中で，太一《たいち》がかくそうとしていた，自分の「他人が素手でさわったものが食べられない神経質な」ところを告白する場面。

問１「きみを試すようなことをしてしまって」と，優希が打ち明けるのは，これよりもあとの場面であり，また，そのあとの会話で，ふつうに聞いたとしても「答えるもんか」と言っているので，イはあてはまらない。

問２　自分が神経質なキャラであることを告白したところ，「だれにだって苦手なのはあるから」と，あっさりと優希が受け入れてくれたことが，照れくさくて，「オレ」は「ほおをかく」しぐさをしているのである。

問３　家庭科の時になっとう巻きを食べさせられて「オレ」がふるえていたのは，「他人が素手でさわったものが食べられない神経質なやつ」だからである。

問４　「ちょっと」であることを「つうか(＝というか)」と否定しているので，逆の意味を表して「ものすごく」のような強調する表現がふさわしい。

問５　優希が，「いつの間にか，ぼく自身がキャラに寄っていってることに気づいた」と言っているように，「オレ」も自分でキャラに寄せていったことで，「どんどんキャラが強くなっていって，本当のオレとかけはなれていった」のである。

問６　「確固とした信念を持っている優希」とあるので，ウはふさわしい。「ちょっと根性曲がってるよ」と，自分の欠点を理解しているので，カはふさわしい。アは，「他人を信用してない」のは太一なので，「人を信用することができない」が，イは，「実は『王子キャラ』も気に入っている」が，エは，「えんぶりのことしか考えていない」のは親方なので，ふさわしくない。オは，「きみを試すようなことをしてしまって，ごめんね」と素直に謝っているので，ふさわしくない。

2024年度 西武台千葉中学校

◆注意事項◆　筆記用具・定規《じょうぎ》・コンパス以外は机《つくえ》の上に置いてはいけません。

【算　数】〈第１回試験〉（50分）〈満点：100点〉

1　次の計算をしなさい。

(1)　$100+2\times13-3$

(2)　$2.45\times6+7.55\times6$

(3)　$\left(\frac{17}{18}-\frac{7}{12}\right)\div\frac{1}{36}$

(4)　$93.6\times51.8-252.98$

(5)　$15-\{(8-5)\times4-2\div2\}$

2 次の問いに答えなさい。

(1) 2.4％の食塩水が240ｇあります。成分である塩と水の重さを求めなさい。

(2) ＡさんとＢさんの２人で6500円を分けます。Ａさんの金額がＢさんの４倍になるとき，Ａさんがもらえる金額を求めなさい。

(3) 公園にネコとハトがあわせて28匹いました。ネコの足は４本，ハトは２本ですが，足の合計は68本でした。ネコとハトはそれぞれ何匹いたか求めなさい。

(4) 川間駅からＳ中学校の距離は1.8 km あります。A君はこの距離を毎分60 m で歩きます。A君が７時50分に川間駅を出発したとき，Ｓ中学校には何時何分に到着するか求めなさい。

(5) あめ玉を子どもに配りたい。１人10個ずつ配ると３個不足し，１人12個ずつ配ると15個不足します。あめ玉の個数と子どもの人数を求めなさい。

3　おもちゃを売っているお店について，次の問いに答えなさい。

(1)　このお店では，2000円で仕入れたおもちゃに30%の利益を見込んで売ることにしました。このおもちゃの売値はいくらか求めなさい。

(2)　(1)の値段では売れなかったので，売値の40%引きで売ることにしました。このとき，おもちゃはいくらで売ることになりましたか。

(3)　(2)の値段でおもちゃを売ることができました。このお店は，いくらの利益，または損がありましたか。次の □ にあてはまる数と言葉を答えなさい。

このお店は，最終的に □ 円の □ がありました。

4　図のように，正方形の中に半径10 cmのおうぎ形を2つかきました。図の斜線部分について，次の問いに答えなさい。ただし，円周率は3.14とします。

(1)　斜線部分の面積を求めなさい。

(2)　斜線部分の周の長さを求めなさい。

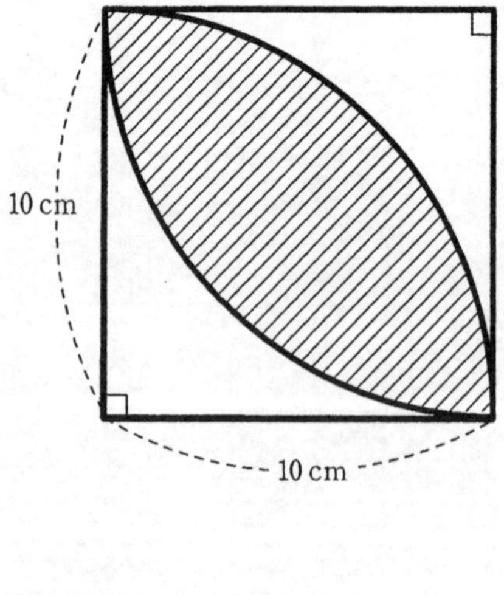

5 下の【ルール】に従って，同じ太さの丸太を積み重ねるとき，次の問いに答えなさい。

【ルール】① 丸太はくずれることはありません。

② 一番下の段の丸太は、最小の数とします。

③ 上の段の丸太は、下の段の２本の間に配置します。

④ 上の段に上がる度に１個ずつ丸太を減らします。
ただし、最上段だけは下の段より２本以上少なくなることもあります。

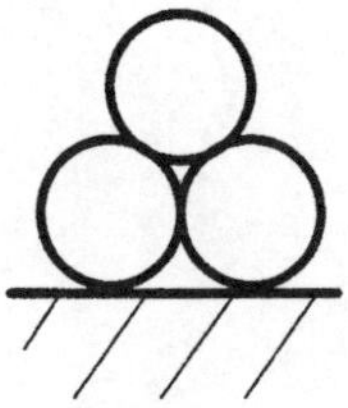
３本の場合

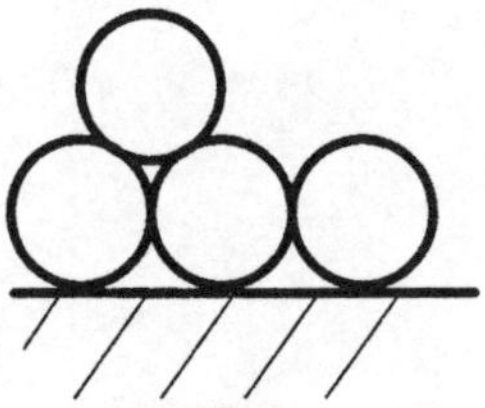
４本の場合

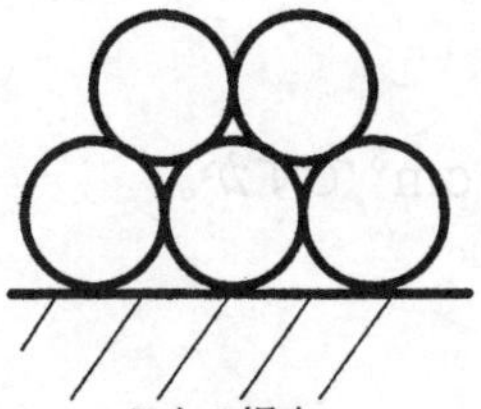
５本の場合

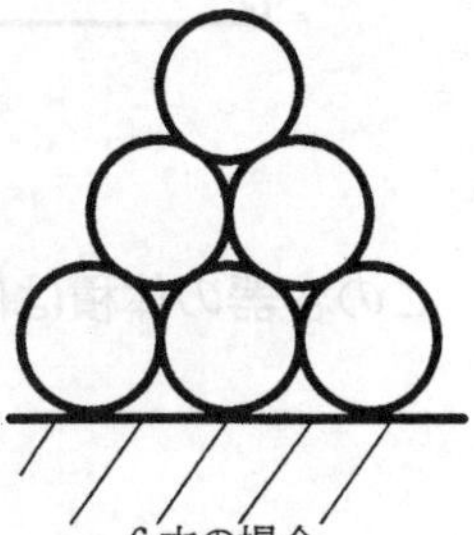
６本の場合

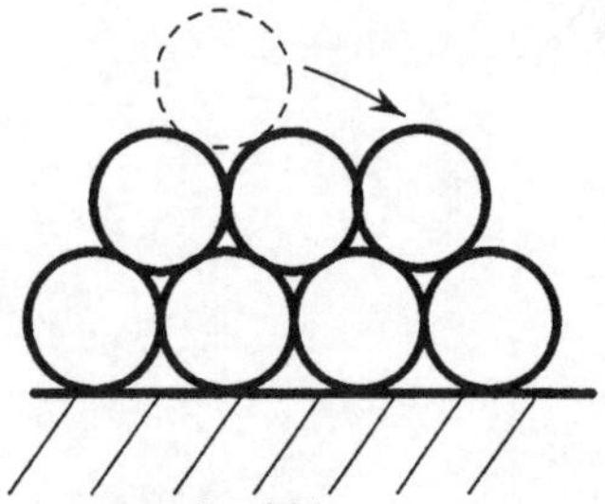
７本の場合

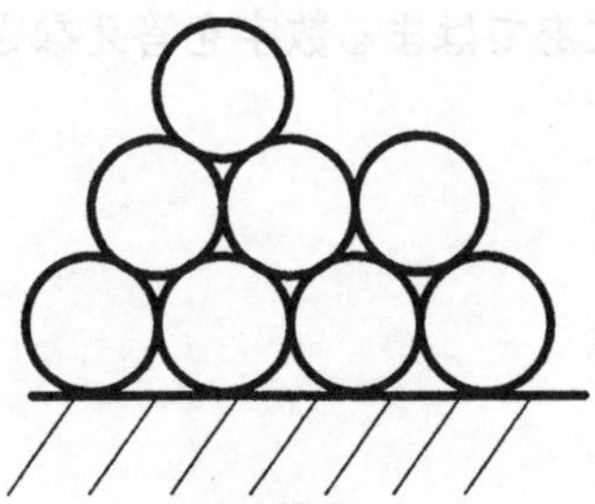
８本の場合

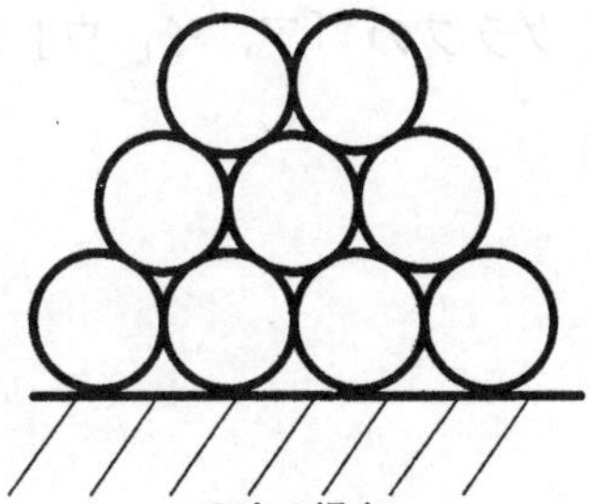
９本の場合

(1) 10段重ねると丸太は最大何本まで積み重ねることができますか。

(2) 30本の丸太を積み重ねると，一番上の段と一番下の段には，それぞれ何本の丸太を並べることになりますか。

6 図のようなコの字の形をした容器がある。この中に一定の割合で水を入れていくとき，水を入れ始めてからの時間と水の深さとの関係が下のグラフのようになりました。

次の問いに答えなさい。ただし，容器の厚さは考えないものとします。

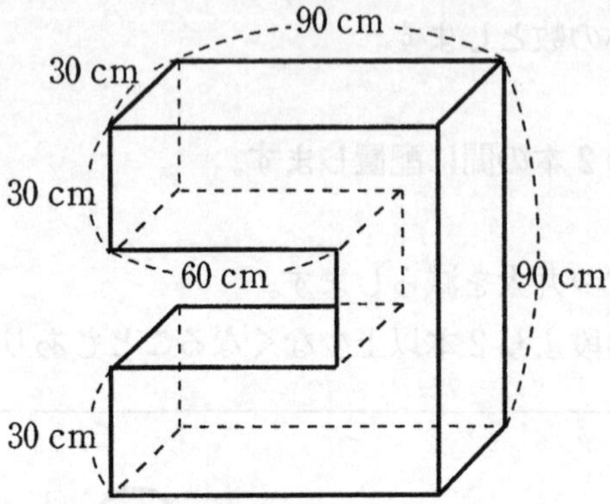

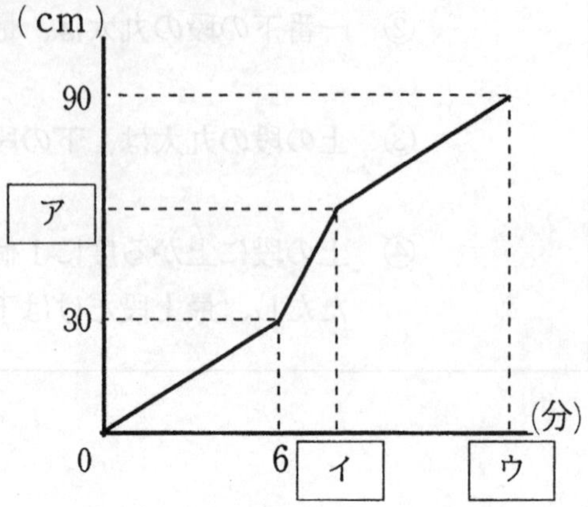

(1) この容器の体積は何 cm^3 ですか。

(2) １分間に何 cm^3 の割合で水を入れましたか。

(3) グラフの「ア，イ，ウ」にあてはまる数字を答えなさい。

【社　会】〈第１回試験〉（30分）〈満点：50点〉

1　次の雨温図は、日本各地の気温と降水量の変化を示しています。①～④に書かれている都市の雨温図を選び記号で答えなさい。

ア

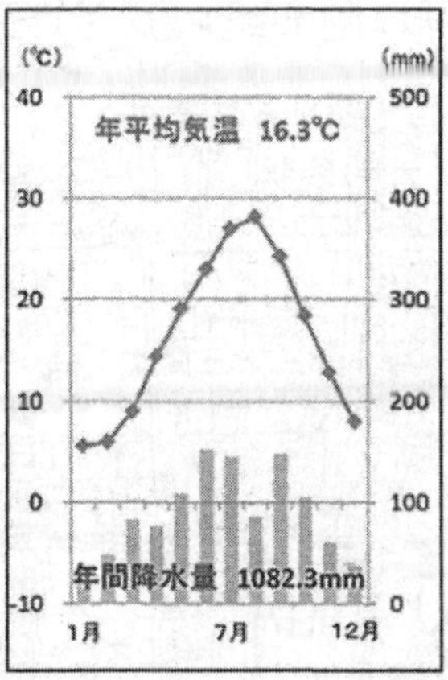

イ

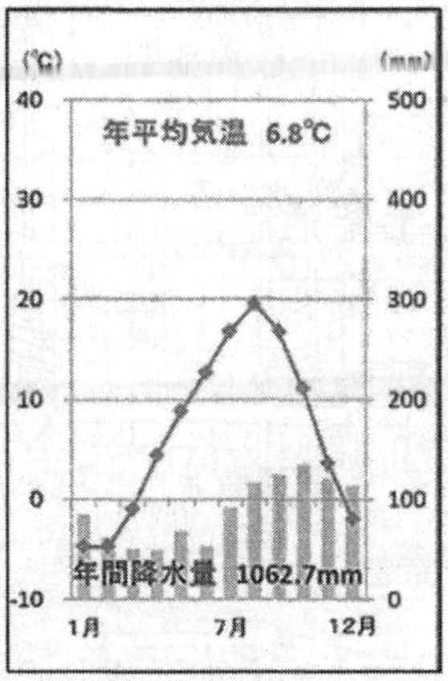

ウ

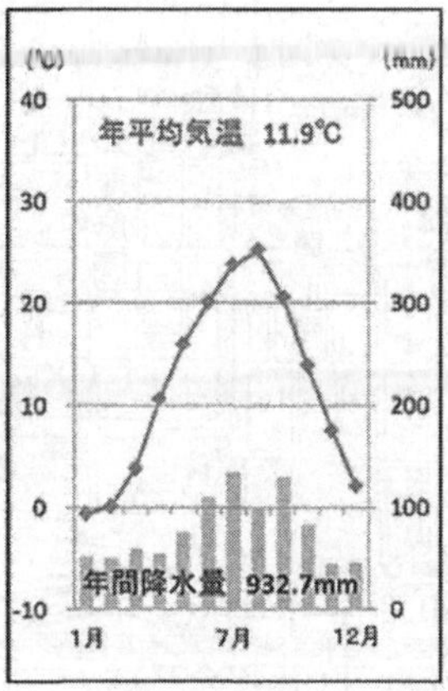

エ

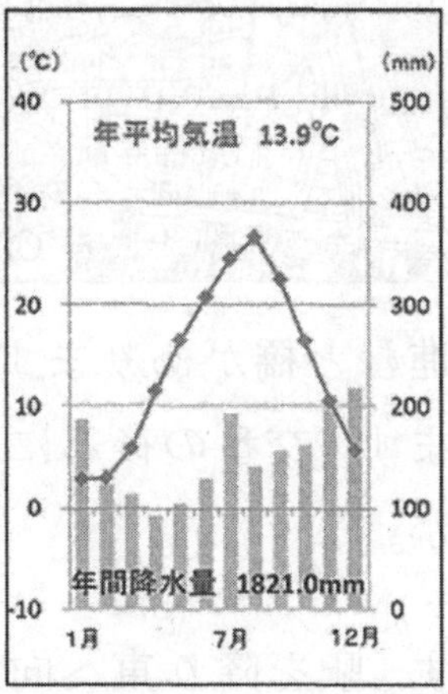

オ

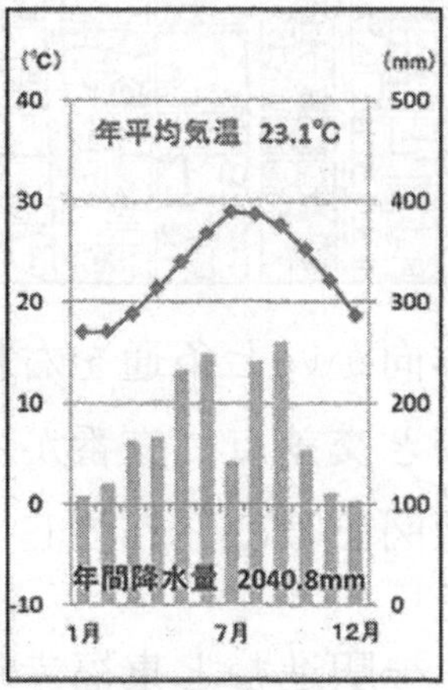

カ

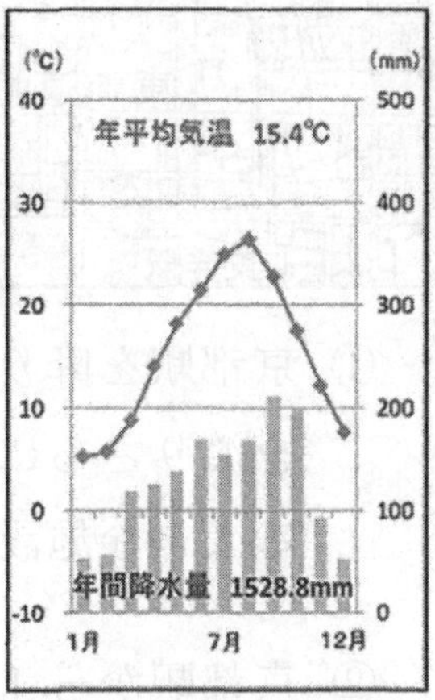

①　この都市は、日本最北端の稚内市です。この市は、一年を通して気温は低いが、冬の降雪量はそれほど多くない気候です。

②　この都市は、太平洋側の東京です。夏の降水量は多く蒸し暑いのに対し、冬は乾燥して寒い気候です。

③　この都市は、瀬戸内海の高松市です。瀬戸内海地方は、一年を通して温暖で降水量は少ない気候です。

④　この都市は、沖縄の那覇市です。南にある都市なので、一年を通して温暖な気候です。

2 次の地図は、京都駅周辺の地図です。①～④で説明している施設の地図記号を下記より選び記号で答えなさい。

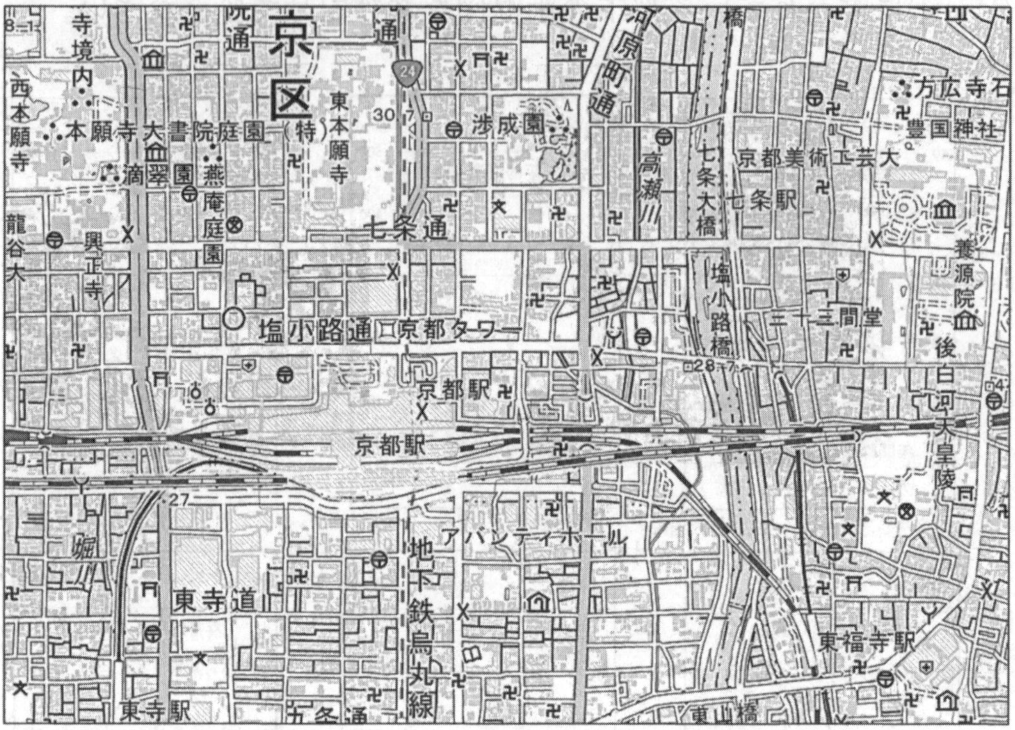

① 京都駅を降り北へ向かい七条通を右折し進むと橋があります。橋を渡りさらに進むと交差点に交番があります。交番の後ろに広がる大きな施設の地図記号はどれでしょうか。

② 京都駅からＪＲを一駅進むと東福寺駅です。駅を降り東へ向かうと右手に郵便局と病院があります。その間の道を進んだ突き当りにある施設の地図記号はどれでしょうか。

③ 京都駅を降りた目の前に京都タワーがあります。京都タワーを左に見ながら進むと左手に東本願寺が見えます。通りを右折し渉成園へ向かう途中左側にある施設の地図記号はどれでしょうか。

④ 京都駅から南へ向かい東寺道との交差点に交番があります。さらに南に進んだ左手にある施設の地図記号はどれでしょうか。

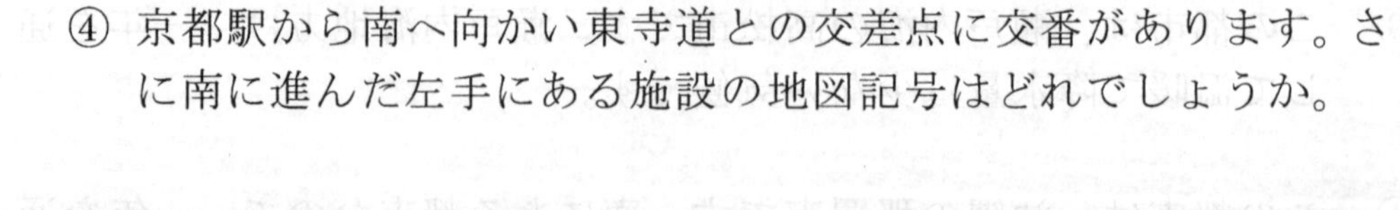

3 次の写真は、歴史で学ぶ有名な日本の建物の一部です。説明をもとに建物の名前を答えなさい。

①

この建物は、室町時代に活躍した将軍足利義満の別荘として利用されました。とても華やかな建物で京都の観光地の中でも特に人気があります。

②

この建物は、現存する日本最古の木造建築の寺院です。聖徳太子の時代から変わらず残る建物です。

③

この建物は、京都市内に建つ城です。幕末に将軍徳川慶喜は、この城で大政奉還をしたことは有名です。

④

この建物は、太平洋戦争の末期に新型爆弾が落とされた広島の建物です。当時、この新型爆弾により多くの人々が犠牲《ぎせい》となりました。平和の象徴的な建物です。

4 次に説明している歴史上の出来事の中で、下線を引いた中に誤った説明箇所があります。その箇所の記号を選び正しい語句に直しなさい。

① ア．豊臣秀吉の死後、後継者を巡り争いがおこった。結果、秀吉の息子を支える石田三成と徳川家康との間でイ．関ヶ原の戦いとなった。1600年におきたこの戦いに勝利した徳川家康は、1603年にウ．征夷大将軍となり江戸幕府を開いた。家康は、将軍職を代々親子で受け継ぐことを示すために、２年後息子の秀忠を二代将軍とした。その後、エ．安土城を攻め豊臣氏を滅ぼした。

② 推古天皇のア．関白となった聖徳太子は、数々の新しい政策を打ち出した。朝廷での働きに応じて貴族に官位を与えるイ．冠位十二階の制、貴族に対する心得としたウ．十七条の憲法、大陸の進んだ文化を取り入れるためにエ．遣隋使の派遣などを行った。

③ 江戸幕府八代将軍となった徳川吉宗は、多くの改革を進めた。江戸庶民からの意見を聞く目的のア．目安箱の設置、江戸のききんに備えたイ．じゃがいもの栽培、火事の多かった江戸にウ．町火消しを設置、江戸庶民の医療のためにエ．小石川養生所の設置など多くの改革を行った。

④ 明治時代になり世の中は西洋化された。東京・横浜・神戸などでは、特に大きく西洋化された。新橋駅と横浜駅の間に鉄道が引かれ、ア．蒸気機関車が走り始めた。街には、イ．レンガ造りの建物が多く造られ、新しい乗り物としてウ．牛車が走り始めた。街灯としてエ．ガス灯が灯ると街では、夜でも明るくなった。

5 次の写真は、2023 年に日本でニュースになった出来事です。それぞれの出来事に関係する設問に答えなさい。

① 右の写真は、河野デジタル担当大臣が、国民へ普及を進めるカードでトラブルが続いたことへの対応を国会で説明しているニュース場面です。このカードは、何カードと呼ばれていますか。

② 右の写真は、小倉少子化担当大臣の、新しくつくられた行政機関の発表会見です。今までは、厚生労働省が担当していた家庭に関する問題を専門に担当する機関です。何庁と呼ばれていますか。

③ 右の写真は、日本で開かれた広島サミットに来日したウクライナの大統領と岸田首相が平和記念公園で献花する場面です。ウクライナの大統領の名前は何でしょうか。

6 世の中の会社は、様々な工夫をして生産し販売しています。次に書かれた、販売が良くなった理由として正しくないと思うものを選び記号で答えなさい。

① 人気のチョコレートを製造するＡ社は、企業努力し長年同じ価格で販売してきましたが、来月より価格を上げることにしました。
ア．原料のカカオの価格が高くなった。
イ．他のチョコレートを作っている会社が安くした。
ウ．チョコレート製造でかかる電気代が高くなった。
エ．新製品の開発に費用がとてもかかった。

② ある街の中華料理店が、６月になり冷やし中華をはじめた。しかし、あまりお客は注文しませんでした。ところが、あるきっかけで急に売れるようになりました。
ア．店の冷房を止めて店内を暑くして注文するようしむけた。
イ．店の入口や店内に「冷やし中華」をはじめたと掲示した。
ウ．梅雨が明け、急に暑くなった。
エ．冷やし中華をはじめたと知らせるチラシを配った。

③ 文房具を製造するＢ社は、新製品としてノートを売りはじめました。すると新しいノートは、人気となりたくさん売れました。
ア．子供用ノートなので人気キャラクターデザインにした。
イ．テレビＣＭで宣伝をした。
ウ．大量に生産し販売店に売るようにお願いした。
エ．Ｂ社製品を使っている消費者の意見を取り入れて作った。

④ ある街にあまり人気のないパン屋さんがありました。店長は店員と考え店が変わると、より良く売れるようになりました。
ア．商品の並べ方を工夫し、買いやすいようにした。
イ．パンの種類を減らし、値段を高くした。
ウ．原料を厳選し、パンの焼き方を工夫して美味しくした。
エ．店員みんなでお客さんに愛想よく接するように心がけた。

7 下の図は、2023 年 7 月 27 日に日本気象協会から出された夏の平均気温の予想資料です。昨年の夏はこの資料のように暑い日が続きました。近年、日本をはじめ世界の夏は、とても暑くなっています。一般的にどのような原因で世界の平均気候が高くなったと言われているか、７０字以上８０字以内で説明しなさい。

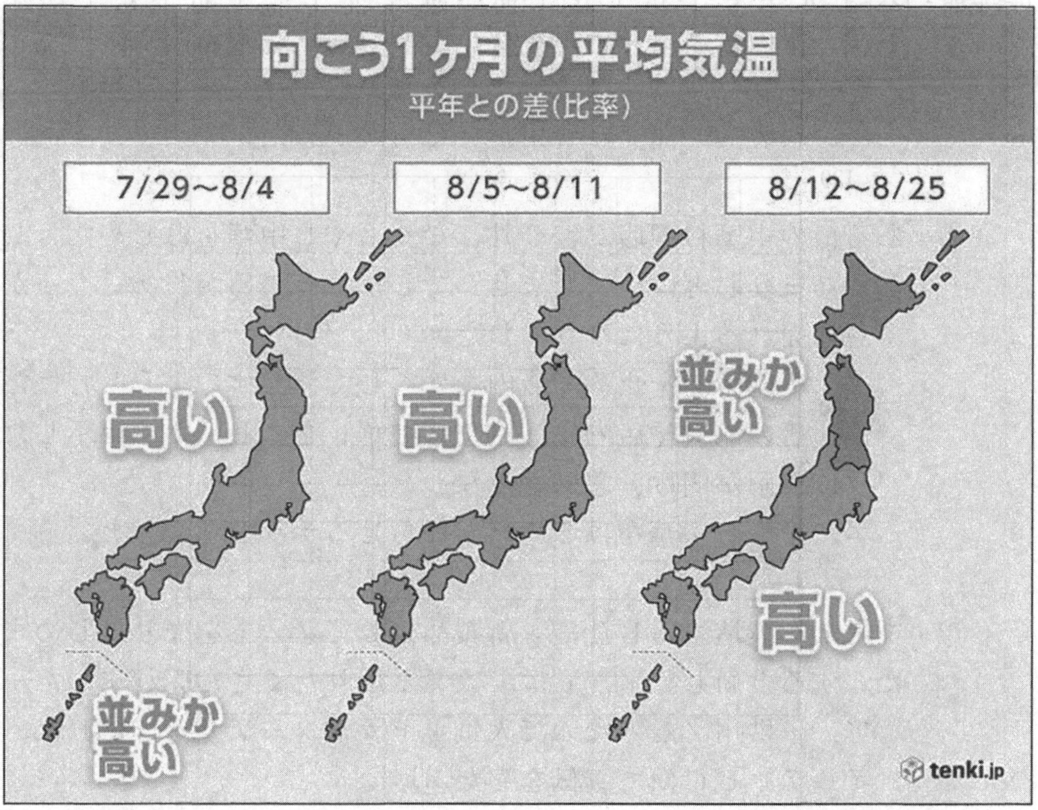

日本気象協会資料参照

【理　科】〈第１回試験〉（30分）〈満点：50点〉

1　**物質は、温度によって固体・液体・気体の３つの状態に変化する（このことを物質の状態変化という）。物質の状態変化に関する次の各問いに答えなさい。**

問１　次の表は、０℃よりも低い温度の氷を熱し続けたときの温度変化についてまとめたものである。表の結果より、熱し始めて５分以降《いこう》の温度変化と時間の関係をグラフで表しなさい。

熱した時間　〔分〕	0	5	10	15	20	25	30	35	40	45	50
温　　度　〔℃〕	−10	0	0	0	20	40	60	80	100	100	100

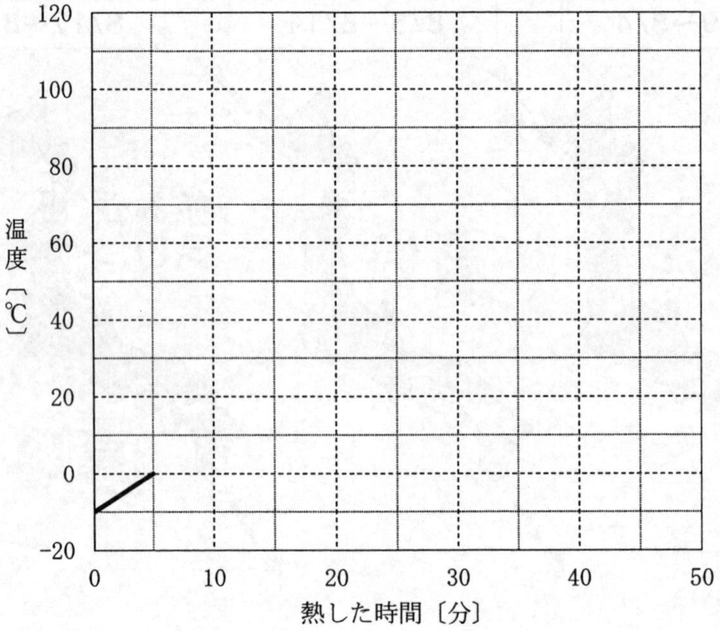

問２　問１の結果より、次の①～③の変化が起こったと考えられるのは、氷を熱してからそれぞれ何分後か答えなさい。

①　氷がとけ始めた。

②　氷がとけ終わった。

③　水がふっとうを始めた。

問３　問１の実験では、湯気《ゆげ》が立つときがあった。湯気《ゆげ》は、水が固体・液体・気体のどの状態になったものか答えなさい。

問４　状態変化によって、一般《いっぱん》に物質の体積が最も大きくなると考えられる状態(固体・液体・気体)を次のア～エから選び、記号で答えなさい。

ア　固体
イ　液体
ウ　気体
エ　すべて同じ

問５　状態変化によって、一般《いっぱん》に物質の質量が最も小さくなると考えられる状態(固体・液体・気体)を次のア～エから選び、記号で答えなさい。

ア　固体
イ　液体
ウ　気体
エ　すべて同じ

2　**豆電球・乾電池《かんでんち》・モーターを用いて、電気のはたらきについて調べる実験１・２を行った。これについて、次の各問いに答えなさい。ただし、実験に使用する器具はすべて新品で、同じ条件で行うものとする。**

【実験１】　豆電球１つと乾電池《かんでんち》１つを図１のようにつなぐと、豆電球が光った。

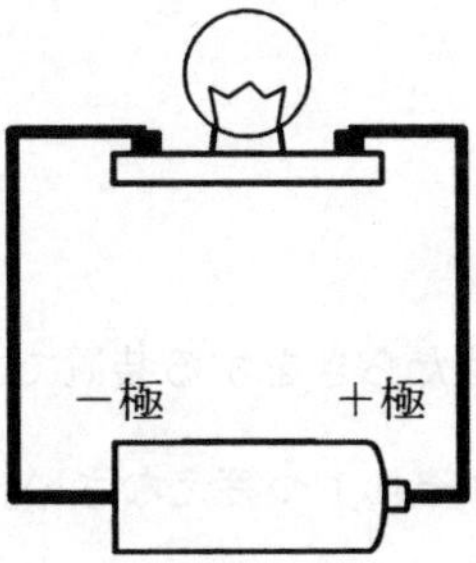

図１

問１　乾電池《かんでんち》を２つ使って、豆電球をさらに明るく光らせたいとき、乾電池《かんでんち》はどのようにつなげばよいか。そのつなぎ方の名称を答えなさい。

問２　問１のとき、乾電池《かんでんち》の持ちは図１と比べてどうなると考えられるか。次のア～ウから１つ選び、記号で答えなさい。

ア　よい
イ　悪い
ウ　変わらない

【実験２】　モーター１つと乾電池《かんでんち》１つを図２のようにつなぐと、モーターは右向きに回った。

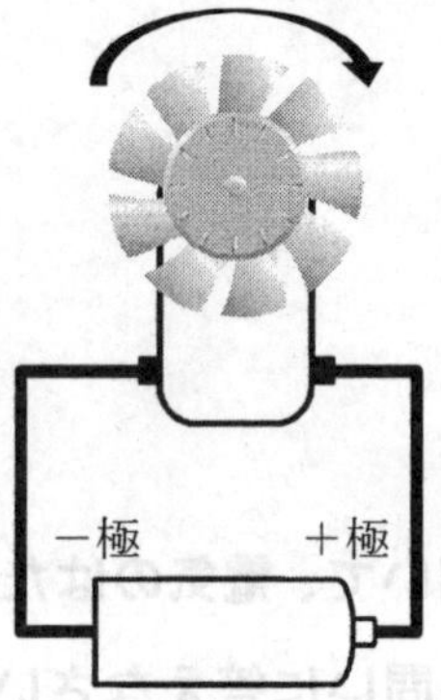

図２

問３　乾電池《かんでんち》を逆向きにすると、モーターの回る向きはどうなると考えられるか。次のア～ウから１つ選び、記号で答えなさい。

ア　右向きに回る。
イ　左向きに回る。
ウ　変わらない。

問４　モーターは、電気を運動に変えるはたらきをする装置《そうち》である。身近にあるもので、次の①・②のはたらきをする装置《そうち》(器具)を、それぞれ１つ答えなさい。

①　電気を熱に変える。

②　電気を音に変える。

問５　電気のつくり方にはさまざまな方法がある。火力発電や原子力発電の他に、どのような方法があるか１つ答えなさい。

3　**下図の①～⑤のように、２５℃の実験室でインゲンマメの種子《しゅし》を育てた。次の各問いに答えなさい。**

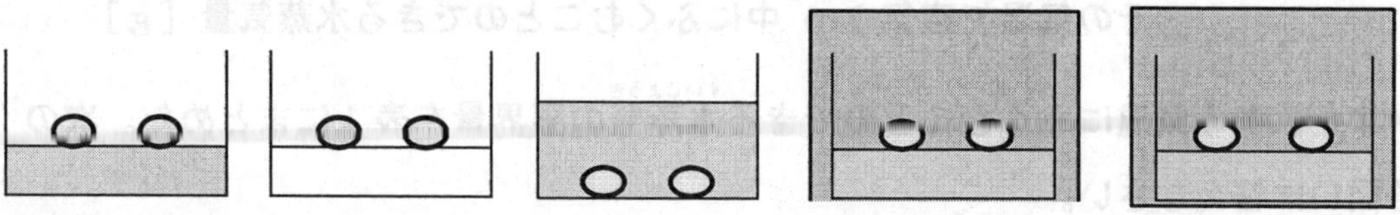

①水でしめらせた脱脂綿の上に置く。　②乾いた脱脂綿の上に置く。　③水にしずめる。　④水でしめらせた脱脂綿の上に置き箱をかぶせる。　⑤水でしめらせた脱脂綿の上に置き５℃の冷蔵庫に入れる。

問１　①～⑤のうち、インゲンマメの種子《しゅし》が発芽《はつが》するものをすべて選び、番号で答えなさい。

問２　①，②より、インゲンマメの種子《しゅし》の発芽《はつが》には何が必要であることがわかるか。

問３　①，③より、インゲンマメの種子《しゅし》の発芽《はつが》には何が必要であることがわかるか。

問４　④，⑤より、インゲンマメの種子《しゅし》の発芽《はつが》には「適当な□□」が必要である。□にあてはまることばを漢字二字で答えなさい。

問５　問２～問４のほかに、発芽《はつが》したあとのインゲンマメがよく育つために必要なものを１つ答えなさい。

次に、インゲンマメの種子《しゅし》を半分に切ると、中が図１のようになっていた。

また、切り口にヨウ素液をつけると、種子《しゅし》の色が変わった。

図１

問６　ヨウ素液によって、切り口の色は何色に変わったか。次のア～エから１つ選び、記号で答えなさい。

ア　赤　　イ　黄　　ウ　緑　　エ　青むらさき

問７　問６より、図１で色が変わった部分をぬりつぶしなさい。

問８　このことから、インゲンマメの種子《しゅし》には何がふくまれていることがわかるか。

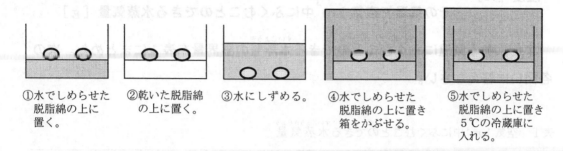

4 湿度《しつど》とは空気のしめり気を表しており、次の式で求めることができる。

$$\text{湿度 [\%]} = \frac{\text{空気1m}^3\text{中にふくまれる水蒸気量 [g]}}{\text{その気温で空気1m}^3\text{中にふくむことのできる水蒸気量 [g]}}$$

また、ある気温にふくむことのできる水蒸気《すいじょうき》の限界量を表1にまとめた。次の各問いに答えなさい。

表1　空気1m^{3}中にふくむことのできる水蒸気量《すいじょうきりょう》

気　温	0℃	5℃	10℃	15℃	20℃	25℃	30℃
水蒸気量	4.8g	6.8g	9.4g	12.8g	17.3g	23.0g	30.4g

問1　気温が高いほど、一定量の空気中にふくむことのできる水蒸気量《すいじょうきりょう》はどうなっているか。

問2　15℃において、3.2gの水蒸気《すいじょうき》をふくむ空気の湿度《しつど》は何%か。

問3　問2のとき、飽和水蒸気量《ほうわすいじょうきりょう》になるまで、あと何gの水蒸気《すいじょうき》をふくむことができるか。小数第一位まで答えなさい。

問4　10℃で、湿度《しつど》100%の空気があたためられて20℃になったときの湿度《しつど》は何%か。小数第一位を四捨五入《ししゃごにゅう》し、整数で答えなさい。ただし、温度による体積変化はないものとする。

問5　25℃において、図1の箱の長さがそれぞれ①～③であるとき、箱の中に最大何gの水蒸気《すいじょうき》をふくむことができるか。小数第一位まで答えなさい。

	ア	イ	ウ
①	1m	1m	1m
②	0.5m	1m	4m
③	25cm	100cm	200cm

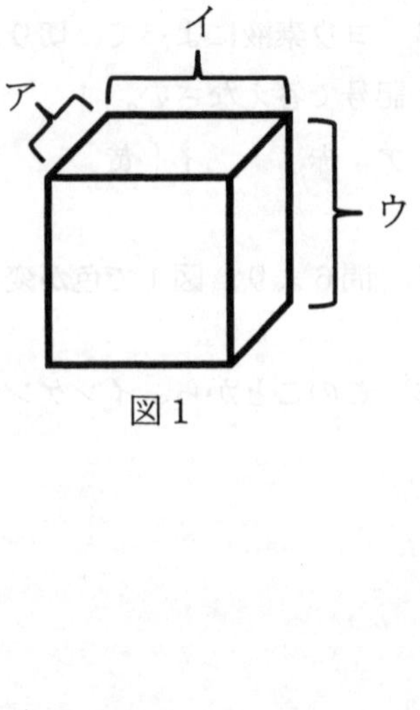

図1

【英　語】〈第１回試験〉(30分)〈満点：50点〉

1　対話と質問を聞き、その答えとして最も適切なものをア～エの中から一つ選び、記号を解答欄に書きなさい。問題と質問は２回読まれます。

1．　ア　A mouse.　　イ　A gold fish.
　　ウ　Potato chips.　　エ　A piece of chicken.

2．　ア　On Saturday.　　イ　On Sunday.
　　ウ　On Monday.　　エ　On Tuesday.

3．　ア　Number 54.　　イ　Number 45.
　　ウ　Number 55.　　エ　Number 50.

2　ア～ウの三つの英文を聞き、その中から絵の内容を最もよく表しているものを一つ選び、記号（ア～ウ）を解答欄に書きなさい。英文は２回読まれます。

1．
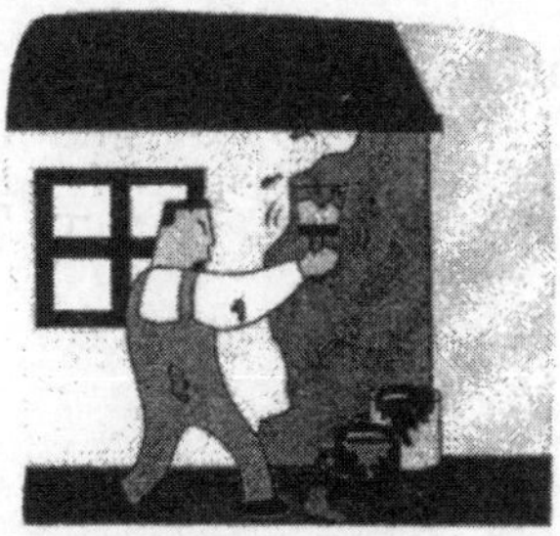
ア
イ
ウ

2．

ア
イ
ウ

※〈リスニング放送原稿〉は，英語の問題のうしろに掲載してあります。

3 次の英文の下線部に入れるのに最も適切なものをア～エの中から一つ選び、記号を解答欄に書きなさい。

1．Joy is __________ in the pool now.

ア swimming　　イ swiming　　ウ swwiming　　エ swmning

2．I go __________ in the sea.

ア running　　イ fishing　　ウ skating　　エ listening

3．His junior high school has a __________ gym.
Many students can play sports there.

ア delicious　　イ old　　ウ young　　エ big

4．A:There is a very big car in the parking. Is that yours?
B:Yes, it is __________ .

ア mine　　イ yours　　ウ his　　エ hers

5．I have a lot of books. __________ are very interesting.

ア They　　イ We　　ウ It　　エ That

6．Let's go __________ Tokyo Disneyland.

ア on　　イ to　　ウ in　　エ of

7．　A: Can you ______ the piano, Hana?

B: Yes, I can.

ア plays　　イ play　　ウ playing　　エ to play

8．　A: ______ she study English every day?

B: No, she studies science every day.

ア Is　　イ Are　　ウ Do　　エ Does

9．　A: ______ is your favorite subject?

B: I like P.E.

ア What　　イ Which　　ウ Who　　エ When

１０．A: ______ is singing a song now?

B: Tom is.

ア Where　　イ Who　　ウ When　　エ How

１１．A: ______ much is this bike?

B: It's about 20,000 yen.

ア What　　イ How　　ウ Which　　エ When

１２．A: What is the______ day of the week?

B: It's Wednesday.

ア three　　イ fifth　　ウ first　　エ third

１３．Ms.Celeste is an English teacher. She comes ______ the Philippines.

ア from　　イ over　　ウ to　　エ under

１４．Masaki ________ hip hop every day. He plays it very well.

ア dancing　　イ dance　　ウ dances　　エ to dance

１５．A: What do you usually eat for__________ ?

B: I eat noodles.

ア food　　イ time　　ウ morning　　エ lunch

4 次の各問いの会話について、下線部に入れるのに最も適切なものをア～エの中から一つ選び、記号を解答欄に書きなさい。

１．Mother: Please wash the dishes after dinner, Kota.

Kota: ____________

ア Sure.　　イ You're welcome.

ウ Yes, you are.　　エ I don't wash my hands.

２．Girl: Do you like pancakes?

Boy: Yes, very much. ____________

ア It's too long.　　イ Here you are.

ウ I often cook them.　　エ That's a nice restaurant.

3． Yukiko: Hello, I'm Yukiko.

Karen: Hi, Yukiko. I'm Karen. ______________

ア It's my school.　　イ Nice to meet you.

ウ Thank you so much.　　エ How tall is your brother?

4． Girl: ______________ I don't know him.

Boy: He's my brother.

ア What do you know?　　イ When is the party?

ウ Who is that man?　　エ How tall is your brother?

5． Father: How many classes do you have tomorrow?

Girl: ______________

ア A lot of homework.　　イ I like math and science.

ウ It's short.　　エ I have five.

5 次の各問いの日本文の意味を表すように、（　）内の語（句）を並べかえて解答欄に正しく書きなさい。ただし、文の最初に来る語も小文字になっています。

1．夕食の時間ですよ、トム。

(it's / dinner / time / for), Tom.

2．私たちは月曜日から金曜日まで授業があります。

(from / we / Friday / have / classes / to / Monday).

3．このセーターを試着してもいいですか？

(this sweater / try / can / on / I)?

4．父は祖母と一緒に農場で働いています。

(is / on / my father / my grandmother / the farm / with / working).

5．これは誰の携帯電話ですか？

(whose / phone / this / is / cell) ?

〈リスニング放送原稿〉

1 対話と質問を聞き、その答えとして最も適切なものをア～エの中から一つ選び、記号を解答欄に書きなさい。問題と質問は２回読まれます。

それでは始めます。

1．

GINA- Look Larry! Your cat is eating something! Is it a mouse?
LARRY- No, it isn't. Oh no! It's my pet. A gold fish!

Question- What is Larry's cat eating?

2.

A. Are you going to swim on Sunday, Bob?
B. No, I'm not. I'm going on Saturday.

Question- When is Bob going to swim?

3.

A. Hi Hide! Is your house number 45 on first street?
B. No, its number 54 on second street.

Question- What is Hide's house number?

2　ア～ウの三つの英文を聞き、その中から絵の内容を最もよく表しているものを一つ選び、記号（ア～ウ）を解答欄に書きなさい。英文は２回読まれます。それでは始めます。

1.

ア　He is drawing a house.

イ　He is painting the house.

ウ　He is fixing the house.

2.

ア　The woman is cleaning the window.

イ　The woman is breaking the window.

ウ　The woman is painting the window.

問七　「レミ」の説明としてふさわしいものを次の中から二つ選び、記号で答えなさい。

ア　おじいさんの入っていった不思議な建物の中に入っていく、勇敢《ゆうかん》な少女。

イ　おじいさんに何度も質問し個人情報を保護しようとする、慎重《しんちょう》な少女。

ウ　母と祖母の関係を察し、母の気持ちに寄《よ》り添《そ》うことができる冷静な少女。

エ　祖母好みの服を着られないことに反発し、母を困らせる自己中心的な少女。

オ　祖母と母の関係に、「受験」が関《かか》わっていると理解できない無配慮《むはいりょ》な少女。

カ　母の状況《じょうきょう》を理解しつつも、母の選択《せんたく》に反発してしまう小学六年生の少女。

問一　――線部①「今日の空と同じくもり空の色」とありますが、それは、どのようなことを示していますか。適当なものを一つ選び、記号で答えなさい。

ア　部屋に電気がなく、室内が薄暗《うすぐら》いため本来の鮮《あざ》やかな色が見えないこと。

イ　おじいさんの落ち着いた様子が、いぶし銀のように灰色であること。

ウ　今日の空の色と同様、レミの気持ちが落《お》ち込《こ》みくもっているということ。

エ　レミが月謝袋を忘れたので、部屋にいるおじいさんの気持ちまで暗いこと。

オ　部屋がグレーに統一され、洗練されたおじいさんの動きを象徴《しょうちょう》すること。

問二　――線部②「おじいさん」について、「わたし」に忘れたいことを書かせたい「おじいさん」の様子をレミはどのようにとらえていますか。二字で抜き出しなさい。

問三　――線部③「きのう、ママを傷つけちゃったこと」とありますが、それはどのようなことですか。五十字以内で説明しなさい。（句読点も一字に含《ふく》みます。）

問四　――線部④「うそだ」とありますが、なぜうそをついたのですか。適当なものを一つ選び、記号で答えなさい。

ア　レミはあまり電子機器を使いなれておらず、長文が書けなかったため。

イ　自分ではまだ正確に書くことができない漢字を勝手に変換してくれるため。

ウ　詳細《しょうさい》に書いたことで、レミが書いた文章だと特定されるのを防ぐため。

エ　長く書くことで、自分の指紋《しもん》が残り、自分が書いたとバレるのを恐《おそ》れたため。

オ　ママや先生からネットに自分のことを書きこまないよう言われていたため。

問五　――線部⑤「ママの声」とはどのような声ですか。その様子を例えた表現を本文中から十二字で抜き出しなさい。（句読点も一字に含みます。）

問六　――線部⑥「あのときから、ママは変わっちゃった」とありますが、どのように変わったとレミの目に映っていますか。その説明をした次の文にあてはまる言葉を文章の中から抜き出して答えなさい。

昔のママは［　二字　］になりたいという夢を持つほど本が好きで、絵本だけじゃなく「［　九字　］」をいっしょに読んでくれる、レミにとってかっこいい人物だったが、今は［　六字　］に、ぐちぐちと不満を言い、いつも申し訳なさそうな様子をしているように見えている。

使ってるから、けっこう使える。でも、あんまりくわしく書くと、わたしが書いたってバレちゃうかもしれないから書きたくないだけ。おじいさん、いやがるかな？

　でも、そんな心配はいらなかったみたい。おじいさんは、ほっとしたような顔をして、首をふっている。

「はい、じゅうぶんでございます。あとは、投稿ボタンを押《お》していただければ」

　それでわたしもほっとして、指を投稿ボタンに持っていく。

　そのとき、頭の奥で⑤ママの声がした。

「ねえ、レミ。これ、まさかあしたの服？ちょっと派手《はで》すぎない……？」

　これは、きのうの夜、わたしが次の日に学校に着ていく服を準備していたときに、ママが言ってきた小言だ。ママは、じっとりとしたしずんだ声で「こまった」が八割、「いや」が二割みたいな顔をしていて、わたしはママのその顔を見ると、いつもいたたまらない気持ちになった。だからきのうも、つい、つっけんどんな声で言いかえしちゃったんだ。

「別にふつうでしょ。みんな、こんな感じだよ」

　確かに、わたしが用意していたぴったりとした黒のTシャツには、ラメ入りのショッキングピンクで派手なロゴがはいっていたし、デニムのショートパンツは、かなり短かった。でも、ソックスはピアノの鍵盤《けんばん》みたいな白黒のニーハイで生足はほとんど見えなかったし、そう、これくらい別に、たいしたことじゃない。

　でも、ママには、ちがった。

「みんながどうとかじゃなくて……。そのショートパンツは、ちょっとなんていうか、はしたないんじゃない？」

「ママが買ってくれたんじゃん」

「そうだけど、それは、キャンプに行くときにレギンスと合わせるつもりで……。いつものブラウスとスカートでいいじゃない。ママ、ちゃんと、アイロンかけておいたでしょ？だいたい、このTシャツ、どうしたの？人からなにかいただいたら言ってくれないと、ママ、お礼準備できな――」

　ママは、私の目を見ずに、ぐちぐちと言い続ける。だから、カチンときた。

「うるさいな」

　わかっている。ママがわたしにいつもと同じ、おしとやかに見える服を着てほしいのは、そうしないと、わたしが不幸になると思いこんでいるからだ。わたしが小学校に入る前はママもわたしに、動きやすそうなスポーティな服とか、カラフルでカジュアルな服とかをいっしょに楽しそうに選んでくれた。でも今、わたしのクローゼットには、ほぼ、パパのほうのおばあちゃまが買ってきた服しか入っていない。おばあちゃま好みの、おばあちゃまが思う上品な服しかない。五年前、わたしがおばあちゃまの母校の小学校の入学試験に、不合格になったときからこうなった。

　⑥あのときから、ママは変わっちゃった。

　昔のママはよく笑って、冗談《じょうだん》も好きで、はきはきしててかっこよかった。本が大好きで、「ママ、昔、学者さんになりたかったの」なんていって、本で読んだことを、よく楽しそうに教えてくれた。寝《ね》る前も、絵本だけじゃなくて、大人が読むような本をいっしょに読んでくれたことだってあった。でも、わたしがおばあちゃまの母校に落ちてから、ママはあんまり笑わなくなった。それどころか、いつも、わたしに申し訳なさそうにするようになった。

　理由は、わかっている。おばあちゃまに怒《おこ》られたからだ。おばあちゃまの母校に入れていれば、わたしはおばあちゃまみたいにやんごとない幸せな人生を送ることができたのに、ママが子育てに集中せずに自分の好きな本を読んだり、わたしにおばあちゃまの母校にそぐわないようなかっこうや生活をさせたりしてきたから不合格になったんだと、おばあちゃまはそう思い込《こ》んで、ママを責めた。そして、そういわれてママも、同じように自分を責めた。自分の子育てが悪かったから、わたしが不幸になったのだと、そう思ってしまった。

（『忘れもの遊園地』久米　絵美里）

びっくり！

わたしはぱっと、おじいさんを見上げる。そして、なんとお礼を言えばよいかまよっていると、おじいさんはさらりと続けた。

「よろこんでいただけて光栄です。ただ、そのかわりに、お願いがございます。」

その言葉に、わたしは身がまえる。

……だよね、タダで、こんなマジックみたいなことをやってもらえるとは思えない。

なんだろう。なにをすればいいんだろう。

場合によっては、やっぱり走って逃《に》げなきゃ。

するとおじいさんは、ごそごそと動いて、左わきにかかえていた本のようなものをひらく。ちがう、本じゃない。タブレットだ。学校で使っているものと同じ機種。それを、②おじいさんが、こちらに向けてさし出してきた。

「おそれいりますが、こちらに、あなたさまの忘れたいことをご投稿《とうこう》いただけますか？」

わたしは、とまどいながら、画面を見つめた。

忘れもの遊園地。そこには、カラフルな文字で、そう書いてある。

「忘れたい、こと？」

「はい。なんでもいいのです。テストで悪い点をとったこと、かけっこでころんで、はずかしかったこと、一言でかまいませんので、お願いいたします。そうすれば、あなたさまはそのいやな記憶《きおく》を忘れ、この忘れものも手に入れることができるのですよ」

おじいさんが、必死なようすでたのみこんでくる。

「え、そ、それだけでいいんですか？忘れたいことを、ここに書くだけで？」

それで、お月謝袋を手に入れられる？

うなずくおじいさんに、わたしはまゆをひそめる。

話がおいしすぎる。いや、さすがに記憶を消せるとかはうそだろうけど、それにしても、あとでなにか言われたり、問題になったりしないかな。ネットに、自分のことを書きこんじゃいけないって、ママからも先生からも言われているし。

わたしはこまってしまって、おじいさんにたずねる。

「名前も書かなきゃいけませんか？」

「いいえ。お名前はいただかなくてけっこうです」

「写真をとらなきゃいけないとか？」

「いいえ、お写真もいただきません」

「……アカウントを、登録しなきゃいけないとか？」

「いえいえ、本当にただ、忘れたいことを一言、入れていただくだけでよいのです」

ふうん。そっか、じゃあ、いいかな。いいんじゃない？わたしのこと書かなければ、あとでだれかに見られたって、それがわたしのことだとはバレないわけだし。

それで、お月謝袋が手に入るわけだし。

そう思ったとき、わたしの指は画面に向かって伸《の》びていた。

ええと、忘れたいこと、忘れたいこと……。

トラタに言われたこと？ううん、あれはおぼえていたい。こっちが忘れてけろっとしてたら、トラタはもっと図に乗るもん。そんなの、しゃく。

忘れたいことは、もっとほかにある。

わたしが忘れたいのは……。

ゆっくり、ゆっくり、わたしの指が、文字をきざむ。

〈③きのう、ママを傷つけちゃったこと〉

こういう入力って、便利だ。自分じゃまだかけない漢字も勝手に変換《へんかん》してくれて、ちょっとかしこくなった気になれる。

「これで、いいですか？わたし、あんまりこういうの使いなれてなくて、長いの書けなくて……。もう行かないといけないし……」

④うそだ。本当は、うちでママといっしょに勉強用アプリとか、いろいろ

問六　――部⑥「この『かわいそう』という気持ちはちょっとやっかいです」とありますが、どのような点で「やっかい」なのでしょうか。空欄にあてはまる語句を本文中から抜き出して答えなさい。

「かわいそう」という判断は、あくまで［　六字　］による判断だという点。

問七　本文の内容にあてはまるものを二つ選び、記号で答えなさい。

ア　捨てられたねこは、たいていの場合だれかに拾われて、新たな飼い主のもとで暮らせる場合が多い。

イ　野良ねこは、保健所で保護してもらった方が事故にあったり食べものに困ったりしないのでよい。

ウ　現在では、野良ねこが子どもを産めないように手術をするなど、野良ねこを増やさないようにする活動が広まっている。

エ　生きものは、人が飼うよりも自然にかえしてやったほうが、自然環境《かんきょう》のためにも生きものたち自身のためにもよい。

オ　その動物が生きていくために必要なことをしっかりと考えてあげることが、本当の意味での「動物を思う」ということである。

カ　保健所や動物病院では、飼い主のいない生きものの保護や新たな飼い主探しを積極的におこなっている。

四　**小学校六年生のレミは、放課後ピアノの教室に向かっている最中にピアノの月謝袋《ぶくろ》を家に忘れてきたことを思い出す。遅刻《ちこく》しても家に戻《もど》ろうか、と悩んでいたところに不思議なおじいさんに、「あなたさまの忘れものをご用意いたします」と声を掛けられる。半信半疑でおじいさんの入っていったとびらの前で待つレミだが……。次の文章を読んであとの問いに答えなさい。**

わたしは思わず、とびらの中をのぞきこむ。中は、ぼんやりと、うすぐらい。壁《かべ》の色も、床《ゆか》のタイルも、ちょうど①今日の空と同じくもり空の色で、部屋のはしには、白いプラスチックのテーブルといすがいくつかならんでいる。奥《おく》には壁の色と同じ灰色のカウンター。その向こうには銀色のとびらがあって、それ以外にはなにもなかった。

がらんとしていて、でも、生きている感じがする場所。うまく言えないけれど、だれもいないのに、だれかが息をしているような気がする。ちょっとこわいけれど、おばけやしきみたいなこわさじゃない。なんていうか、やさしい幽霊《ゆうれい》が、住んでいそうな場所。自分が死んでしまっていることに気がついていないような、悪さをしない幽霊がお茶をしていそうなカフェ。

あれ？それってやっぱり、けっこうこわい……？

と、わたしが思わず、じっと中を観察していると、すっと音もなく奥の銀色のとびらがあいて、おじいさんが出てきた。手には、とびらと同じ銀色のおぼんを持っている。わたしが中をのぞきこんでいることに気がつくと、少しおどろいたようだったけれど、怒《おこ》ることはなく、そのまますたすたとこちらに向かって歩いてきた。そして、さっと、わたしの前におぼんをさし出す。鏡みたいによくみがかれた、銀色のおぼん。その上には……。

「わたしのお月謝袋！」

まちがいない。長細いピンク色の封筒《ふうとう》には、わたしの名前が、わたしの字できちんと書いてある。先月の文は受け取りました、という先生のはんこもついているから、ぜったいぜったい、まちがいない。手にとって確認すると、中には、きちんとお金も入っていた。

ですから、動物のことを考えるときには、いったん人間側の感情は置いておいて、これからその動物が生きていくうえで、なにが必要なのかをしっかり考えないといけないと思います。「かわいそう」ということで、ほかのすべての可能性を消してしまっては、せっかく動物のことを思っていたとしても、逆効果になってしまうと思うのです。

（『珍獣《ちんじゅう》ドクターのドタバタ診察日記』田向　健一）

問一　――部①「野良ねこにえさをやるのは、かならずしも『いいこと』とはいえません」とありますが、なぜですか。その理由として適当なものを二つ選び、記号で答えなさい。

ア　えさを求めて集まってきたねこたちのフンやおしっこで家を汚《よご》されたり、庭をあらされたりすることがあるから。

イ　ねこが食べてはいけないものを人が誤って与《あた》えることにより、病気になってしまうこともあるから。

ウ　人からえさをもらい続けると、狩《か》りの腕《うで》がにぶってしまい、自分で動物を捕《つか》まえることができなくなるから。

エ　おいしいえさの味を覚えてしまうと、ごみや捕まえた鳥などを食べなくなり、生き延びることができなくなるから。

オ　えさをもらうことで人になれると警戒心がなくなり、ねこが交通事故にあう確率が高くなってしまうから。

カ　人が気まぐれであたえるわずかなえさをめぐって、ねこがけんかをし、けがをしてしまうから。

問二　――部②「そうした運命」とはどのような運命ですか。「～運命。」という形に続くように、四十字以内で答えなさい。（句読点も一字に含《ふく》みます。）

［　　］運命。

問三　――部③「いまや全国の川や池で、もっとも多く見られるようになりました」とありますが、ミドリガメが増えたのはなぜですか。その理由として、適当なものを二つ選び、記号で答えなさい。

ア　日本の川や池はきれいで広いうえに、外国からやってきたミドリガメをおそう天敵も存在しないから。

イ　他のカメの卵や子どもを食べてしまったり、その食べものをうばってしまったりするくらい、食欲おうせいだから。

ウ　凶暴なミドリガメが日本に古くからいるイシガメを食べてしまったことにより、イシガメが一気に減ってしまったから。

エ　ほとんどのカメの寿命は短いが、ミドリガメは他のカメよりも寿命が長く、四十年も生きることができるから。

オ　きれいな緑色が人気になるだろうと予想して、外国からたくさん連れてきたが、思ったほど売れず、残りを川や池に放してしまったから。

カ　ミドリガメはとてもじょうぶなうえに、北の方にある国からやってきたので、寒さにも強いから。

問四　――部④「人に飼われていない生きものが、病院にやってくることもあります」とありますが、やってくることによって起こる問題にはどのようなものがありますか。次の空欄《くうらん》にあてはまる語句を本文中から抜《ぬ》き出して書きなさい。

［　七字　］動物に、［　八字　］をしたいと思っても、［　十字　］を［　二字　］や［　一字　］で［　二字　］わけにはいかないという問題。

問五　――部⑤「ひなを誘拐されてしまう」とありますが、どのようなことを「誘拐」と言っていますか。「巣からとびたつ練習」という語句を用いて、三十五字以内で答えなさい。（句読点も一字に含みます。）

ます。

あるとき、家のガレージで野良ねこが子どもを産んで、親ねこがどこかにいってしまったと、子ねこを二匹《にひき》連れてきた人がいました。生まれて一、二日目、大きさは十五センチメートルくらいしかありません。体がひえないように温めて、数時間ごとにミルクをあげなければ死んでしまうでしょう。でも、連れてきた人には小さいお子さんがいて、とてもねこのめんどうまではみられないというお話でした。

病院であずかるといっても、診察《しんさつ》や手術をしながら数時間おきにお世話をするのは難しい。そこで、ぼくが家に連れてかえることにしました。ぼくには小学生の子どもが一人います。ちょうど夏休みだったので、一匹《いっぴき》ずつお世話をし、二か月間の成長記録を夏休みの自由研究にしました。

本当はその後、飼ってくれる人を探すつもりだったのですが、子どもたちが自分たちでちゃんと飼いたいと言いだして、今ではぼくの家の飼いねこになっています。

またあるときには、血まみれのカメが病院に運びこまれたこともありました。チズガメという種類のカメで、どうやら車にひかれたらしく、こうらがバラバラにわれて、今にも死にそうな状態でした。

チズガメはもともとアメリカやカナダの川などに住んでいます。捨てられて野良ガメになったうちの一匹でしょう。先ほどのミドリガメやカミツキガメと同じように、自然界の生きもののバランスをくずしてしまう可能性がある動物です。でも、目の前できずついているカメを、放っておくこともできません。

「もう助からないかな……」

と思いましたが、酸素室に入れて数日様子をみて、後日、われたこうらをはりあわせました。するとそのカメは、一か月後、ちゃんと元気になりました。あんなに重症《じゅうしょう》だったのに……感動しました。でも、せっかく元気になっても、外国から来たカメは、近所の川には放せません。結局そのチズガメも、ぼくの家でくらしています。ぼくは獣医《じゅうい》ですから、けがをしている動物が運びこまれたら、できるだけのことをしたいと思います。でも、やってくる動物すべてをぼくの家で飼うわけにはいきません。動物病院をやっていて、こまってしまう問題の一つです。

海外から来たカメとはぎゃくに、スズメなどの野生動物は、人間がペットとして飼育してはいけないことになっています。しかし、そんな野生動物が連れてこられることもよくあります。

ある日「これ、拾ったんですが」と、学校帰りの小学生が連れてきたのは、道に「落ちていた」鳥のひなでした。でもそれは落ちていたのではなく、巣からとびたつ練習をしていたひな。多くの場合近くに親鳥がいて、人間のすがたが見えなくなると世話をしにもどってきます。それを勝手に連れてきてしまうのは「誘拐《ゆうかい》」と同じ。本当は、そのままにしておかなければいけません。

病院に連れてこられてしまったひなは、ケガをしていなければ、もとの場所にもどすようにお願いしています。けれど、多くの人が、「ねこに食べられる」「カラスにねらわれる」「かわいそう」と、病院においていってしまいます。

鳥にとっては⑤ひなを誘拐されてしまうほうが「かわいそう」なのに……。

そんなふうに思いながら一度あずかり、元気ならそのまま、ケガをしていたら治療《ちりょう》をして、自然にかえします。

⑥この「かわいそう」という気持ちはちょっとやっかいです。かわいそうと判断しているのは、あくまで人間で、その動物が本当に痛かったり、苦しかったり、さみしかったりするのかは、その動物にしかわからないからです。

これは、鳥のヒナだけの話ではありません。ペットの診療《しんりょう》をしていると、ぼくが治療をすすめたり、正しいえさのやり方をアドバイスしても、「注射がかわいそう」「うちの子、そのえさは好きじゃないからかわいそう」と言われることがあります。たしかに、ぱっとかんがえるとかわいそうなこともあるかもしれません。でも、病気が治らず、つらい状況《じょうきょう》が続くほうが、ぼくはかわいそうだと思います。

三 次の文章を読んで、あとの問いに答えなさい。

捨てられたねこは、運よく拾われるごくわずかな場合をのぞき、飼い主のいない野良《のら》ねこになります。そうすると、具合が悪くなっても病院にいけません。おなかがすくと、ごみをあさったり、鳥などの動物をつかまえたりして生きのびます。ときどき、野良ねこのためを思ってえさをやる人もいます。その人は、やさしい人なのかもしれませんね。でも、①野良ねこにえさをやるのは、かならずしも「いいこと」とはいえません。

ここにいればえさがもらえると思うと、その場所にねこが集まるようになります。ねこが集まってごろごろしていたり、なでさせてくれたりすると、ほのぼのとしますね。でも、たくさんのねこが集まるところには、たくさんのフンやおしっこが残されます。自分の家が、よそのねこのフンやおしっこでくさくなってしまったら、いやな気持ちになる人もいます。きれいに手入れされている庭に入りこみ、あらすこともあります。すると、ご近所さん同士で、トラブルが起こってしまいます。

また、人になれて警戒《けいかい》心をなくしたねこは、交通事故にあいやすくなります。でも、けがをしても、病院に連れていってお金をはらってくれる飼い主さんはいません。死んでしまうことだってあります。

ぼくとしては、えさをあたえたい、元気に生きのびてほしいという気持ちがあるのなら、責任を持って自分の飼いねことして育ててあげてほしいです。でも、それだってすべての野良ねこを人間たちが手わけして飼いきれるわけではありません。大人の野良ねこはどんどん子どもを産み、ふえていきます。

そうしてふえすぎた野良ねこは、つかまえられ、保健所に連れていかれます。保健所では、保護したねこの新しい飼い主さんを探します。しかし、一生保護しつづけることもできません。しばらくまってもいい出会いがない場合は、その地域のルールにのっとって、一定期間をすぎると殺されてしまいます。

最近では、②そうした運命をたどるねこがこれ以上ふえないように、野良ねこが子どもを産めなくなるような手術をする活動が広まり、効果も出ていますが、新たに捨てられるねこがふえれば、その活動も追いつかなくなってしまいます。

犬やねこは、先ほど少し書いたように、一度保護され、新しい飼い主さんを探しますが、そんな機会もなく、害のある生きものとして殺されてしまう「もとペット」もいます。一時期多かったのは、ミシシッピアカミミガメ、通称《つうしょう》ミドリガメ。外国からやってきたカメです。

買いはじめるころは小さくて、きれいな緑色をしていますが、数年たつと黒く、大きくなって、大きな水槽《すいそう》でないと飼えなくなります。寿命《じゅみょう》は四十年もあります。飼いきれなくなって、川や池に捨てる人がたくさんいました。おそらくその人たちには、「捨てる」という意識はあまりなく、「水槽より広くて自由な自然にかえそう」と思っているのでしょう。しかし、海外から来たカメを日本の野外に「かえす」のは、全然自然なことではありません。

ミドリガメは食欲おうせいで、とてもじょうぶなカメです。日本には古くからニホンイシガメというカメがいましたが、ミドリガメはイシガメの卵や子どもを食べてしまったり、イシガメの食べものをうばってしまったりするので、ミドリガメがやってきてから、イシガメは一気に数がへってしまいました。

おまけに、ミドリガメは北米原産のカメですから、日本の寒い冬も平気です。こうしてミドリガメは日本の自然の中でどんどんふえつづけ、③いまや全国の川や池で、もっとも多く見られるようになりました。

一章で登場したカミツキガメも、同じです。大きくなったり凶暴《きょうぼう》さにこまって飼いきれなくなったりして、捨てる人があとをたちません。そして、日本にもともといた自然界の生きもののバランスを、くずしています。

「自然にかえしてやろう」という飼い主さんの軽い気持ちが、こんなことを引きおこしているということを、みなさんには知っておいてほしいと思います。

時には、④人に飼われていない生きものが、病院にやってくることもあり

2024年度 西武台千葉中学校

【国　語】〈第一回試験〉（五〇分）〈満点：一〇〇点〉

（注意）筆記用具・定規《じょうぎ》以外は机《つくえ》の上に置いてはいけません。

一　次の①～⑩の――線部の漢字はひらがなに、カタカナは漢字に、それぞれ直しなさい。

① ドアを開く。
② すばやく反応する。
③ むだを省く。
④ 殿《との》さまに仕える。
⑤ 半年間興行を続ける。
⑥ 昆虫《こんちゅう》サイシュウをする。
⑦ キコウがよくなる。
⑧ センモンカにまかせる。
⑨ 真相をタシかめる。
⑩ 結婚《けっこん》式でユビワを交換《こうかん》する。

二　次の①～③の各問いに、それぞれあとのア～オの記号で答えなさい。

①　――線部が例文の敬語と同じ種類のものはどれですか。

例　どうぞめしあがってください。

ア　ようこそいらっしゃいました。
イ　こちらでゆっくり休んでください。
ウ　お弁当を用意いたしました。
エ　みなさんで自由に食べてください。
オ　一緒《いっしょ》にいただいてもよろしいでしょうか。

②　次の中で、慣用句と意味の組み合わせが正しいものはどれですか。

例　あまく見る…みくびる

ア　赤子の手をひねる…　弱いものをいじめる
イ　息をふき返す…　立ち直る
ウ　重荷をおろす…　一休みする
エ　眼中にない…　夢中になる
オ　口が重い…　秘密を守る

③　次の慣用表現の使い方として正しいものはどれですか。

「手塩にかける」

ア　相手の手塩にかけられて作戦を変更《へんこう》する。
イ　どんな食材も彼《かれ》が手塩にかければ高級料理になる。
ウ　一度した約束は手塩にかけて守りとおす。
エ　手塩にかけて育てた娘《むすめ》の結婚式に出席する。
オ　トップ選手と手塩にかけることもできそうにない。

2024年度

西武台千葉中学校 ▶解説と解答

算 数 ＜第１回試験＞（50分）＜満点：100点＞

解 答

1 ⑴ 123 ⑵ 60 ⑶ 13 ⑷ 4595.5 ⑸ 4 2 ⑴ **塩**…5.76g，**水**…234.24g ⑵ 5200円 ⑶ **ネコ**…６匹，**ハト**…22羽 ⑷ ８時20分 ⑸ **あめ玉**…57個，**子ども**…６人 3 ⑴ 2600円 ⑵ 1560円 ⑶ 最終的に440円の損がありました。 4 ⑴ $57cm^2$ ⑵ 31.4cm 5 ⑴ 55本 ⑵ **一番上の段**…４本，**一番下の段**…８本 6 ⑴ $189000cm^3$ ⑵ $13500cm^3$ ⑶ **ア**…60，**イ**…８，**ウ**…14

解 説

1 四則計算，計算のくふう

⑴ 100＋２×13−３＝100＋26−３＝126−３＝123

⑵ 2.45×６＋7.55×６＝(2.45＋7.55)×６＝10×６＝60

⑶ $\left(\frac{17}{18}-\frac{7}{12}\right)\div\frac{1}{36}=\left(\frac{34}{36}-\frac{21}{36}\right)\times\frac{36}{1}=\frac{13}{36}\times36=13$

⑷ 右の計算１，計算２より，93.6×51.8−252.98＝4848.48−252.98＝4595.5

計算１

```
     9 3.6
×    5 1.8
─────────
   7 4 8 8
     9 3 6
 4 6 8 0
─────────
 4 8 4 8.4 8
```

計算２

```
  4 8 4 8.4 8
−   2 5 2.9 8
─────────────
  4 5 9 5.5 0
```

⑸ 15−｛(８−５)×４−２÷２｝＝15−(３×４−１)＝15−(12−１)＝15−11＝４

2 濃度《のうど》，分配算，つるかめ算，速さ，過不足算

⑴ (食塩の重さ)＝(食塩水の重さ)×(濃度)より，2.4％の食塩水240gにふくまれる食塩の重さは，240×0.024＝5.76(g)である。また，水の重さは，240−5.76＝234.24(g)になる。

⑵ 右の図で，6500円がＢさんの金額の，４＋１＝５(倍)にあたるから，Ｂさんがもらえる金額は，6500÷５＝1300(円)となる。よって，Ａさんがもらえる金額は，1300×４＝5200(円)とわかる。

図

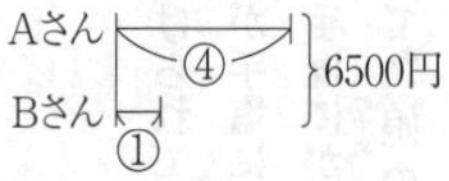

⑶ ハトが28羽いたとすると，足の合計は，２×28＝56(本)となり，実際よりも，68−56＝12(本)少なくなる。ハトを１羽へらして，かわりにネコを１匹ふやすと，足の合計は，４−２＝２(本)ずつ多くなる。よって，ネコは，12÷２＝６(匹)，ハトは，28−６＝22(羽)いたとわかる。

⑷ 1.8kmは，1.8×1000＝1800(m)なので，この距離《きょり》を毎分60mで歩くときにかかる時間は，1800÷60＝30(分)である。よって，Ａ君がＳ中学校に到着《とうちゃく》する時刻は，７時50分＋30分＝７時80分＝８時20分になる。

⑸ あめ玉を１人に10個ずつ配ると３個不足し，さらに，１人に，12−10＝２(個)多く配るには，15−３＝12(個)必要とわかる。よって，子どもの人数は，12÷２＝６(人)とわかり，あめ玉の個数は，10×６−３＝57(個)と求められる。

3 割合

(1)　このおもちゃの売値は，2000×（１＋0.3）＝2600(円)である。

(2)　このおもちゃの売値の40％引きの売値は，2600×（１－0.4）＝1560(円)になる。

(3)　仕入れ値は2000円で売値は1560円だから，このお店は，最終的に，2000－1560＝440(円)の損があった。

4 面積，長さ

図

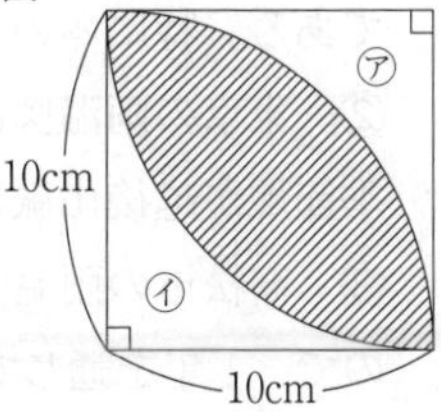

(1)　右の図で，㋐の部分の面積は，一辺10cmの正方形の面積から，半径が10cmで中心角が90度のおうぎ形の面積を引けば求められるので，$10\times10-10\times10\times3.14\times\frac{90}{360}=100-78.5=21.5$(cm^2)になる。よって，図の㋐と㋑の部分の面積は同じだから，斜線部分《しゃせんぶぶん》の面積は，100－21.5×２＝100－43＝57(cm^2)となる。

(2)　半径が10cmで中心角が90度のおうぎ形の弧《こ》の長さは，$10\times2\times3.14\times\frac{90}{360}=15.7$(cm)なので，斜線部分の周の長さは，15.7×２＝31.4(cm)と求められる。

5 図形と規則

(1)　一番下の段の丸太の本数は10本で，上の段に上がる度に１本ずつ丸太をへらすから，10本，９本，８本，…，１本を積み重ねるとわかる。よって，重ねる丸太の本数は最大で，10＋９＋８＋…＋１＝(10＋１)×10÷２＝55(本)となる。

(2)　７段重ねると丸太の本数は最大で，７＋６＋５＋…＋１＝（７＋１）×７÷２＝28(本)なので，一番下の段の丸太の本数は８本とわかる。８本から１本ずつ丸太をへらすと，８＋７＋６＋５＋４＝（８＋４）×５÷２＝30(本)になるので，一番上の段の丸太の本数は４本とわかる。

6 水の深さと体積

図

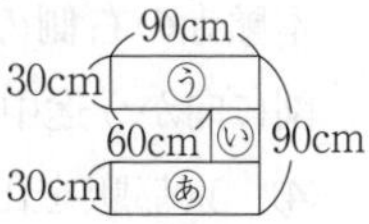

(1)　右の図で，Ⓐとⓤの部分の体積は，30×90×30＝81000(cm^3)で，ⓘの部分の体積は，30×(90－60)×(90－30×２)＝30×30×30＝27000(cm^3)である。よって，この容器の体積は，81000×２＋27000＝189000(cm^3)となる。

(2)　問題のグラフより，この容器のⒶの部分に６分で水を入れたから，１分間に，81000÷６＝13500(cm^3)の割合で水を入れたとわかる。

(3)　グラフより，アにあてはまる数字は，90－30＝60(cm)である。また，この容器のⓘの部分に水を入れるのにかかる時間は，27000÷13500＝２(分)なので，イにあてはまる数字は，６＋２＝８(分)とわかる。また，この容器のⓤの部分に水を入れるのにかかる時間は，Ⓐの部分に水を入れるのにかかる時間と同じ６分だから，ウにあてはまる数字は，８＋６＝14(分)と求められる。

社　会　＜第１回試験＞（30分）＜満点：50点＞

解　答

1 ①　イ　②　カ　③　ア　④　オ　2 ①　イ　②　オ　③　キ　④　カ　3 ①　金閣(金閣寺)　②　法隆寺　③　二条城　④　原爆ドーム　4 ①　エ，大阪城(大坂城)　②　ア，摂政　③　イ，さつまいも　④　ウ，馬車　5 ①　マイナンバーカード　②　こども家庭庁　③　ゼレンスキー大統領　6 ①　イ　②　ア

③　ウ　　④　イ　　7　（例）工場や自動車などから出された二酸化炭素などの温室効果ガスが大気をおおったことで，地球が温かく保たれ続け世界の平均気温が上昇して昔より暑い夏となった。

解　説

1　各地の雨温図についての問題

①　稚内《わっかない》市の雨温図はイ。稚内市など北海道の気候の特色は，降水量が少なく，気温が低いことである。特に冬の最低気温は，－５℃程度まで下がる。

②　東京の雨温図はカ。東京の気候の特色は，夏の降水量が多いこと。これに対して，冬は北西の季節風が越後《えちご》山脈にさえぎられるので，降水量が少なく乾燥《かんそう》した気候である。

③　高松《たかまつ》市の雨温図はア。高松市がある瀬戸内《せとうち》地方は，中国山地と四国山地に季節風がさえぎられるので，１年を通じて降水量が少ない。また，気温は比較《ひかく》的高く，最低気温が０℃を下回ることはない。

④　那覇市の雨温図はオ。亜《あ》熱帯に属する那覇市は，１年を通じて気温が高く，降水量も多い。

2　地図の読み取りの問題

①　京都駅を出て北（方位記号がないので，地図の上が北になる）へ進むと，東本願寺《ひがしほんがんじ》の手前で，七条通《しちじょうどおり》に出る。ここを右折してまっすぐ進むと，交番（X）がある交差点に出る。交番の後ろにある施設《しせつ》は，イの博物館（🏛）である。

②　京都駅から，南東の方向（地図の右ななめ下）に走るJRの線路をたどると，東福寺《とうふくじ》駅がある。駅から東に進むと，道の右側に郵便局（〶）と病院（⛨）があり，２つの間の道の突き当たりにはオの老人ホーム（⌂）がある。

③　京都駅の北側に，京都タワーがある。京都タワーを左に見ながら進むと（京都タワーの右側の道を北に進むと），東本願寺の近くに出る。通りを右折して渉成園《しょうせいえん》に向かうには，七条通を渡って，東本願寺の右側の道を，北に進んでから右折する必要がある。東本願寺の右側の道を右折して，渉成園に向かう途中で，様々な施設の横を通るが，道の左側にある施設は，キの郵便局（〶）だけである。

④　京都駅を出て南に向かう道は何本もあるが，交番（X）があるのは，地下鉄烏丸《からすま》線の右側の道である。東寺道《とうじみち》の名は，京都駅の南西に書いてあり，交番のある交差点を東西に通る道が東寺道だとわかる。その交差点を，さらに南に進んだ左手にある施設は，カの図書館（📖）である。

3　歴史的な建物についての問題

①　室町《むろまち》幕府第３代将軍の足利義満《あしかがよしみつ》が，京都北山《きたやま》に建てた建物は金閣《きんかく》。当初は，別荘《べっそう》として使われていたが，足利義満の死後，鹿苑寺《ろくおんじ》という禅宗《ぜんしゅう》の寺になった。

②　聖徳太子《しょうとくたいし》が建てた法隆寺《ほうりゅうじ》は，現存する世界最古の木造建築物であることや，大陸と日本との文化交流の様子が残されていることなどが評価され，1993年に，ユネスコの世界文化遺産に登録された。

③　徳川慶喜《とくがわよしのぶ》は，征夷大将軍《せいいたいしょうぐん》に任命された後も江戸《えど》に帰らずに，京都で政治を行った。そのため，京都にある二条城《にじょうじょう》で，大政奉還《たいせいほうかん》を行った。

④　1945年８月６日，アメリカ軍の投下した原子爆弾《げんしばくだん》は，この建物（広島県産業奨励《しょうれい》館）から南東約160mのところで爆発し，激しい爆風に襲《おそ》われたが，奇跡《きせき》的に倒壊《とうかい》を免《まぬが》れた。戦後この建物は，残された頂上の鉄骨の形から，原爆ドームとよばれるようになり，被爆《ひばく》当時の惨状《さんじょう》を残す姿が，

核《かく》兵器の廃絶《はいぜつ》と平和を訴《うった》える象徴《しょうちょう》となり，1996年にはユネスコの世界文化遺産に登録された。

4 各時代の出来事についての問題

① 豊臣秀吉《とよとみひでよし》が本拠地《ほんきょち》とした城で，豊臣家滅亡《めつぼう》の時(大阪夏の陣《じん》)に攻《せ》められた城はエの安土《あづち》城ではなく大阪城。

② 聖徳太子は，推古《すいこ》天皇の摂政《せっしょう》として政治を行った。したがって，誤っているものはアで，正しくは摂政。摂政とは，天皇が病気の場合や，女性・幼少で政治を行えない場合に，天皇にかわって政治全般《ぜんぱん》を行う役職である。

③ 徳川吉宗《よしむね》が，ききんに備えて広めた作物は，イのじゃがいもではなく，さつまいもである。さつまいもは，天候の不順や病気に負けず，栄養価も高いことから，ききんに備えた食物として広められた。

④ 明治《めいじ》時代，文明開化の風潮の中で取り入れられた乗り物は，ウの牛車ではなく馬車。明治に入ると，欧米《おうべい》で使われていた馬車が取り入れられ，1882年には新橋《しんばし》・日本橋《にほんばし》間に，二頭立ての馬車が線路の上を走る鉄道馬車が開通した。なお牛車は平安《へいあん》時代に，貴族たちの乗り物として使われた。

5 2023年の出来事についての問題

① 写真の河野太郎《こうのたろう》デジタル担当大臣が普及《ふきゅう》を進めているカードは，マイナンバーカードである。マイナンバーとは，国民一人一人に12けたの番号をつけ，社会保険料や税金などが納められているかを管理するための制度で，このマイナンバーが書かれているのがマイナンバーカード。マイナンバーカードの利用者を増やすために，政府は健康保険証などをマイナンバーカードと一体化しようとした。しかし，その作業中にミスがおき，他人のカードに自分の情報が入力されるなどのトラブルが相次いだ。

② 2023年，新しくつくられた行政機関とは，2023年４月１日に発足したこども家庭庁である。今まで厚生労働省や内閣府が，別々に担当していた仕事をまとめて，専門的に担当する役所をつくったものである。

③ 広島サミットの時に来日した，現在のウクライナの大統領はゼレンスキー氏である。コメディアンや俳優として芸能活動を行っていたゼレンスキー氏には政治経験がなかったが，2019年の大統領選挙に立候補すると，経済の低迷や政治家の汚職《おしょく》などに対する国民の不満を背景に支持を広げ，初当選を果たした。

6 販売が良くなるための対策についての問題

① 「販売《はんばい》が良くなった理由」とは，売り上げを増やした方法と考えればよい。現在の原料価格や電気代の上昇《じょうしょう》は，企業《きぎょう》努力ではどうしようもないことなので，チョコレートの値上げはやむを得ないこととして消費者に認められると考えられる。しかし，そのような状況《じょうきょう》にもかかわらず，チョコレートを値下げした会社が現れたら，値下げした会社は大きく売り上げを増やし，それ以外の会社の売り上げは減ると考えられる。したがって，イは販売が良くなった理由として正しくない。

② イとエは，冷やし中華《ちゅうか》を始めたことを広告するもので，売上増につながる。また，夏になると冷やし中華の売り上げは増えるので，ウも正しい。これに対し，アのように店の冷房《れいぼう》を止めると，不快に思い，客の数が減ることも考えられ，売上増にはならない。

③ 売り上げが増えるためには，需要《じゅよう》が増えることが必要になる。テレビCMで宣伝を行えば，知名度が上がり，需要が増える。また，人気キャラクターをデザインに使うと，そのキャラクターの

ファンも欲しがるので，需要が増える。消費者の意見を取り入れた商品も，需要は増える。これに対して，販売店に売るようにお願いしても，消費者の需要は増えないのでウが正しくない。

④ 一般《いっぱん》に，値段を高くすると，需要は減少し，売り上げも減る。したがって，イが正しくない。これに対して，商品を買いやすくしたり，美味しくしたり，接客を良くすることは売上増につながる。

7 地球温暖化の原因についての問題

近年，世界的に夏の気温が上昇し，とても暑くなっている。地球の気温が上昇した原因は，地球温暖化が進んだためだと考えられる。世界の産業が発達すると，石油や石炭など，化石燃料の使用量が増える。そうすると二酸化炭素の排出《はいしゅつ》量が増えるが，二酸化炭素は，光は通すが熱を逃《に》がしにくい温室効果ガスであることから，大気中の二酸化炭素の濃度が高くなると，地球全体の気温が上昇する。そのため，夏の平均気温も上昇し，暑い夏になっていると考えられる。地球の気温上昇は，大雨や台風の巨大《きょだい》化，干ばつなどの異常気象の原因ともなっている。

理 科 ＜第１回試験＞（30分）＜満点：50点＞

解 答

1 **問１** 右の図 **問２** ① 5分後 ② 15分後 ③ 40分後 **問３** 液体 **問４** ウ **問５** エ 2 **問１** 直列つなぎ **問２** イ **問３** イ **問４** ① （例） 電気ストーブ（ドライヤー，アイロン） ② （例） スピーカー（イヤホン，電子オルガン） **問５** （例） 水力発電（太陽光発電，風力発電，地熱発電） 3 **問１** ①，④ **問２** 水 **問３** 空気 **問４** 温度 **問５** （例） 日光（肥料） **問６** エ **問７** 解説の図を参照のこと。 **問８** デンプン 4 **問１** （例） 多くなっている。 **問２** 25％ **問３** 9.6g **問４** 54％ **問５** ① 23.0g ② 46.0g ③ 11.5g

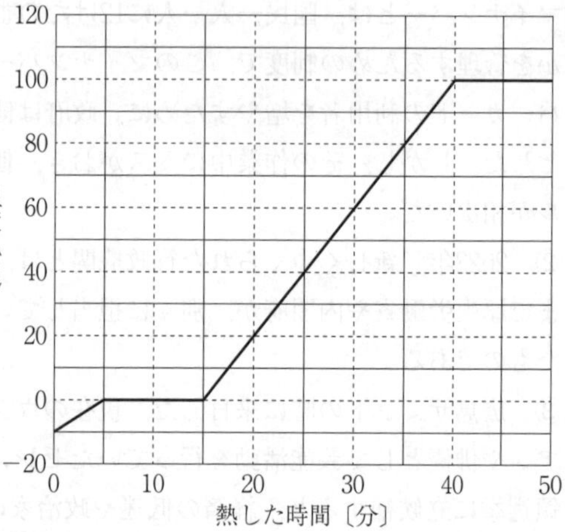

解 説

1 物質の状態変化についての問題

問１ 表の時間と温度の点を通るように直線で結ぶ。

問２ 氷を加熱すると，氷の温度が上がり，0℃になると氷がとけ始め，氷がすべて水になるまでは温度は変化しない。さらに加熱を続けると，水の温度は上がり，100℃になるとふっとうする。

問３ 湯気は，熱い水じょう気（気体）が空気中で冷やされて，小さな水のつぶ（液体）になったものである。

問４ 多くの物質は，固体→液体→気体と変化すると，体積がだんだん大きくなるため，固体の状態での体積が最も小さく，気体の状態での体積が最も大きくなる。水は，固体から液体に変化する

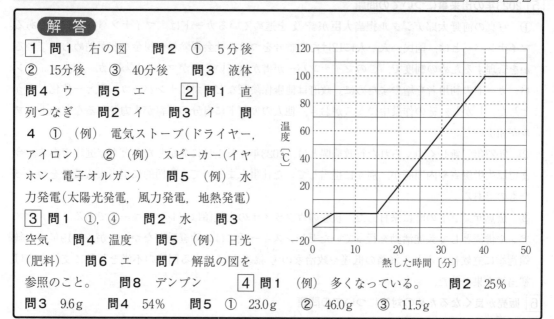

と固体のときよりも体積が小さくなるため，液体の状態での体積が最も小さくなる。

問５　物質の質量は，状態変化によって変化しない。

2 電気のはたらきについての問題

問１　回路に流れる電流が大きいほど，豆電球は明るく光る。乾電池《かんでんち》２個のつなぎ方を直列つなぎにすると，回路に流れる電流は，乾電池１個のときよりも大きくなり，豆電球は明るく光る。また，乾電池２個をへい列つなぎにすると，回路に流れる電流の大きさは，乾電池１個のときとほとんど変わらないため，豆電球の明るさは，乾電池が１個のときとほとんど変わらない。

問２　回路に流れる電流が大きくなると，乾電池の持ちは悪くなる。

問３　モーターの回る向きは電流の向きによって変わる。乾電池の向きを逆向きにすると，流れる電流の向きが逆向きになるので，モーターは左向きに回る。

問４　電気ストーブやドライヤー，アイロンなどは，電気を熱に変えて利用している。また，スピーカーやイヤホン，電子オルガンなどは，電気を音に変えて利用している。

問５　電気をつくる方法として，火力発電や原子力発電の他に，水力発電や太陽光発電，風力発電，地熱発電などがある。水力発電や太陽光発電，風力発電，地熱発電は，自然の力を利用する発電方法である。

3 種子の発芽についての問題

問１　インゲンマメの種子が発芽するためには，空気，水，適当な温度の３つの条件が必要である。

問２　①の種子は発芽するが，②の種子は発芽しない。①と②を比べると，水以外の条件がすべて同じなので，発芽には水が必要であることがわかる。

問３　①の種子は発芽するが，③の種子は発芽しない。①と③を比べると，空気以外の条件がすべて同じなので，発芽には空気が必要であることがわかる。

問４　④の種子は発芽するが，⑤の種子は発芽しない。④と⑤を比べると，温度以外の条件がすべて同じなので，発芽には適当な温度が必要であることがわかる。

問５　植物がじょうぶに大きく成長するためには，発芽に必要な３つの条件に加えて，日光と肥料が必要である。

問６　インゲン豆の種子にヨウ素液をつけると，発芽に必要な養分がふくまれている部分が青むらさき色になる。

問７　インゲン豆の種子には，発芽に必要な養分がふくまれている部分と，根・くき・葉になる部分がある。発芽に必要な養分は，右の図のぬりつぶした部分にふくまれている。

問８　ヨウ素液をつけると青むらさき色に変化したことから，インゲン豆の種子にはデンプンがふくまれていることがわかる。

4 空気中にふくまれる水蒸気についての問題

問１　表１より，気温が高いほど，空気１m^3中にふくむことのできる水蒸気量は多くなっていることがわかる。

問２　15℃の空気１m^3中にふくむことのできる水蒸気量は12.8ｇだから，$\frac{3.2(g)}{12.8(g)}\times100=25$より，湿度は25％である。

問３　ある気温のとき，その気温の空気中にふくむことのできる水蒸気の限界量を飽和《ほうわ》水蒸気量という。15℃の空気１m^{3}中にふくむことのできる水蒸気量は12.8gだから，この空気１m^{3}には，あと，12.8−3.2＝9.6(g)の水蒸気をふくむことができる。

問４　湿度が100％の10℃の空気１m^{3}中にふくまれる水蒸気量は9.4gである。20℃の空気１m^{3}中にふくむことのできる水蒸気量は17.3gだから，$\frac{9.4(g)}{17.3(g)}\times100=54.3\cdots$より，湿度は54％である。

問５　①のとき，箱の中の空気の体積は，１×１×１＝１(m^3)だから，箱の中の空気にふくむことができる最大の水蒸気量は23.0gである。②のとき，箱の中の空気の体積は，0.5×１×４＝２(m^3)だから，箱の中の空気にふくむことができる最大の水蒸気量は，23.0×２＝46.0(g)である。③のとき，箱の中の空気の体積は，0.25×１×２＝0.5(m^3)だから，箱の中の空気にふくむことができる最大の水蒸気量は，23.0×0.5＝11.5(g)である。

英　語　＜第１回試験＞（30分）＜満点：50点＞

解　答

[1]　**1**　イ　**2**　ア　**3**　ア　[2]　**1**　イ　**2**　ア　[3]　**1**　ア　**2**　イ　**3**　エ　**4**　ア　**5**　ア　**6**　イ　**7**　イ　**8**　エ　**9**　ア　**10**　イ　**11**　イ　**12**　エ　**13**　ア　**14**　ウ　**15**　エ　[4]　**1**　ア　**2**　ウ　**3**　イ　**4**　ウ　**5**　エ　[5]　**1**　It's time for dinner, Tom.　**2**　We have classes from Monday to Friday.　**3**　Can I try on this sweater?　**4**　My father is working on the farm with my grandmother.　**5**　Whose cell phone is this?

国　語　＜第１回試験＞（50分）＜満点：100点＞

解　答

[一]　①　ひら　②　はんのう　③　はぶ　④　つか　⑤　こうぎょう　⑥〜⑩　下記を参照のこと。　[二]　①　ア　②　イ　③　エ　[三]　**問１**　ア・オ　**問２**　(例)　保健所に連れていかれ，新しい飼い主との出会いがない場合は，殺されてしまう(運命。)　**問３**　イ・カ　**問４**　けがをしている／できるだけのこと／やってくる動物すべて／病院／家／飼う　**問５**　(例)　巣からとびたつ練習をしていたひなを，人が勝手に連れてきてしまうこと。　**問６**　人間側の感情　**問７**　ウ・オ　[四]　**問１**　ウ　**問２**　必死　**問３**　(例)　きのうの夜，ママに派手な服を準備したと指摘され，つっけんどんな声で言いかえしたこと。　**問４**　ウ　**問５**　じっとりとしたしずんだ声　**問６**　学者／大人が読むような本／私の目を見ず　**問７**　イ・カ

●漢字の書き取り

[一]⑥　採集　⑦　気候　⑧　専門家　⑨　確　⑩　指輪

解　説

[一]　漢字の読みと書き取り

①　閉じていたものを開けること。　②　働きかけに応じた動きをすること。　③　余計なも

のを取り除くこと。　④　目上の人のもとで働くこと。　⑤　演劇などのもよおし。　⑥　植物や生物などを集めること。　⑦　ある地域における長期間の気温，雨量などの気象の状態。　⑧　ある一つの分野について深く研究する人。　⑨　正しいかどうか，調べてはっきりさせること。　⑩　指につけるリング状のアクセサリー。

二　敬語の知識，慣用句とその意味，慣用表現の使い方

①「めしあがる」は「食べる」の尊敬語なので，「行く」「来る」「いる」の尊敬語である「いらっしゃる」を用いたアが，同じ種類である。イ・エはていねい語，ウ・オは謙譲《けんじょう》語。

② ア「赤子の手をひねる」は，とても簡単であること。イ「息をふき返す」は，勢いを失っていたものが，力を取りもどすこと。ウ「重荷をおろす」は，重い責任から解放されること。エ「眼中にない」は，相手にしないこと。オ「口が重い」は，積極的に話したがらないこと。

③「手塩にかける」は，大切に育てるという意味なので，「大切に育てた娘《むすめ》」という意味になるエが正しい使い方の例文である。

三　出典：田向健一《たむかいけんいち》『珍獣《ちんじゅう》ドクターのドタバタ診察《しんさつ》日記』。捨てられたねこやミドリガメが，どのような運命をたどり，どのような問題を引き起こすのか，動物病院に連れてこられる人に飼われていない生きものの話などを，獣医の経験をふまえて説明している。

問１　野良《のら》ねこにえさをやることで，「その場所にねこが集まるようになり」，「たくさんのフンやおしっこが残され」たり，「きれいに手入れされている庭に入りこみ，あらすこともあ」ると説明されている。また，「人になれて警戒《けいかい》心をなくしたねこは，交通事故にあいやすくな」ると述べられている。

問２　ぼう線部②の「そうした」が指し示すのは，直前の段落にある，「ふえすぎた野良ねこは，つかまえられ，保健所に連れていかれ」，新しい飼い主さんとの「いい出会いがない場合」，「一定期間をすぎると殺されてしま」うことである。

問３　ミドリガメが増えたのは，「食欲おうせいで，とてもじょうぶなカメ」だからであり，また，「北米原産のカメ」なので，「日本の寒い冬も平気」だからである。

問４　「こまってしまう問題の一つ」として，筆者はチズガメの話のあとで，「けがをしている動物が運びこまれたら」獣医として「できるだけのことをしたい」と思うが，「病院」に「やってくる動物すべて」を「家で飼う」ことはできないと述べている。

問５　「巣からとびたつ練習をしてい」て「落ちていた」ひなを，「勝手に連れてきてしまう」ことを，「誘拐《ゆうかい》」と同じだと説明している。

問６　ぼう線部⑥のあとで，「かわいそう」という気持ちがやっかいなのは，「かわいそうと判断しているのは，あくまで人間」であり，その動物が実際にどう感じているのかは，その動物にしかわからないからであると説明している。この内容をあとの段落で「人間側の感情」と言いかえている。

問７　野良ねこが増えすぎないように，「野良ねこが子どもを産めなくなるような手術をする活動が広まり」とあるので，ウは正しい。「その動物が生きていくうえで，なにが必要なのかをしっかり考えないといけない」とあるので，オは正しい。アは「たいていの場合だれかに拾われて」が，イ・エは本文にない内容なので誤り，カは「動物病院では」「積極的におこなっている」などが，誤りである。

四　出典：久米絵美里《くめえみり》『忘れもの遊園地』。ピアノ教室の月謝袋《ぶくろ》を家に忘れてあせるレミの前に，不思議なおじいさんが現れて，月謝袋を渡《わた》す代わりに「忘れたいこと」を教えてほしいと，レミにもちかける場面。

問１　「ぼんやりと，うすぐらい」や「くもり空」などの表現は，レミの沈《しず》んだ気持ちを表す情景である。

問２　おじいさんの様子については，ぼう線②のあとに「おじいさんが，必死なようすでたのみこんでくる」と書かれている。

問３　レミがママを傷つけた内容は，「デニムのショートパンツ」を学校に着ていこうとして準備をしていたところ，ママに「ちょっと派手《はで》すぎない」と小言を言われてしまい，カチンときて，「つっけんどんな声」で，「うるさいな」と言い返してしまったことと書かれている。

問４　ぼう線④のあとに，その理由が書かれている。「わたしが書いたってバレちゃうかもしれないから書きたくない」ので，タブレットの使い方に慣れていないと，うそをついたのである。

問５　小言を言っているときのママは，「じっとりとしたしずんだ声」だったと書かれている。

問６　昔のママは，「学者さんになりたかったの」と言うほど「本が大好き」で，「大人が読むような本をいっしょに読んでくれたことだってあった」が，今では，あまり笑わなくなり，「私の目を見ずに，ぐちぐちと言い続ける」ようになってしまったと書かれている。

問７　レミは，「名前」「写真」「アカウント」など，タブレットに書きこむ内容について，おじいさんに何度も質問しているので，イは正しい。母が変わってしまった理由を理解しつつも，カチンときて言い返しているので，カは正しい。アは「建物の中に入っていく」，ウは「母の気持ちに寄り添《そ》う」「冷静」，エは「自己中心的」，オは，「理解できない」などが誤りである。

2023年度 西武台千葉中学校

◆注意事項◆　筆記用具・定規《じょうぎ》・コンパス以外は机《つくえ》の上に置いてはいけません。

【算　数】〈第一志望試験〉(50分)〈満点：100点〉

1 次の計算をしなさい。

(1) $52 \div 2 - 10 + 4 \times 5$

(2) $12 + \{20 \times (8-2) \div 5 + 6 \times 9\}$

(3) $18 \times 6.23 - 32 \div 4 \times 6.23$

(4) $\dfrac{1}{4 \times 5} + \dfrac{1}{5 \times 6} + \dfrac{1}{6 \times 7}$

(5) $\dfrac{3}{5} \div \dfrac{4}{7} - \dfrac{5}{6} \times \dfrac{2}{15}$

2 次の問いに答えなさい。

(1) 赤、青、黄、白の4色のカードがそれぞれ30枚ずつあります。それらのカードを左から順に赤、青、黄、白さらに赤、青、黄、白、・・・・とくりかえし並べていきます。左から50番目のカードはどんな色ですか。

(2) 100円硬貨が2枚、50円硬貨が3枚、10円硬貨が2枚あります。これらの一部または全部を使って何通りの金額の支払いができますか。

(3)　$3\frac{1}{3}$ Lのペンキで、$2\frac{2}{9}$ m^2 のかべをぬることができます。

このペンキ1Lで何 m^2 のかべをぬることができますか。

(4)　下の図のような四角形があります。4つの角の大きさをⒶ、Ⓑ、Ⓒ、Ⓓとしたところ、ⒷはⒶの$\frac{2}{3}$、ⒸとⒷ の比は5：4、ⒹはⒶよりも24°大きいことが、わかりました。Ⓓの角は何度ですか。

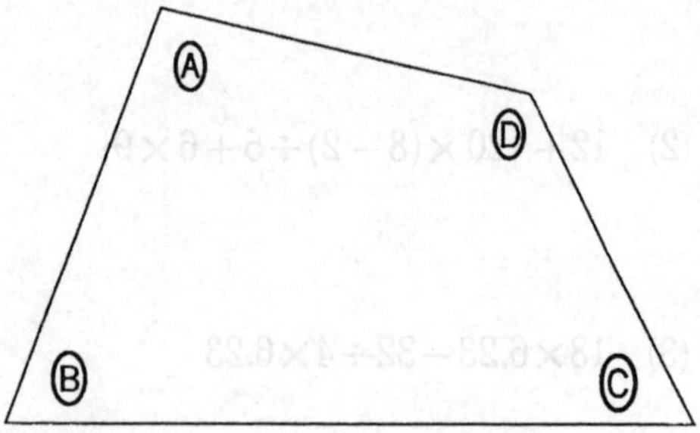

3　周囲840 mの池のまわりを、Aさんは分速80 mで、Bさんは分速60 mで同じ地点から歩きはじめました。

(1)　同じ方向に同時に出発すると、 何分後にAさんはBさんに追いつきますか。

(2)　反対の方向に同時に出発したときは、2人がはじめて出会うのは、何分後ですか。

4 右の図のように、ACを直径とする円の内部が、ABを直径とする半円とBCを直径とする半円によって(ア)と(イ)の２つの部分にわかれています。ただし、AB＝4 cm、BC＝2 cmで、円周率は3.14とします。

(1) (ア)の部分の面積を求めなさい。

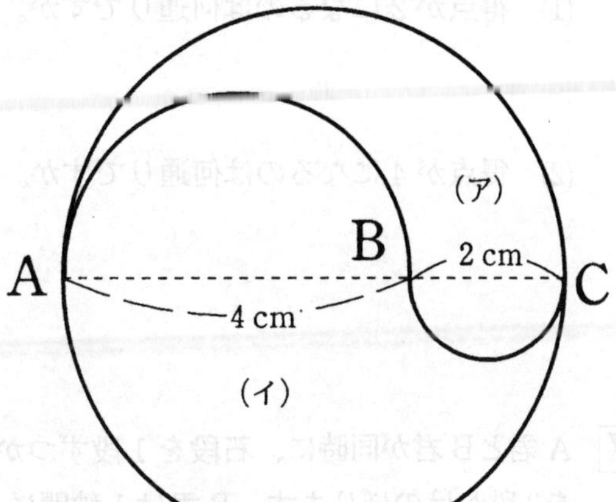

(2) (イ)の部分は、(ア)の部分の面積の何倍になっていますか。

5 たて10cm、横6cm、高さ12cmの直方体をしたブロックがあります。これと同じ形のブロックを同じ向きに並べ重ねて、できるだけ少ない個数で立方体を作ります。

(1) この立方体の１辺の長さを求めなさい。

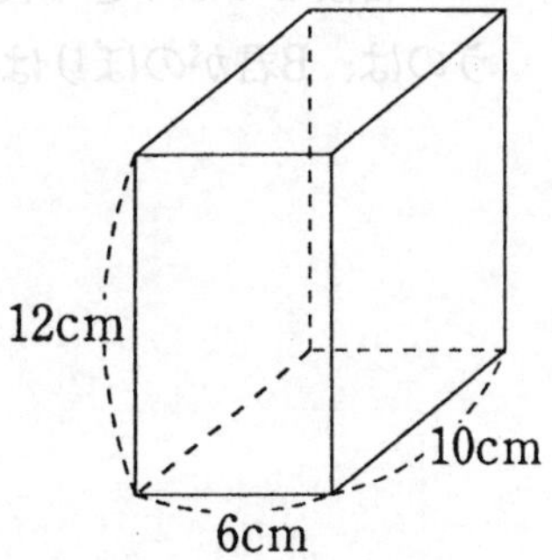

(2) (1)の立方体にするにはブロックは何個必要ですか。

6 サイコロをふって、偶数の目が出ると、その目の数だけ得点し、奇数の目が出ると得点できないゲームをします。サイコロを３回続けてふりました。

(1) 得点が２になるのは何通りですか。

(2) 得点が４になるのは何通りですか。

7 Ａ君とＢ君が同時に、石段を１段ずつかけのぼることにしました。Ａ君は１秒間に石段を3段かけのぼります。Ｂ君は１秒間に２段かけのぼります。今Ａ君はこの石段を休まずにのぼりきって１分10秒かかりました。

(1) この石段は全部で何段ありますか。

(2) B君はこの石段を休まずにのぼりきるのに何分何秒かかりますか。

(3) この石段をのぼりきったら、またすぐに同じ速さでおりてくると、A君とB君が出会うのは、B君がのぼりはじめてから何段目のところですか。

【社　会】〈第一志望試験〉(30分)〈満点：50点〉

1 日本は、北海道から沖縄県まで47の都道府県があります。これらの都道府県は、いくつかの地方に分けられています。次に説明している地方名を答えなさい。

① ここには、4つの県があります。どの県も今も豊かな自然が残され、それぞれ特徴のある伝統文化も受け継がれています。昔、阿波《あわ》と呼ばれた県は、伝統的な祭りである阿波踊りがとても有名です。また、昔、讃岐《さぬき》と呼ばれた県の讃岐うどんは全国的に有名です。

② ここには、2つの府があります。その一つの府は、長く日本の都が置かれていました。また、この地方には、日本最大の湖があります。

③ ここには、6つの県があります。中央には、南北に連なる奥羽山脈があり、太平洋側と日本海側で気候に違いがあります。また、太平洋側の海岸は、入江の大きい三陸海岸が広がり、美しい風景が広がっています。

④ ここは、日本の中心に位置する地方です。太平洋側の東海地方、日本海側の北陸地方、そして甲信越地方と3つの地方に分けて呼ばれることもあります。

⑤ ここには、8つの県があります。その内7つの県は、一つの大きな島にあります。また、その大きな島にない県は、たくさんの小さな島々からなり、昔は琉球《りゅうきゅう》と呼ばれていました。

2 日本には、「山」の字がつく県庁所在地名が6つあります。各県に関係する説明をもとに県庁所在地名を答えなさい。

① この県は、農業が盛んで、特に果物栽培が有名です。サクランボ・桃・ぶどうは、この県を代表する果物です。また稲作も盛んで、「つや姫」「はえぬき」などのブランド米が有名です。

② この県は、北に水産資源に恵まれた湾が広がり、東には高い山々が連なる飛騨《ひだ》山脈があります。また、南西部岐阜県との県境では、茅葺《かやぶき》集落で有名な「五箇《ごか》山」が残り世界遺産に登録されています。

③ この県では、紀伊半島南部の温暖な気候を生かしミカンや梅の栽培が盛んです。また、歴史的に価値の高い「高野山」や「熊野古道」などの史跡が世界遺産に登録されています。

④ この県は、全国の「桃太郎」伝説が伝わる地域の一つです。そのためか桃の生産が盛んです。人口は、瀬戸内海沿岸に集まり、新幹線や瀬戸大橋など交通の便に恵まれています。

⑤ この県は、本州最西端に位置し、九州とすぐ隣に位置しています。江戸時代この地には長州藩があり、幕末から明治にかけて活躍した人々が多いです。歴代の総理大臣も8人輩出《はいしゅつ》しています。

⑥ 「山」のつく県庁所在地の中で、唯一この県が県名と都市名が違っています。広島県とは、「瀬戸内しまなみ海道」で結ばれ、タオル生産で有名な今治があります。市内には、夏目漱石の作品にも登場する「道後《どうご》温泉」があります。

3 日本は、古くから伝わる伝統行事・年中行事があります。その中には、海外から伝わったものもあります。次の①～④に書かれた伝統行事・年中行事に関する設問に答えなさい。

① 昔から季節の節日に行う行事があります。寒い冬至では、カボチャを食べて栄養をつけ、お風呂で温まる習慣があります。この日は、お風呂に浮かべると良いと言われているミカンの仲間があります。それは何でしょうか。

② 3月3日、5月5日、7月7日、9月9日と月日が同じ日に節句と呼ばれる伝統行事があります。それぞれの節句では、季節の草花を使ってお祝いします。桃の花を使う節句は、何月何日の節句でしょうか。

③ 海外から伝わった年中行事の中に親への感謝を示す行事があります。その中で母の日は、5月の第何週の日曜日となっているでしょうか。

④ 海外から伝わった年中行事の中で、クリスマスやハロウィンは、どのような宗教の行事が元になっていますか。

4 次の絵図をもとに①～④の設問に答えなさい。

① この絵は、徳川家康が江戸幕府を開くきっかけとなった戦いです。その戦いの名を答えなさい。

② この絵は、平安時代の貴族の乗り物です。車を引いている動物を答えなさい。

③ この絵は、鎌倉時代に攻めてきた外国人と御家人が戦っている絵です。この攻めてきた人々はどこの国の軍か答えなさい。

④ この絵は、壇ノ浦《だんのうら》の戦いの絵です。この戦いでは、２つの武士団が戦いました。勝利した武士団は何氏か答えなさい。

5 下の写真は、お札の肖像画です。①～④で説明されている人物の肖像画を選び記号で答えなさい。

① 私は、明治維新で活躍した公家の岩倉具視です。

② 私は、最初の内閣総理大臣となった伊藤博文です。

③ 私は、明治時代に民主政治実現のため働いた板垣退助です。

④ 私は、医学者として世界で活躍した野口英世です。

ア

イ

ウ

エ

オ

6 社会にはいろいろな仕事があります。次の①～④の出来事には直接関係のない仕事を選び記号で答えなさい。

① 現在世の中では、新型コロナが流行しています。一人暮らしのＡさんは、体調を崩し発熱しました。そこで、感染を心配して対応しました。

ア．警察署　　イ．病院　　ウ．保健所　　エ．消防署

② 夏休みに家族で１泊２日の旅行へ行きました。事前に新幹線と宿の予約をして訪れたので、ゆとりある楽しい旅行となりました。

ア．ホテル　　イ．ＪＲ　　ウ．市役所　　エ．旅行会社

③ 私は、年末に春日部市から野田市へ引っ越しをしました。引っ越しするまでにいろいろな準備が必要でしたが、無事年内に引っ越しすることができました。

ア．水道局　　イ．バス会社　　ウ．市役所　　エ．運送会社

④ 先日、久しぶりに隣の市を訪れると駅前に大きなビルを建設していました。完成するとたくさんのお店が入り、にぎやかになると思います。

ア．建設会社　　イ．不動産会社　　ウ．土木会社　　エ．学校

7 国には、私たちの生活を支える各専門の機関があります。次の①～⑥の役割を担当する省を答えなさい。

① 教育、科学に関わる仕事やスポーツ庁・文化庁などが所属する省は何か答えなさい。

② 国の財政、税金、国債などに関わる仕事で、国税庁などが所属する省は何か答えなさい。

③ 国の行政サービスや地方自治、情報通信や防災などに関わる仕事で、消防庁などが所属する省は何か答えなさい。

④ 医療、労働問題、社会福祉などに関わる仕事をする省は何か答えなさい。

⑤ 法律の整備、出入国の管理などに関わる仕事をする省は何か答えなさい。

⑥ 自衛隊の管理、運営に関わる仕事をする省は何か答えなさい。

【理　科】〈第一志望試験〉(30分)〈満点：50点〉

1　**図１のような装置《そうち》を用いて、ばねにいろいろな重さのおもりをつるし、そのときのばねの長さをそれぞれ調べると次の表のようになった。これについて、次の各問いに答えなさい。**

図１

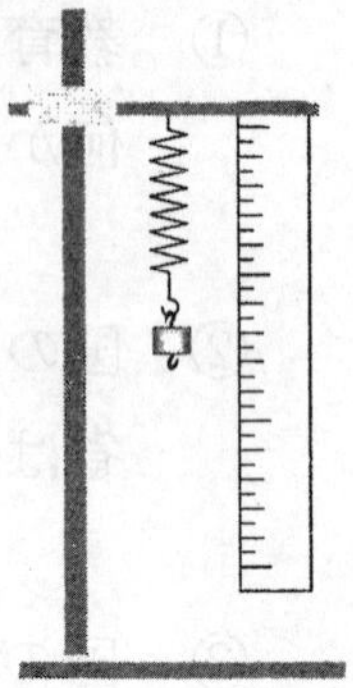

【表】　おもりの重さとばねの長さの関係

おもりの重さ〔g〕	0	10	20	30	40	50
ばねの長さ〔cm〕	3	3．5	4	4．5	5	5．5

問１　表の結果より、２０ｇのおもりをつるしたときのばねののびは何ｃｍか。

問２　表の結果より、つるすおもりの重さとばねののびの関係をグラフで表しなさい。

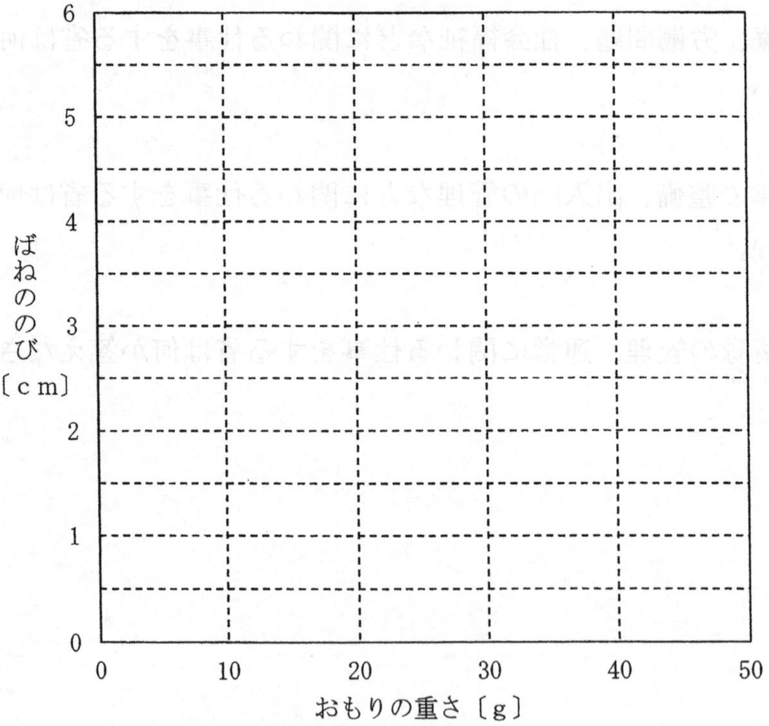

問３　このばねに７０ｇのおもりをつるしたとき、ばねののびは何ｃｍになるか。

問４　ばねの長さを８ｃｍにするには、何ｇのおもりをつるせばよいか。

問５　このばねと同じものをもう１本準備し、図２のような装置《そうち》を組み立て、２０ｇのおもりをつるした。このときのばねののびは、図１のようにばね１本に２０ｇのおもりをつるしたときと比べてどのようになったか。次のア～ウから適当なものを１つ選び、記号で答えなさい。ただし、２本のばねには、おもりの重さのみがかかるものとする。

ア　小さくなった。　　イ　変わらなかった。　　ウ　大きくなった。

図２

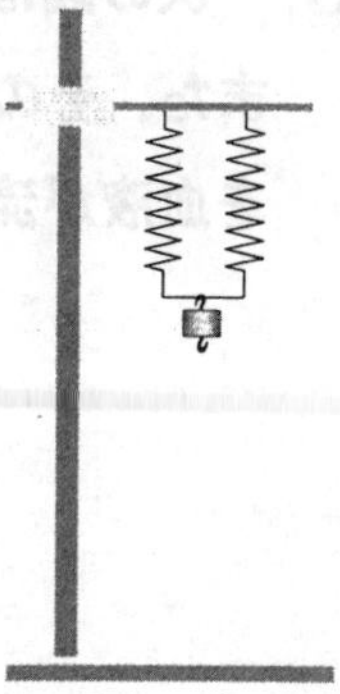

2　**物質は、温度によって固体・液体・気体の３つの状態に変化する（このことを物質の状態変化という）。下の図は３つの状態の変化を表したものである。これについて、次の各問いに答えなさい。**

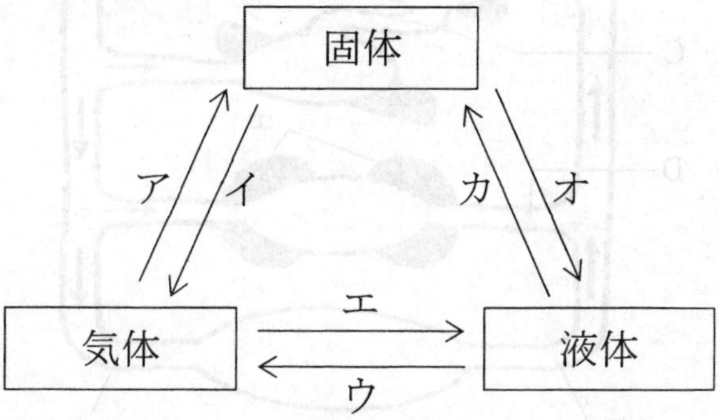

問１　次の①～④の現象は、それぞれどの状態変化を示したものか。図のア～カの中から１つずつ選び、記号で答えなさい。

①　ドライアイスを空気中に置いてしばらくすると、すべてなくなっていた。

②　冬の朝、霜柱《しもばしら》ができていた。

③　冷たい飲み物が入ったペットボトルの外側に水がついていた。

④　飲み物のなかに氷をいれてしばらくすると、氷がなくなっていた。

問２　次の文の（　　）にあてはまる適当なことばを答えなさい。

ぬれた洗たく物をほしておくと乾《かわ》くのは、水が（　　　）するためである。

問３　水を加熱し、水の温度が１００ ℃になったとき、水の内部からたくさんのあわがでてきた。この現象をなんというか。

問４　問３のあわのなかにある気体は何か。

3　**次の図は、ヒトの主な臓器《ぞうき》とそれらをつなぐ血管を模式的《もしきてき》に表したものである。また、その臓器《ぞうき》のはたらきや特徴《とくちょう》について、下の表にまとめた。図の矢印の向きを血液が流れる向きとして、次の各問いに答えなさい。**

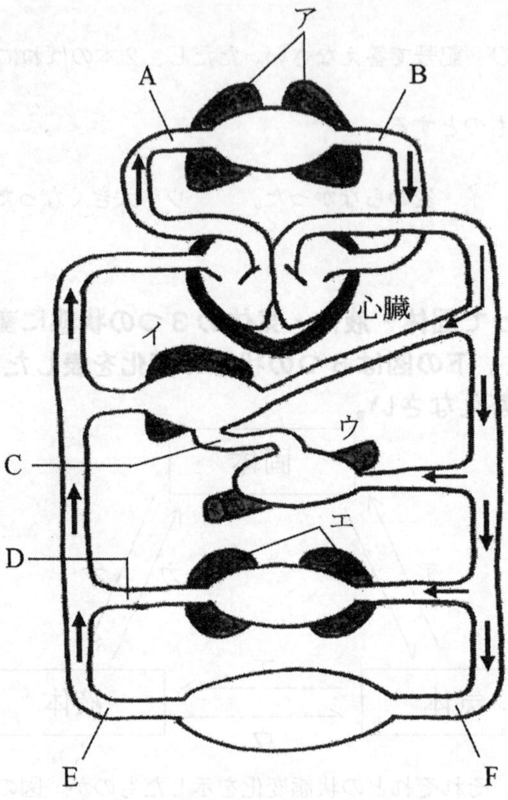

【表】

臓器《ぞうき》	はたらきや特徴《とくちょう》
ア	酸素を受けとり、二酸化炭素を捨《す》てる。
イ	有害なアンモニアを、害の少ない尿素《にょうそ》に変える。
ウ	養分を受けとる。内部にはたくさんの ひだ がある。 表面積はテニスコート１枚《まい》分くらいの広さがあるといわれる。
エ	不要物と余分な水を捨《す》てる。

問１　心臓《しんぞう》のはたらきについて、（　　　）にあてはまる適当なことばを答えなさい。

> 心臓《しんぞう》は（　　　）を送り出すポンプのはたらきをしている。

問２　図のア～エの臓器《ぞうき》の名称《めいしょう》をそれぞれ答えなさい。

問３　次の①～③にあてはまる血液が流れる血管を図のA～Fからそれぞれ１つずつ選び、記号で答えなさい。

①　食後に最も多く養分がある。

②　二酸化炭素以外の不要物が最も少ない。

③　二酸化炭素や不要物が最も多い。

問４　マラソンを完走したあと、走る前よりも脈はくが多くなりました。その理由について、次の文の（　　　）にあてはまる適当なことばを答えなさい。

> マラソンをしたあとではエネルギーが必要になるので、養分と（　　　）をたくさん体の各部に送りこまなければならないから。

4　ある日の時間ごとでの気温の変化を調べると、図のようなグラフになった。これについて、次の各問いに答えなさい。

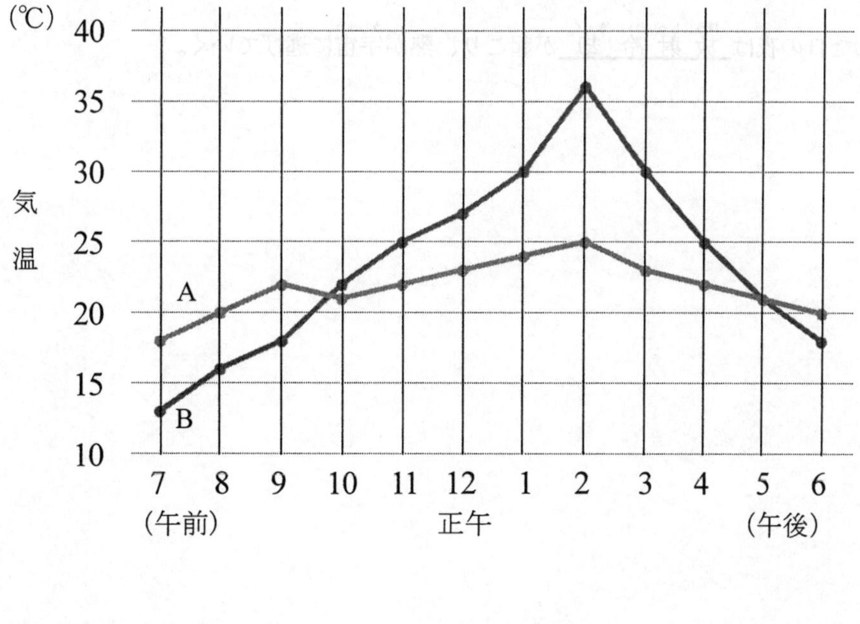

問１　次の文は、気温の測り方について書かれています。(　①　)・(　②　)は、それぞれ正しい方を選びなさい。(　③　)は正しい単位を答えなさい。

風通しの(①よい・わるい)場所で、温度計に日光が直接(②あたる・あたらない)ようにして、地面から1.2 ～ 1.5(　③　)くらいの高さで測る。

問２　天気が悪かったと考えられるのは、グラフA, Bのうちどちらであるか記号で答えなさい。また、そのように考えた理由を簡単《かんたん》に答えなさい。

問３　グラフBについて、気温が最も高いときと低いときの差は、およそ何℃か答えなさい。

問４　グラフA, Bについて、この日はそれぞれ何とよべますか。最も適当なものをそれぞれ選び、記号で答えなさい。

ア　冬日　　イ　真冬日　　ウ　夏日　　エ　真夏日　　オ　猛暑日《もうしょび》

問５　次のア～エの文のうち、下線部に間違《まちが》いがあるものを１つ選び、記号で答えなさい。また、その間違《まちが》いを正しい答えに直しなさい。

ア　温度計は、日光があたっていると実際の気温よりも高い温度を示す。

イ　日光によって空気が直接温められ、それによって地面の温度が上がるため、気温が上がる。

ウ　太陽の高さが最高になる時刻《じこく》は、正《しょう》午《ご》ごろである。

エ　晴れた日の夜は放《ほう》射《しゃ》冷《れい》却《きゃく》が起こり、熱が宇宙《うちゅう》に逃《に》げていく。

【英　語】〈第一志望試験〉(30分)〈満点：50点〉

1　対話と質問を聞き、その答えとして最も適切なものをア～エの中から一つ選び、記号を解答欄に書きなさい。問題と質問は２回読まれます。

1．　ア　May.　　イ　June.
　　 ウ　July.　　エ　August.

2．　ア　Karen.　　イ　Bob.
　　 ウ　Bob's brother.　　エ　Karen's brother.

3．　ア　20.　　イ　30.　　ウ　40.　　エ　50.

2　ア～ウの三つの英文を聞き、その中から絵の内容を最もよく表しているものを一つ選び、記号（ア～ウ）を解答欄に書きなさい。英文は２回読まれます。

1．

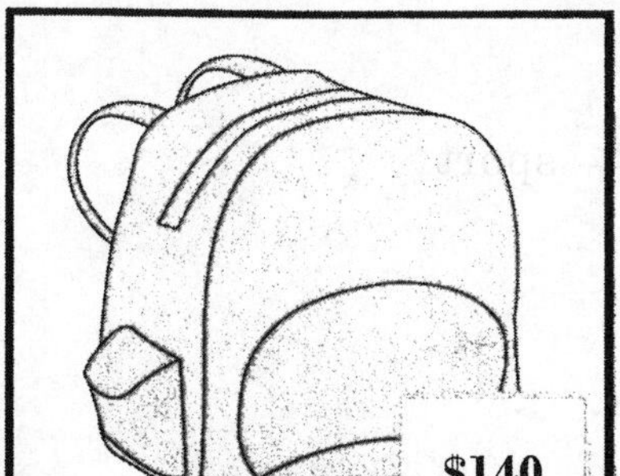

ア
イ
ウ

2．

ア
イ
ウ

※〈リスニング放送原稿〉は，英語の問題のうしろに掲載してあります。

3 次の英文の下線部に入れるのに最も適切なものをア～エの中から一つ選び、記号を解答欄に書きなさい。

1．November is the __________ month of the year.

ア eighth　イ ninth　ウ twelfth　エ eleventh

2．Kyoto is a beautiful city. Many __________ go there.

ア lights　イ flowers　ウ people　エ homes

3．My bike is old. I want a __________ one.

ア new　イ warm　ウ busy　エ happy

4．A：What is your favorite __________?

B：Soccer.

ア food　イ animal　ウ month　エ sport

5．Two dogs are __________ in the park.

ア watching　イ running　ウ making　エ flying

6．A：What day of the week is it today?

B：It's __________.

ア Friday　イ March　ウ Noon　エ Autumn

7．I go to the gym and play basketball there ＿＿＿＿＿ Sundays.

ア in　イ with　ウ of　エ on

8．I usually ＿＿＿＿＿ to music after school.

ア play　イ open　ウ listen　エ write

9．Look at the dog ＿＿＿＿＿ there. It's very big.

ア after　イ about　ウ over　エ off

１０．A：It's very hot. I want a ＿＿＿＿＿ of orange juice.

B：OK.

ア glass　イ cap　ウ piece　エ plate

１１．A：Excuse me. How ＿＿＿＿＿ is this cap?

B：It's 800 yen.

ア often　イ long　ウ many　エ much

１２．A：What time do you get up ＿＿＿＿＿ the morning?

B：About six thirty.

ア from　イ at　ウ in　エ with

１３．I know Kent and Susan. ＿＿＿＿＿ live near my house.

ア He　イ She　ウ You　エ They

１４．Tom is in the music club. He can ＿＿＿＿＿ the guitar well.

ア play　イ plays　ウ playing　エ to play

１５．A : Do you like natto?

B : Yes, but my brother ＿＿＿＿＿.

ア don't　イ doesn't　ウ isn't　エ aren't

4　次の各問いの会話について、下線部に入れるのに最も適切なものをア～エの中から一つ選び、記号を解答欄に書きなさい。

1．A : Let's buy ice cream at that store.

B : ＿＿＿＿＿＿＿＿＿ It's very hot today.

ア　See you.　　イ　That's me.

ウ　You're welcome.　　エ　Good idea.

2．A : How do you come to our school?

B : ＿＿＿＿＿＿＿＿＿

ア　By bus.　　イ　By me.

ウ　It's five o'clock.　　エ　Very hard.

3．A：Excuse me, where is Seibudai Chiba JHS?

B：＿＿＿＿＿＿＿＿＿＿

ア　Over there.　　　　　イ　In the morning.

ウ　About five minutes.　　エ　You're right.

4．A：How long is this car?

B：＿＿＿＿＿＿＿＿＿＿

ア　It's three hours.　　　イ　It's about five meters.

ウ　It's four years old.　　エ　It's about 10 kilograms.

5．A：Let's do our homework together.

B：＿＿＿＿＿＿＿＿＿＿　You should do it by yourself.

ア　Good idea.　　　　イ　OK.

ウ　Sorry, I can't.　　　エ　All right.

5 次の日本語に合うように、[ ]内を並べ替えて、文の最初から全てを解答用紙に書きなさい。
※文頭に来る単語も小文字になっています。

1．今は何月ですか。

[it, what, month, is, now] ?

2．そのビデオカメラに触らないでください、ケン。

[video, touch, don't, the] camera, Ken.

3．これか、あれのどちらの自転車があなたのものですか？

[is, which, yours, bike] , this one or that one?

4．あなたのお母さんは今、台所で何をしていますか？

[is, the, doing, what, your mother, in, kitchen] ?

5．今日の天気はどうですか？

[is, today, the, when, weather, how] ? ※1語余ります。

〈リスニング放送原稿〉

1 対話と質問を聞き、その答えとして最も適切なものをア～エの中から一つ選び、記号を解答欄に書きなさい。

(1)

A. Did the Tokyo Olympics 2020 start in June, Mike?
B. No, it was in July.

Question- When did the Tokyo Olympics 2020 start?

(2)

A. Hello Bob. Is this blue umbrella yours?
B. No, Karen. Mine is yellow, and my brother has a black one.

Question- Who has a black umbrella?

(3)

A. Mom loves apples. How many apples are there in a box?
B. Really? One box has 20 apples.

Question-How many apples are there in a box?

2 ア～ウの三つの英文を聞き、その中から絵の内容を最もよく表しているものを一つ選び、記号（ア～ウ）を解答欄に書きなさい。

(1)

ア The backpack is $104.

イ The backpack is $114.

ウ The backpack is $140.

(2)

ア They are in a zoo.

イ They are in a house.

ウ They are in a pet shop.

問三　――線部③「合唱に積極的な女子たちですら、並ぼうともせずにいくつかのグループに分かれて、だべっている。」とありますが、それは、どうしてであると考えられますか。ふさわしいものを次の中から一つ選び、記号で答えなさい。

ア　クラスメイトの水野早紀の声が弱弱しく、よく聞こえなかったから。
イ　クラスメイトの水野早紀の声に聞きほれ、ぼんやりとしてしまったから。
ウ　合唱コンクールが近く、音楽科の宮下先生のアドバイスがないと不安だから。
エ　音楽科の宮下先生が急な出張によって帰ってしまったことが不満だから。
オ　男子のまとまりが悪く、山東涼万が声をかけるのを女子が待っているから。

問四　――線部④「首がギブスで固定されてしまったかのように」とありますが、これは涼万のどのような様子を表していますか。その説明をした次の文に当てはまる言葉を文章の中から抜き出して示しなさい。

涼万は「　五字　」が無性に気になってはいるが、「「　六字　」」と言って、早紀を助けてあげるキャラではないと思っているため「　十二字　」という様子。

問五　――線部⑤「涼万は内心ホッとした。」とありますが、これはなぜですか。ふさわしいものを次の中から二つ選び、記号で答えなさい。

ア　岳と一緒にばっくれずに済み、気になっている水野早紀と同じ空間にいることができ、安心したため。
イ　井川音心の演奏のすばらしさに驚き、ばっくれないことで、またピアノの演奏を聴けることを喜んだため。
ウ　井川音心の演奏に触発され、涼万も歌いたくなったが、岳も同じ気持ちであることがわかり安堵したため。
エ　出張にいった宮下先生が帰ってきたときに自分がいないことで怒られるのを防ぐことができたため。
オ　女子と一緒に合唱の練習をすることで、間接的に指揮者である水野早紀の力ぞえができるため。
カ　金田晴美の手のひらを返したような態度には嫌気がさしたが、岳も自分と同じ気持ちで嬉しかったため。
キ　クラスの仕切り役である金田晴美の張り切った声を聞いたことで、涼万もやる気が出てきていたため。

問六　――線部⑥「涼万は勝手に都合よく納得した。」とありますが、それはどのようなことについてですか。二十字以内で説明しなさい。（句読点も一字に含みます。）

問七　「山東涼万」の説明としてふさわしいものを次の中から一つ選び、記号で答えなさい。

ア　同じ部活動の武井岳に気がねして、自分の意思を曲げてしまう気の弱い性格。
イ　井川音心のピアノの演奏に感銘を受け合唱を頑張ろうと思う純真な心の持ち主。
ウ　自分の気持ちや身体の変化について、まだ理解ができていない思春期の少年。
エ　合唱の練習をするよりも友達と部活動をやりたいと思う活発で明朗な中学一年生。
オ　水野早紀のちょっとした言動にもふいに心を揺さぶられてしまう冷静な男の子。

ふたりの密《ひそ》かなアイコンタクトを目撃して、涼万の喉奥《のどおく》がクッと詰《つ》まった。今度はきゅうに喉がむずがゆくなってきて、咳払《せきばら》いをした。一度咳をすると、もっともっと喉がかゆくなって、咳が止まらなくなった。背中をまるくして咳《せ》きこんでいると、

「涼万。風邪か？」

岳が涼万をうかがうようにのぞいた。

「い、いや。だい、じょぶ」

咳の合間に、切れ切れに言葉をつないだ。

最近ずっと喉の調子がおかしい。少し風邪《かぜ》気味なのかもしれないが、それだけじゃない感じだ。これが、「声変わり」の前兆なのだろうか。もうすっかり低音が定着している岳にきいてみたいような気もしたが、なんだか照れくさくて聞けない。

「ねえねえ、合唱の練習しようよ」

音心の演奏に触発《しょくはつ》されたのか、今までだべっていた女子たちが急にやる気になった。

「男子たち、並んでー。岳も涼万も早くっ！」

クラスの仕切り役、女子バスケ部の金田晴美《かねだはるみ》が張り切りだした。

「キンタ、うっせ～」

岳が間髪《かんぱつ》いれずに返した。晴美はキンタと呼ばれている。

「はぁ？　時間ないんだから急いでよ」

さっきまで自分もだべっていたのに、手のひらを返したような晴美の態度に、岳は涼万の方を向いて、

「涼万、マジだるくね？　どっかばっくれる？」

冗談とも本気とも取れない口調で言った。涼万が答えの代わりに微妙《びみょう》な笑みを浮かべると、岳は体を揺《ゆ》らし、気だるさを精一杯《せいいっぱい》アピールして教室の前に向かって歩き始めた。

⑤涼万は内心ホッとした。本当は早足で行きたい気持ちすらあったけれど、岳のあとにだらだらと続いた。二人の様子につられるように、他のクラスメイトたちもようやく前に集まった。

すでに授業時間は半ばを過ぎていたが、やっと合唱隊形に並んだ。涼万は一番後ろの列の真ん中あたりの位置だ。

「では『ソノリティ』いきます」

早紀が落ち着いた声で言った。さっきの「合唱隊形に並んでください」の澄みきった声ほどではなかったが、涼万の鼓膜《こまく》はまた早紀の声に反応した。

俺、なんで今日になって、水野の声が気になるんだろう。

訳が分からなかった。

早紀が指揮棒をサッと頭上に持っていった。肩《かた》まで伸《の》びたまっすぐな黒髪が少し揺れた。それを合図にみんなが同時に、足を肩幅《かたはば》くらいに開いた。早紀の瞳の奥《おく》に輝《かがや》きがともった。

早紀は目線を伴奏者の音心に移すと、小さく指揮棒を振り出した。音心の前奏が滑るように始まった。そんなあたりまえのことが、涼万にはあうんの呼吸に見え、いちいちひっかかった。

そっか、水野も井川も同じ吹奏楽《すいそうがく》部だもんな。だから息が合ってるんだな。

さっき、誰も並んでくれなくて早紀が困っているところを、音心が驚きのピアノテクニックで助けたのも、同じ部活仲間だからだろうと、⑥涼万は勝手に都合よく納得《なっとく》した。

前奏はアレンジ版ではなく、いつもの決まったフレーズだった。早紀は今度はみんなの方に向き直り、大きく指揮棒を右上に振り上げた。華奢《きゃしゃ》な体にエネルギーが流れ出した。歌が始まる。

(『ソノリティ　はじまりのうた』佐藤いつ子)

問一　――線部①「水野早紀」について、「山東涼万」は「水野早紀」をどんな人だと思っていますか。本文中から十五字以内で抜き出しなさい。(句読点も一字に含みます。)

問二　――線部②「あんな声」とはどのような声ですか。その様子をたとえた表現を本文中から十三字で抜き出しなさい。(句読点も一字に含みます。)

たような気がした。が、そんなはずはない。早紀はおとなしくて口数の少ない子だから、個人的な会話をした覚えはないけれど、授業中に当てられたことくらいあるはずだ。

なのに、今とても新鮮《しんせん》な気持ちで、早紀の半開きになったくちびるから、もう一度さっきの声が発せられるのをしばらく待った。

早紀の呼びかけなどなかったかのように、教室は相変わらず騒然としていた。③合唱に積極的な女子たちですら、並ぼうともせずにいくつかのグループに分かれて、だべっている。

いつもひっそりと過ごしている早紀が、みんなにむかって声をかけること自体、ものすごくプレッシャーだろうに、この反応だ。能面みたいに白く固まった顔に、瞳《ひとみ》だけが困ったように揺《ゆ》れていた。くちびるからは透明な声の代わりに、音のないため息がもれたかに見えた。

涼万は落ち着かない気持ちになってきた。かといって、「みんな並べよ」というキャラでないことは、自分が一番よく分かっている。

丸めた紙くずを後頭部にポカッと当てられて、涼万は慌《あわ》てて後ろを振り返った。

「涼万、何ぼーとしてんだよ。ヒマだからなんかして遊ぼうぜ」

同じバスケットボール部の武井岳《たけいがく》だった。小学校は別だが同じ部活のせいもあり、入学してからしょっちゅうつるんでいる。涼万はあっさりした涼《すず》しげな顔で、岳は彫が深くて濃《こ》いワイルドな顔立ち。対照的なタイプの顔だけど、髪型《かみがた》はそっくりで耳もとを刈《か》り上げたツーブロックだ。

ふたりとも学年の中で一、二を争うほど背が高いこともあり、ふたりでいると余計に目を引くようだ。先月の体育祭では、三年女子の先輩《せんぱい》からいっしょに写真を撮《と》るようにせがまれた。

涼万は、後ろのロッカーのあたりでたむろしている岳たちに合流した。遊ぶといったって、ゲームがあるわけでもないし、とりとめのない馬鹿話を続けているだけだ。

話の輪に加わっていても、涼万は早紀のことが無性《むしょう》に気になった。

水野……まだあの姿のまま、立っているのかな。

くちびるは半開きのままなのかな。

振り返りたい。

そう思うのに、④首がギブスで固定されてしまったかのように、なぜか振り返ることができない。

ダ・ダ・ダ・ダーン

突然《とつぜん》のピアノの大音量が鼓膜《こまく》を震《ふる》わせた。誰もが知っているベートーベンの『運命』の最初のフレーズだった。

騒然《そうぜん》としていた教室が、一瞬《いっしゅん》で静まり返った。みんなの視線がピアノ伴奏者《ばんそうしゃ》の井川音心《いがわそうる》のもとに、いっせいに吸い寄せられた。

そのタイミングを見計らったように、音心はつぎのフレーズを続けた。

ダ・ダ・ダ・ダーン

音心は目に覆《おお》いかぶさるような前髪《まえがみ》を振り払うと、一呼吸置いた。やがて両手を鍵盤《けんばん》の上にふわりと持ち上げると『運命』の続きを弾《ひ》くわけではなく、合唱コンクールの自由曲『ソノリティ』の前奏を弾き出した。

でも、それはいつもの伴奏ではなく、音心が気ままにアレンジした『ソノリティ』だった。音心の指は主旋律《しゅせんりつ》を奏でながら、鍵盤の上を跳躍《ちょうやく》し軽《かろ》やかに動き回った。

みんなあっけにとられて音心を見つめた。演奏が終わると、音心はさっきの自由自在な演奏とはうってかわって、お行儀《ぎょうぎ》よく学生ズボンの上にきちんと両手を置いた。

「すっげえ。井川、めっちゃうまいじゃん」

岳が場違《ばちが》いな大声を上げると同時に、そこかしこで拍手《はくしゅ》が巻き起こった。

確かにいつもの伴奏でもミスした記憶《きおく》はないが、もともと伴奏曲自体が難しくはなかったので、こんなにピアノの腕《うで》があるとは誰《だれ》も知らなかった。

「あいつ、ただのオタクかと思ってたよ」

岳の発言は、馬鹿にしているのか褒《ほ》めているのかよく分からなかったが、驚《おどろ》いていることだけは確かだった。

「お、おぅ」

涼万はあいまいな返事をしながら、目をしばたたかせた。演奏のあいだ、早紀も食い入るように音心の演奏を注視していた。演奏が終わると音心は前髪の間から、上目づかいで早紀を見た。早紀の口もとがふっとゆるんだ。

問七　本文の内容としてふさわしいものを次の中から二つ選び、記号で答えなさい。

ア　フランスにはスーパーマーケットがないので、八百屋やパン屋など、それぞれのお店で買い物をするしかない。

イ　フランスのパンは、焼きたてよりも一晩おいたほうがおいしくなるようにレシピが考えられている。

ウ　日本でも、古いもののよさを見直したほうがしあわせになれるのではないか、と筆者は考えている。

エ　オーストリアのパン屋では、若者は五時間以上働いてはいけないことになっている。

オ　ヨーロッパでは、あまり仕事をしないですむ人がいる一方、長時間労働をしなければならない人もいて、不平等である。

カ　フランスやオーストリアには、百年以上つづくような伝統と知恵があり、それが生活を豊かにしている。

キ　オーストリアでは、美術にふれる時間をつくるために、仕事の時間をあえて短く設定している。

ク　みんなが楽しくはたらくには、多くの人をやとう必要があるため、人口の多い都会でないと楽しくはたらけない。

四　次の文章を読んであとの問いに答えなさい。

中学一年生の山東涼万《さんとうりょうま》は、二週間後に合唱コンクールを控えている。クラスメイトの水野早紀は指揮者を担当し、合唱の完成度にも指揮にも不安を抱えていた。ある日の音楽の時間、クラスのまとまりのない状況の中、音楽科の宮下先生が授業途中で教室から抜けてしまう。

宮下先生が音楽室から出て行くと、教室はどっと騒《さわ》がしくなった。

「急な出張って嘘《うそ》じゃね？」

「また、子どもが熱出したんだべ」

男子がわらわらと散り始めた。

育児休業明けの宮下先生は、確かによく休む。これが英語や数学の先生ならば、生徒たちからだけでなく、保護者からもクレームがつきそうなものだが、担任を持っていない上に副教科の音楽教師だからなのか、今のところ波風が立っていない。

「でもさぁ、合唱コン近いのにね。先生からのアドバイスほしかったよね」

「うちらだけで練習なんて、マジかんべん」

女子たちがぶうぶう言っている。雑談の音量が一気に上がった。

そのとき、他の声とは全く異質の、一本の澄《す》みきった声が、教室を通《とお》り抜《ぬ》けた。

「合唱隊形に並んでください」

声が一本なんておかしな表現だが、山東涼万の耳には透明《とうめい》なきらきらした一本の矢が耳を突《つ》っ切っていくように思えた。

教室の後ろでたむろし始めた男子たちに合流しようと歩きかけていた涼万は、声の主の方を思わず振《ふ》り返った。

そこには、教壇に心許《こころもと》なげに立つ①水野早紀《みずのさき》の姿があった。スカスカのブレザーを背負った薄《うす》い背中、膝下《ひざした》の長めのスカートから出ている細い足は、見るからに弱弱しい。

あの子って……、水野って、②あんな声してたんだっけ。

涼万は振り返ったまま、早紀の口もとを注視した。

中学に入学してから、もう半年以上経《た》つというのに、早紀の声を初めて聞い

問一　――線部①とありますが、田村さんが気づいた「フランスのゆたかさ」とはどうすることですか。ふさわしいものを次の中から一つ選び、記号で答えなさい。

ア　服でも家でも車でも、持っているものは何でも新しいものにすること。
イ　気に入った、質のいいものを買って、ながく大切に使うこと。
ウ　将来にそなえて、家族のためにたくさんの貯金を持っていること。
エ　しんせんでおいしい食べ物を、食べきれないほどたくさん買うこと。
オ　自分の気に入ったものを、使いきれないくらいたくさん持つこと。

問二　――線部②とありますが、どういう点が日本人には余裕があるように見えるのですか。説明した次の文に当てはまる言葉を文章の中から抜き出して示しなさい。

フランス人は、時間を、［　七字　］をかせぐことにつかうより、［　十字　］と考えるので、［　十二字　］をしてまで［　二字　］をしない点。

問三　――線部③とありますが、この時の田村さんとふみさんはどのような気持ちでしたか。その理由としてふさわしいものを次の中から一つ選び、記号で答えなさい。

ア　まだ四時間しか仕事をしていないのに、デニスくんは帰ってしまい、ふたりも帰っていいと言われ、わけがわからなくなってしまっている。
イ　デニスくんの仕事を手伝ったのに、彼《かれ》がお礼も言わず、さっさと帰ってしまったことが日本ではありえないことだとあきれてしまっている。
ウ　デニスくんのてぎわのよさを見て、彼はパンを作るのが上手なものすごい職人さんだということがわかり、おどろいている。
エ　いっしょに仕事をしていたデニスくんが、ふたりに次の仕事をあたえないまま帰ってしまったので、何をしていいかわからなくなってしまっている。
オ　帰っていいと言われたが、まだはたらいている人がいるのに帰るのは申し訳なくて、こまってしまっている。

問四　――線部④とありますが、「これは夢か？」と思った理由は何ですか。四十字以内で答えなさい。（句読点も一字に含みます。）

問五　――線部⑤とありますが、「『グラッガー』のパン」や「セルジュさんのパン」がおいしいのは、なにをしているからですか。三十字以内で答えなさい。（句読点も一字に含みます。）

問六　――線部⑥「『ほんもの』のパン」とはどのようなパンだと田村さんは考えていますか。ふさわしくないものを次の中から一つ選び、記号で答えなさい。

ア　やりかたを百年守り続けることができるパン。
イ　毎日パンを食べるお客さんに喜ばれるパン。
ウ　手をかけすぎず、ほどほどにつくれるパン。
エ　お客さんの好みにこたえたチャラチャラしたパン。
オ　パンをつくる職人がしあわせになれるパン。

「グラッガー」は、ウィーンの街の中心地にある、とても繁盛《はんじょう》しているパン屋です。

　フランスののどかな村のパン屋「フーニル・ド・セードル」とはちがい、近くには有名なオペラ座や大聖堂、宮殿《きゅうでん》などがあり、ひっきりなしにお客さんがやってきては、パンをかかえて出ていく、いそがしい都会のパン屋です。

　そのため毎日そうとうな量のパンをつくっています。

　それなのに、昼すぎには仕事をおえて帰る従業員がいるのです。

「④これは夢か？パン屋の仕事がこんなに楽だったら、毎日たのしくてしかたないじゃないか!!」

　昼には仕事がおわってしまうものですから、芸術なんてがらじゃない田村さんも、仕事帰りに、つい美術館めぐりをしてしまったくらいです。

　しかし、その「グラッガー」でも、従業員みんなが五時間労働というわけではなさそうです。というのも、田村さんたちが仕事をおえて帰るとき、まき窯担当のバルタンさんは、まだ仕事をつづけているからです。

　聞いてみると、バルタンさんの仕事は、日によって十時間から十二時間くらいなのだそうです。

「なーんだ、やっぱりオーストリアの人だって長時間労働やってるじゃん」

　そう田村さんがこころのなかで思っていると、

「だから週に三日は休みさ」

　バルタンさんはこともなげに言うのです。

　田村さんは、パンというのは、手をかければかけるほどおいしくなると信じてきました。信じてきたからこそ、すこしでもパンをおいしくしようと、寝る間をおしんで、ていねいなパンづくりをこころがけてきたのです。

　でも、こうしてヨーロッパのパン屋をまわってみると、かならずしもそうとは言いきれないと思うようになってきました。

　じっさい田村さんからすれば、⑤手抜《てぬ》きもいいところの「グラッガー」のパンも、セルジュさんのパンも、田村さんが倍の時間をかけてつくったパンより、ずっとおいしいのですから。

　手にはいる最高の材料をつかっていれば、つくりかたが多少おおざっぱでも、パンはおいしくなるのです。毎日、三食かかさずにパンを食べている、舌のこえた地元のお客さんだって、それでじゅうぶん満足しているのです。

　パンを食べるお客さんがしあわせで、パン屋ではたらく職人もしあわせなら、それ以上なにが必要でしょう？

「そうだ、きっとこれなんだ！これが〈しあわせのレシピ〉なんだ！」

　と、田村さんは思いました。

「たいせつなのは、ほどほどにということ。手をかけすぎてもだめなんだ。ながくつづけられる仕事っていうのは、そういうものなんだ」

　ヨーロッパのパン職人が、かたくなにむかしながらのやりかたを守ってきたのには、ちゃんとわけがある。チャラチャラしたパンじゃない、百年つづくパンをつくるためだったんだ。

　百年つづけられるパンだから、そのパンをつくる職人はしあわせになれるんだ。パン職人がしあわせになれるから、百年たっても、そのパンをつくる人がいる。

　百年つづくパンだから、お客さんも食べたくなる。食べたお客さんがしあわせになれるパンだから百年つづくんだ。

　きっと、それが⑥「ほんもの」のパンなんだ。

　あの日、うっとりするような、こうばしいパンの香りにみちびかれてはじまった、田村さんの「ほんもののパンをめぐる旅」はこうしておわったのです。

※セルジュさん…田村さんたちがフランスで修業させてもらったパン屋の主人。

（『捨てないパン屋の挑戦　しあわせのレシピ』井出留美）

三　次の文章を読んで、あとの問いに答えなさい。

「田村さん」とそのおくさんである「ふみさん」は、パン屋を営んでいますが、なかなかうまくいきません。そこで、自分たちのはたらきかたを見直すために、ふたりでフランスに修業《しゅぎょう》にいくことにしました。

田村さんは、フランスで暮らしてみて気がついたのですが、①フランスのゆたかさというのは、お金をたくさんもっているのとは、すこしちがうようです。

たとえば、フランスの人は、服は質のいいものを買ってながく着ます。家は石づくりなので、建てられてから百年たっても、二百年たっても、改装しながら住むことができます。

気に入ったものだけを買い、ながくたいせつにつかうので、むだがすくなく、お金もせつやくできます。

買いものをするときは、職人のつくったものを選ぶように親から教えられるので、ハムはハム屋で、野菜やくだものは八百屋で、パンはパン屋で買う人がおおいです。

しんせんな食べものは週末のマルシェで買えます。

しかもフランスは農業国ですから、食べものはどれもおいしくて、そのうえ安いのです。

パンひとつとってみても、フランス人は大きなパンを一週間くらいかけてゆっくり食べます。だからフランスの人は、焼きたてのパンより一晩おいたパンのほうが、味も香りも落ち着いておいしいことを知っています。

お金のあるなしではなく、先祖から受け継がれてきた伝統と知恵《ちえ》が、フランスの人の生活をゆたかなものにしているのです。

それにフランスの人は、仕事をするときも、からだをこわすような無理はしません。

フランスの人は家族のためにはたらいているのです。

必要以上のお金をかせごうとはしません。

よけいにはたらく時間があるくらいなら、その時間を家族のためにつかおう、というのがフランス人の考えかたなのです。

②こういうところも、はたらきすぎの日本人からすると、生活に余裕《よゆう》があるように見えるのかもしれません。

日本では、家でも車でも、なんでもあたらしいものがよろこばれますが、古いもののよさが見直されるようになれば、もっとしあわせにくらしていけるのではないでしょうか？

パンだって焼きたてがよろこばれますが、ほんとは一晩おいたパンのほうがおいしいのですから！

はたらきかたでおどろかされたのは、フランスだけではありません。

田村さんとふみさんは、春にはフランスをはなれ、オーストリアの首都ウィーンの名店「グラッガー」で研修させてもらうことにしました。

ふたりは、朝八時から「グラッガー」の工房《こうぼう》で、デニスくんという若いパン職人といっしょにパン生地《きじ》をこねることになりました。

デニスくんの仕事を三人がかりでやったので、用意されていたパン生地は、昼にはすべて成形しおわりました。

するとデニスくんは「じゃあ、また明日」と帰ってしまったのです。

ぽつんと工房に取りのこされた田村さんとふみさんは、なにがおこったのかわからず、思わず顔を見合わせました。

見かねた、まき窯《がま》担当のバルタンさんが、

「今日の仕事はもうおわりさ。だから、ふたりも帰っていいんだよ」

と教えてくれました。

でも、田村さんたちはその日、まだ四時間しか仕事をしていないのです。

言葉を聞きまちがえたのかなと、ふたりとも③キツネにつままれたような顔で立っていると、

「今日はきみたちが手伝ってくれたから、いつもより早くおわったけど、ここでは、朝八時出勤の人は午後二時までなんだよ、昼休みの一時間こみでね」

というのです。

「えっ？パン屋の仕事が一日たったの五時間だけ？」

日本で日に二十時間近くはたらく田村さんとはおおちがいです。

その日がたまたま仕事のすくない日だったというわけでもなく、翌日も、その翌日もおなじように、昼には仕事がおわり、デニスくんは「じゃあ、また！」と帰っていきます。

2023年度 西武台千葉中学校

【国　語】〈第一志望試験〉（五〇分）〈満点：一〇〇点〉

（注意）筆記用具・定規《じょうぎ》以外は机《つくえ》の上に置いてはいけません。

一　次の①～⑩の――線部の漢字はひらがなに、カタカナは漢字に、それぞれ直しなさい。

① この薬は副作用がない。
② 希少価値がある。
③ 均一な値段がつく。
④ 完全燃焼した。
⑤ 模型飛行機をつくる。
⑥ キンカがうめられている。
⑦ ソツギョウまであとわずかだ。
⑧ ガス器具のテンケンをする。
⑨ 多くの人のシジを得る。
⑩ カシを暗記する。

二　次の①～③の各問いに、それぞれあとのア～オの記号で答えなさい。

① ――線部が例文の敬語と同じ種類のものはどれですか。

例　みなさん、たくさんめしあがってください。

ア　あなたにこの本を差し上げます。
イ　先生がいらっしゃいます。
ウ　お話をうけたまわります。
エ　お客様の絵を拝見する。
オ　父が先生に申し上げる。

② 次の中で、慣用句と意味の組み合わせが正しいものはどれですか。

例　あまく見る　…　見くびる

ア　足を洗う…身なりをととのえる。
イ　腕をふるう…相手に暴力をふるう。
ウ　肩を並べる…同じくらいの背たけである。
エ　口を酸っぱくする…注意を何度も繰り返す。
オ　耳が痛い…ほめられてうれしい。

③ 次の慣用表現の使い方として正しいものはどれですか。

「抜け目がない」

ア　彼女はいつも抜け目がなく周りを見て、困っている人を助けてくれる。
イ　抜け目がないように、時間割の確認をしっかりしよう。
ウ　敵の守りがとてもかたく、突破できる抜け目がない。
エ　彼はいつもテストで百点をとれるよう、抜け目がなく勉強している。
オ　ろくに働いていないのにごほうびをもらうなんて、抜け目がない。

2023年度

西武台千葉中学校 ▶解説と解答

算 数 ＜第一志望試験＞（50分）＜満点：100点＞

解 答

1 (1) 36 (2) 90 (3) 62.3 (4) $\frac{3}{28}$ (5) $\frac{169}{180}$ 2 (1) 青 (2) 23通り (3) $\frac{2}{3}\mathrm{m}^2$ (4) 120度 3 (1) 42分後 (2) 6分後 4 (1) $9.42\mathrm{cm}^2$ (2) 2倍 5 (1) 60cm (2) 300個 6 (1) 27通り (2) 36通り 7 (1) 210段 (2) 1分45秒 (3) 168段

解 説

1 四則計算，計算のくふう

(1) $52\div2-10+4\times5=26-10+20=16+20=36$

(2) $12+\{20\times(8-2)\div5+6\times9\}=12+(20\times6\div5+54)=12+(120\div5+54)=12+(24+54)=12+78=90$

(3) $18\times6.23-32\div4\times6.23=18\times6.23-8\times6.23=(18-8)\times6.23=10\times6.23=62.3$

(4) $\frac{1}{4\times5}+\frac{1}{5\times6}+\frac{1}{6\times7}=\left(\frac{1}{4}-\frac{1}{5}\right)+\left(\frac{1}{5}-\frac{1}{6}\right)+\left(\frac{1}{6}-\frac{1}{7}\right)=\frac{1}{4}-\frac{1}{5}+\frac{1}{5}-\frac{1}{6}+\frac{1}{6}-\frac{1}{7}=\frac{1}{4}-\frac{1}{7}=\frac{7}{28}-\frac{4}{28}=\frac{3}{28}$

(5) $\frac{3}{5}\div\frac{4}{7}-\frac{5}{6}\times\frac{2}{15}=\frac{3}{5}\times\frac{7}{4}-\frac{1}{9}=\frac{21}{20}-\frac{1}{9}=\frac{189}{180}-\frac{20}{180}=\frac{169}{180}$

2 周期算，場合の数，単位の計算，角度

(1) 50÷4＝12あまり2より，50番目までには(赤，青，黄，白)の4色のカードが12回くり返され，さらに2色のカードが並ぶから，50番目のカードの色は，2番目のカードの色と同じ青とわかる。

(2) 金額の支払い方は10円から，$100\times2+50\times3+10\times2=370$(円)まであり，右の表より，$6\times3+5=23$(通り)ある。

表

10円	110円	210円	310円
20円	120円	220円	320円
50円	150円	250円	350円
60円	160円	260円	360円
70円	170円	270円	370円
100円	200円	300円	

(3) このペンキ1Lでぬることができるかべの面積は，$2\frac{2}{9}\div3\frac{1}{3}=\frac{2}{3}(\mathrm{m}^2)$である。

(4) Ⓐの角を1とすると，Ⓑの角は$\frac{2}{3}$，Ⓒの角は，$\frac{2}{3}\times\frac{5}{4}=\frac{5}{6}$，Ⓓの角は1と24度になる。Ⓐの角の，$1+\frac{2}{3}+\frac{5}{6}+1=\frac{7}{2}$が，360−24＝336(度)にあたるので，Ⓐの角は，$336\div\frac{7}{2}=96$(度)とわかる。よって，Ⓓの角は，96＋24＝120(度)と求められる。

3 旅人算

(1) 2人が同じ方向に歩くとき，AさんがBさんに追いつくのは，AさんがBさんより1周(840m)多く歩いたときである。また，2人が1分間に歩く道のりの差は，80−60＝20(m)である。よって，AさんがBさんに追いつくのは，840÷20＝42(分後)になる。

(2) 2人が反対の方向に歩くとき，2人がはじめて出会うのは，2人合わせて1周(840m)歩いたときである。また，2人が1分間に歩く道のりの和は，80＋60＝140(m)である。よって，2人がはじめて出会うのは，840÷140＝6（分後）となる。

4 面積，割合

⑴ AC，AB，BC を直径とする半円の半径はそれぞれ，（4＋2）÷2＝3（cm），4÷2＝2（cm），2÷2＝1（cm）である。㋐の部分の面積は，AC を直径とする半円の面積から AB を直径とする半円の面積をひいて，BC を直径とする半円の面積を加えると求められるので，$3\times3\times3.14\times\frac{1}{2}-2\times2\times3.14\times\frac{1}{2}+1\times1\times3.14\times\frac{1}{2}=(9-4+1)\times3.14\times\frac{1}{2}=3\times3.14=9.42(\mathrm{cm}^2)$ となる。

⑵ ㋑の部分の面積は，AC を直径とする円の面積から，㋐の部分の面積をひけばよい。AC を直径とする円の面積は，$3\times3\times3.14=9\times3.14(\mathrm{cm}^2)$ だから，㋑の部分の面積は，$9\times3.14-3\times3.14=(9-3)\times3.14=6\times3.14(\mathrm{cm}^2)$ である。よって，㋑の部分は，㋐の部分の面積の，$(6\times3.14)\div(3\times3.14)=2$（倍）とわかる。

5 数の性質

⑴ 10と6と12の最小公倍数は，右の計算より，2×3×5×2＝60となるので，この立方体の1辺の長さは60cmとなる。

```
2) 10  6  12
3)  5  3   6
    5  1   2
```

⑵ ⑴の立方体にするには，ブロックは，（60÷10）×（60÷6）×（60÷12）＝6×10×5＝300（個）必要になる。

6 場合の数

⑴ 得点が2になるのは，（1回目，2回目，3回目）＝（2，奇数《きすう》，奇数），（奇数，2，奇数），（奇数，奇数，2）の組み合わせがある。また，奇数は1，3，5の3通りあるから，（2，奇数，奇数）の組み合わせは，1×3×3＝9（通り）ある。同様に，（奇数，2，奇数）も（奇数，奇数，2）もそれぞれ9通りの組み合わせがあるので，全部で，9×3＝27（通り）ある。

⑵ 得点が4になるのは，（2，2，奇数），（2，奇数，2），（奇数，2，2），（4，奇数，奇数），（奇数，4，奇数），（奇数，奇数，4）の組み合わせがある。（2，2，奇数），（2，奇数，2），（奇数，2，2）の組み合わせはそれぞれ，1×1×3＝3（通り）あるから，合わせて，3×3＝9（通り）ある。また，（4，奇数，奇数），（奇数，4，奇数），（奇数，奇数，4）の組み合わせは，⑴と同様に，27通りある。よって，全部で，9＋27＝36（通り）ある。

7 速さ

⑴ 1分10秒は，60＋10＝70（秒）より，この石段は全部で，3×70＝210（段）ある。

⑵ 210÷2＝105（秒）より，105÷60＝1あまり45，つまり，1分45秒とわかる。

⑶ 2人が出会うまでに，石段の往復分の，210×2＝420（段）進む。2人は1秒間に，3＋2＝5（段）ずつ進むから，2人が出会うまでにかかる時間は，420÷5＝84（秒）となる。よって，2人が出会うのは，B君がのぼりはじめてから，2×84＝168（段目）と求められる。

社　会 ＜第一志望試験＞（30分）＜満点：50点＞

解　答

1 ① 四国地方　② 近畿地方　③ 東北地方　④ 中部地方　⑤ 九州地方

2 ① 山形市　② 富山市　③ 和歌山市　④ 岡山市　⑤ 山口市　⑥ 松山

市　3 ① 柚　② 3月3日　③ 第2週　④ キリスト教　4 ① 関ヶ原の戦い　② 牛　③ 元(中国)　④ 源氏　5 ① ウ　② ア　③ イ　④ オ　6 ① ア　② ウ　③ イ　④ エ　7 ① 文部科学省　② 財務省　③ 総務省　④ 厚生労働省　⑤ 法務省　⑥ 防衛省

解　説

1 各地方の特色に関する問題

① 4つの県で成り立っているのは，四国地方。四国地方には，昔，阿波《あわ》と呼ばれた徳島県，讃岐《さぬき》と呼ばれた香川県，伊予《いよ》と呼ばれた愛媛県，土佐《とさ》と呼ばれた高知県が属している。

② 日本の2つの府は，近畿地方の大阪府と京都府。京都府には平安京が置かれ，1000年以上日本の都であった。また，日本最大の湖は，滋賀県の琵琶湖《びわこ》である。

③ 奥羽《おうう》山脈は，東北地方の中央部にある，日本で最も長い山脈。東北地方には，青森県・岩手県・秋田県・宮城県・山形県・福島県の6つの県が属している。

④ 中部地方の，日本海に面する新潟県・富山県・石川県・福井県を，まとめて北陸地方という。また，太平洋側の愛知県・静岡県と，愛知県とつながりの深い岐阜県の一部を，まとめて東海地方という。

⑤ 琉球《りゅうきゅう》とは沖縄の昔の呼び名で，沖縄県が属する九州地方には，福岡県・佐賀県・長崎県・大分県・熊本県・宮崎県・鹿児島県・沖縄県の8つの県がある。

2 「山」の字がついた都道府県庁所在地に関する問題

日本に「山」の字がついた都道府県は6つ(山形県・富山県・山梨県・岡山県・山口県・和歌山県)あり，このうち山梨県の県庁所在地は甲府《こうふ》市で，「山」の字はついていない。いっぽう，愛媛県松山市は県庁所在地名に「山」がついており，「山」の字がついた県庁所在地は，山形市・富山市・岡山市・山口市・和歌山市・松山市(愛媛県)の7つである。

① これらの県の中で，稲作《いなさく》と果物栽培がさかんな県は山形県(解答は山形市)。「つや姫」や「はえぬき」は山形県を代表するブランド米で，またサクランボの生産量は，長い間全国1位である。

② これらの県の中で，岐阜県と接している県は富山県(解答は富山市)。富山県の「五箇山《ごかやま》」と，岐阜県の「白川郷《しらかわごう》」に残されている「合掌造《がっしょうづくり》集落」は，ユネスコの世界文化遺産に登録されている。

③ これらの県の中で，紀伊半島にあり，ミカンや梅の栽培がさかんな県は和歌山県(解答は和歌山市)。和歌山県の「高野山《こうやさん》」や「熊野古道《くまのこどう》」は，「紀伊山地の霊場《れいじょう》と参詣道《さんけいみち》」の一部として，ユネスコの世界文化遺産に登録されている。

④ 瀬戸大橋《せとおおはし》は，岡山県と香川県を結んでおり，山陽新幹線が通っているのは岡山県(解答は岡山市)。

⑤ 江戸《えど》時代，長州藩《ちょうしゅうはん》が置かれ，本州最西端に位置する県は山口県(解答は山口市)。

⑥ 広島県と「瀬戸内しまなみ海道」で結ばれているのは愛媛県(解答は松山市)。夏目漱石《なつめそうせき》の「坊《ぼ》っちゃん」の舞台にもなった道後《どうご》温泉は，「日本書紀」にも登場し，日本最古の温泉の1つともいわれている。

3 伝統行事・年中行事に関する問題

① 冬至には，柚《ゆず》の実を浮かべた柚湯に入る風習がある。冬が旬《しゅん》の柚は香りが強く，柚の香りで

体を清め，邪気《じゃき》を追い払ってくれると考えられている。

② 節句《せっく》とは，中国から伝わった季節の変わり目の年中行事が，日本風に変化したもので，桃《もも》の節句とは3月3日のひな祭りのことである。桃には魔除《まよ》けの効果があると考えられていたことから，3月の頃に咲く桃の花を使って，女の子の健やかな成長を願うひな祭りが生まれた。

③ アメリカで始まったといわれている母の日は，5月の第2週の日曜日で，子供が母親に，日頃の感謝の気持ちを込めて，プレゼントやメッセージを贈《おく》る日。

④ 12月25日のクリスマスは，イエス＝キリストが生まれたことを祝う日で，キリスト教に由来する行事である。

4 各時代の出来事の絵を用いた問題

① 徳川家康《とくがわいえやす》は，天下分け目の戦いといわれる関ヶ原《せきがはら》の戦い(1600年)に勝利し，政治の実権を手に入れた。その後，1603年に征夷大将軍《せいいたいしょうぐん》に任命され，江戸幕府を開いた。

② 平安《へいあん》時代の貴族たちは外出する時に，牛に車を引かせた牛車《ぎっしゃ》に乗っていた。牛に車を引かせたのは，中国では身分の高い人が牛車に乗る風習があり，それが日本に伝わったからだと考えられている。

③ 鎌倉《かまくら》時代には，文永《ぶんえい》の役《えき》(1274年)，弘安《こうあん》の役(1281年)の二度，元《げん》の軍隊が日本を攻《せ》めてきた。この絵は，肥後《ひご》国(熊本県)御家人《ごけにん》の竹崎季長《たけざきすえなが》が，文永の役で元の兵士たちと戦う様子をえがいたものである。

④ 壇ノ浦《だんのうら》の戦い(1185年)では，源義経《みなもとのよしつね》が指揮する源氏《げんじ》と，平知盛《たいらのとももり》が指揮する平氏《へいし》が戦い，源氏が勝利し，敗れた平氏は滅亡《めつぼう》した。

5 紙幣《しへい》の肖像《しょうぞう》についての問題

① 岩倉具視《いわくらともみ》の肖像画はウ。公家《くげ》出身の岩倉具視は，王政復古を成功させ，明治《めいじ》政府では右大臣《うだいじん》などを務め，1871年から遣欧米《けんおうべい》使節団の全権大使として，欧米を視察した。

② 伊藤博文《いとうひろぶみ》の肖像画はア。長州藩出身の伊藤博文は，内閣制度の創設や，大日本帝国憲法《ていこくけんぽう》の制定に指導的役割を果たし，初代内閣総理大臣《ないかくそうりだいじん》を務めた。

③ 板垣退助《いたがきたいすけ》の肖像画はイ。土佐藩出身の板垣退助は，征韓論《せいかんろん》に敗れて政府を辞めた後，民選議院設立建白書《けんぱくしょ》を政府に提出し，自由民権運動の口火を切った人物。

④ 野口英世《のぐちひでよ》の肖像画はオ。福島県出身の野口英世は，アメリカに渡ってから，様々な伝染病の研究で業績を上げたが，黄熱病《おうねつびょう》の研究中に病原菌《きん》に感染し，死亡した。なお，エの肖像画は，明治時代に「坊っちゃん」などの小説を書いた夏目漱石。

6 社会におけるさまざまな仕事に関する問題

① 新型コロナ感染の疑いのある症状《しょうじょう》が出たら，まず病院で診察《しんさつ》を受け，新型コロナに感染している場合は保健所に届け出る必要がある(2023年2月時点)。そして症状が重い場合は，消防署へ救急車の出動を要請《ようせい》する場合もあり得る。これに対し，アの警察署はコロナ感染時に直接関係がない。

② 旅行に行く時は，JRなどの交通機関やホテルなどの宿泊施設《しゅくはくしせつ》を利用する。そして，これらの予約を旅行会社で行うこともあり得る。これに対してウの市役所は，旅行と直接関係がない。

③ 引《ひ》っ越《こ》しをする時には，荷物を運送業者に運んでもらうことが多い。また引っ越しをすると，住民票の移転などの届け出を市役所に行う必要があり，水道を使うために，水道局で引っ越しの手続きを行うことが必要である。しかし，イのバス会社は，引っ越しには直接関係がない。

④　ビルを建設する時に，土地を取得したり，入居者を募集するために不動産会社が必要である。また，建物を造る建設会社や，建物の土台などを造る土木会社も必要である。しかし，エの学校はビルの建設に直接関係がない。

7　国の役所に関する問題

①　教育や科学に関する仕事は，文部科学省《もんぶかがくしょう》が行う。文部科学省は，教育・科学技術・スポーツ・文化の４つの分野を担当する国の役所である。

②　国の財政や税金に関する仕事は，財務省が行う。財務省は国のお金をあつかう役所で，予算や税金などの管理が主な仕事となる。

③　地方自治や消防などに関する仕事は，総務省が行う。総務省は，地方自治・消防・統計・情報通信などを担当する国の役所である。

④　医療や労働問題，社会福祉《ふくし》などに関する仕事は，厚生労働省が行う。厚生労働省は，社会保険・社会福祉などの社会保障や，働く環境《かんきょう》の整備などが主な仕事。

⑤　法律の整備や出入国の管理などに関する仕事は，法務省が行う。法務省は，社会の基本的なきまりである法律を整備したり，刑務所《けいむしょ》を運営することなどを担当する国の役所である。

⑥　自衛隊《じえいたい》に関する仕事は，防衛省《ぼうえいしょう》が行う。防衛省は日本の独立と安全を守ることを任務としており，現在約23万人の自衛隊を管理・運営している。

理　科　＜第一志望試験＞（30分）＜満点：50点＞

解　答

1　**問１**　1 cm　**問２**　右の図　**問３**　3.5cm　**問４**　100 g　**問５**　ア

2　**問１**　①　イ　②　カ　③　エ　④　オ　**問２**　蒸発　**問３**　ふっとう　**問４**　水蒸気

3　**問１**　血液　**問２**　**ア**　肺　**イ**　肝臓　**ウ**　小腸　**エ**　腎臓　**問３**　①　C　②　D　③　E　**問４**　酸素

4　**問１**　①　よい　②　あたらない　③　m　**問２**　**記号**　A　**理由**（例）気温があまり変化していないため。　**問３**　23℃　**問４**　**A**　ウ　**B**　オ　**問５**　**記号**　イ　**正しい答え**　地面

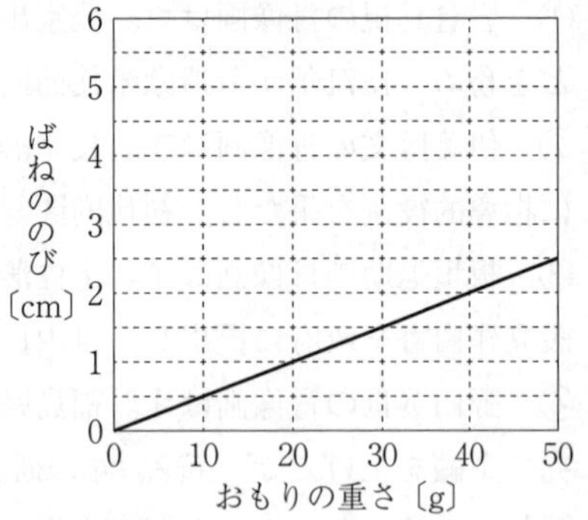

解　説

1　ばねについての問題

問１　表より，おもりの重さが０ｇのときのばねの長さは３cmで，おもりの重さが20ｇのときのばねの長さは４cmだから，20ｇのおもりをつるしたときのばねののびは，４－３＝１(cm)である。

問２　ばねにつるしたおもりの重さが０ｇ，10ｇ，20ｇ，30ｇ，40ｇ，50ｇのときのそれぞれのばねののびを考えると，おもりの重さが０ｇのときのばねののびは，３－３＝０(cm)，おもりの重さが10ｇのときのばねののびは，3.5－３＝0.5(cm)，おもりの重さが20ｇのときのばねののびは１cm,

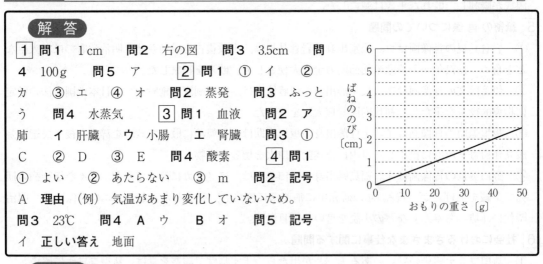

おもりの重さが30gのときのばねののびは，4.5－3＝1.5(cm)，おもりの重さが40gのときのばねののびは，5－3＝2(cm)，おもりの重さが50gのときのばねののびは，5.5－3＝2.5(cm)とわかる。したがって，これらの点をグラフ上にとり，直線で結べばよい。

問3　このばねにおもりをつるしたとき，おもりの重さ10gあたりばねは0.5cmのびることがわかる。よって，このばねに70gのおもりをつるしたときのばねののびは，$0.5\times\frac{70}{10}=3.5$(cm)となる。

問4　ばねの長さが8cmになるときのばねののびは，8－3＝5(cm)である。このばねはおもりの重さ10gあたり0.5cmのびるから，ばねの長さを8cmにするためには，$10\times\frac{5}{0.5}=100$(g)のおもりをばねにつるせばよい。

問5　図2の装置のように並列につないだ2本のばねに20gのおもりをつるすと，ばね1本あたりにかかるおもりの重さは，20÷2＝10(g)になる。よって，ばねにかかるおもりの重さは小さくなるので，ばねののびは小さくなる。

2 物質の状態変化についての問題

問1　①　ドライアイスは二酸化炭素を固体にしたもので，とけても液体にならず，気体の二酸化炭素になる。　②　霜柱《しもばしら》は，地中の水分がこおることでできる。よって，液体の水から固体の氷に変化したといえる。　③　ペットボトルの外側についた水は，空気中にある気体の水蒸気がペットボトルの中の冷たい飲み物に冷やされ，液体の水になったものである。　④　飲み物の中にあった氷がなくなるのは，固体の氷がとけて液体の水に変化したためである。

問2　ぬれた洗たく物をほしておくと乾《かわ》くのは，水が蒸発するためである。蒸発とは，液体が表面から気体に変化する現象のことをいう。

問3　液体が表面からだけでなく内部から激しく気体に変化することをふっとうという。ふつう，水がふっとうする温度は100℃で，ふっとうしている間は水の内部からたくさんのあわが出る。

問4　水がふっとうしているときは，液体の水が気体の水蒸気へと変化し，あわとなってでていく。

3 ヒトの臓器や血液についての問題

問1　心臓は筋肉でできており，縮んだりひろがったりすることで，全身へ血液を送り出すポンプのようなはたらきをしている。

問2　アの肺やイの肝臓《かんぞう》，ウの小腸，エの腎臓《じんぞう》は表のようなはたらきや特徴《とくちょう》をもつ。

問3　①　小腸で吸収された養分は，Cの血管を通って肝臓へ送られる。したがって，食後に最も多く養分がある血液が通る血管はCと考えられる。　②　腎臓は血液中の不要物を取り除くはたらきをするので，二酸化炭素以外の不要物が最も少ない血液が通る血管はDとわかる。　③　腎臓は血液中の不要物を取り除くはたらきをするので，腎臓を通過していないEの血管で不要物が最も多くなると考えられる。

問4　マラソンなど激しい運動をしたあとには，多くのエネルギーが必要になるため，走る前よりも多くの養分や酸素が体の各部で必要になる。

4 気温についての問題

問1　気温を測るときは，直射日光や地温などの影響をさけるため，直射日光があたらない風通しのよい場所で，地面から1.2～1.5mくらいの高さで測るとよい。

問2　空を雲がおおっていると，太陽の熱が地面へとどきにくいため，気温は上がりにくい。いっぽうで，地面からの熱は雲にさえぎられて逃げにくくなるので，気温は下がりにくい。以上のことから，天気が悪い日の気温の変化は，天気がよい日の気温の変化とくらべて小さくなりやすい。

問3　気温が最も高くなるのは午後２時で約36℃，気温が最も低くなるのは午前７時で約13℃だから，気温が最も高いときと低いときの差は，およそ，36−13＝23(℃)となる。

問4　最高気温が35℃以上の日を猛暑《もうしょ》日，30℃以上の日を真夏日，25℃以上の日を夏日という。Aのグラフと Bのグラフで気温が最も高くなるのはいずれも午後２時で，このときのAのグラフの気温は25℃，Bのグラフの気温は35℃以上になっているから，Aのグラフの日は夏日，Bのグラフの日は猛暑日となる。なお，最低気温が０℃未満の日を冬日，最高気温が０℃未満の日を真冬日という。

問5　気温は，日光がまず地面を温め，温められた地面の熱が空気へ伝わることで上昇する。

英語　＜第一志望試験＞（30分）＜満点：50点＞

解答

[1] **1** ウ　**2** ウ　**3** ア　[2] **1** ウ　**2** ア　[3] **1** エ　**2** ウ　**3** ア　**4** エ　**5** イ　**6** ア　**7** エ　**8** ウ　**9** ウ　**10** ア　**11** エ　**12** ウ　**13** エ　**14** ア　**15** イ　[4] **1** エ　**2** ア　**3** ア　**4** イ　**5** ウ　[5] **1** What month is it now?　**2** Don't touch the video camera, Ken.　**3** Which bike is yours, this one or that one?　**4** What is your mother doing in the kitchen?　**5** How is the weather today?

国語　＜第一志望試験＞（50分）＜満点：100点＞

解答

[一] ①　ふくさよう　②　きしょう　③　きんいつ　④　ねんしょう　⑤　もけい　⑥〜⑩　下記を参照のこと。　[二] ①　イ　②　エ　③　オ　[三] **問1**　イ　**問2**　(順に)必要以上のお金／家族のためにつかおう／からだをこわすような無理／仕事　**問3**　ア　**問4**　(例)　いそがしい都会のパン屋なのに，昼すぎには仕事をおえて帰る従業員がいるから。　**問5**　(例)　手に入る最高の材料をつかってパンをつくっているから。　**問6**　エ　**問7**　ウ・カ　[四] **問1**　おとなしくて口数の少ない子　**問2**　透明なきらきらした一本の矢　**問3**　エ　**問4**　(順に)早紀のこと／みんな並べよ／ふりかえることができない　**問5**　ア・オ　**問6**　(例)　井川音心と水野早紀の息が合っていること。　**問7**　ウ

●漢字の書き取り

[一] ⑥　金貨　⑦　卒業　⑧　点検　⑨　支持　⑩　歌詞

解説

[一] 漢字の読みと書き取り

①　薬の良い作用とは別の体に起こる悪い作用。　②　めずらしいこと。　③　どれも同じであること。　④　燃えたり焼けたりすること。　⑤　実物の形になぞらえて作ったもの。

⑥　金を主な成分として作られたおかね。　⑦　学校の全ての課程を学び終えること。　⑧　不具合や不良なところがないか，一か所ずつ検査すること。　⑨　賛成し，あと押しすること。　⑩　曲につけて歌う言葉。

二　敬語の知識，慣用句とその意味，慣用表現の使い方

①　例文の「めしあがる」は「食べる」の「尊敬語」なので，「行く・来る・いる」の「尊敬語」であるイ「いらっしゃる」が，同じ種類の言葉である。ア，ウ，エ，オは，いずれも「謙譲《けんじょう》語」である。

②　ア「足を洗う」は，悪い世界からぬけ出すこと，イ「腕《うで》をふるう」は，力を発揮すること，ウ「肩《かた》を並べる」は，同じくらいの力を持つこと，エ「口を酸《す》っぱくする」は，何度も注意すること，オ「耳が痛い」は，欠点を指摘《してき》されて，聞くのがつらいこと，といった意味である。

③「抜《ぬ》け目がない」は，自分の利益をのがさないこと，という意味。

三　出典は井出留美《いでるみ》『捨てないパン屋の挑戦《ちょうせん》　しあわせのレシピ』による。フランスとオーストリアのパン屋で修業をする田村さんの体験から，ヨーロッパの人たちの働き方と豊かさについて述べられた文章。

問1　フランスの人は，「服は質のいいものを買ってながく着」て「気に入ったものだけを買い，ながくたいせつにつかう」ので，むだが少なく，お金もせつやくできるのである。

問2　「こういうところ」について，ぼう線部②の前で説明されている。フランスの人は，「仕事をするときも，からだをこわすような無理」をせず，家族のためにはたらき，「必要以上のお金をかせごうと」することなく，「よけいにはたらく時間があるくらいなら，その時間を家族のためにつかおう」という考え方を持っているので，日本人には「生活に余裕《よゆう》がある」ように見えるのである。

問3　「キツネにつままれた」とは，何が起きたのかわからず，ぼんやりしてしまうこと。ここでは，まだ四時間しか働いていないのに，「帰っていい」と言われて，どういうことかわからずとまどったということを指している。

問4　「これ」が指し示すのは，「毎日そうとうな量のパンをつくってい」る「いそがしい都会のパン屋」なのに，「昼すぎには仕事をおえて帰る従業員がいる」ことである。

問5　ぼう線部⑤の直後に，「手にはいる最高の材料をつかっていれば，つくりかたが多少おおざっぱでも，パンはおいしくなる」とある。

問6　ぼう線部⑥の前をさかのぼると，「ほんもの」のパンは，「チャラチャラしたパンじゃない」と書かれている。

問7　ぼう線部②の次の段落で，「古いもののよさが見直されるようになれば，もっとしあわせにくらしていけるのではないでしょうか？」と述べられているので，ウが正しい。また，ヨーロッパの職人が「むかしながらのやりかたを守ってきた」のは，「百年つづくパン」をつくるためだとあるので，カが正しい。アは「スーパーマーケットがない」，イは「おいしくなるようにレシピが考えられている」，エは「若者は５時間以上働いてはいけない」，オは「不平等である」，キは「美術にふれる時間をつくるために」が，誤りである。また，クの内容は課題文にないため不適である。

四　出典は佐藤《さとう》いつ子《こ》『ソノリティ　はじまりのうた』による。中学一年生の山東《さんとう》涼《りょう》万《ま》が，合唱コンクールを控えた音楽の自習時間の教室で，クラスメイトの思いがけない一面に気づいたり，自分自身の変化に気づいたりする場面が描《えが》かれている。

問１　水野早紀《みずのさき》は「おとなしくて口数の少ない子」なので，涼万は，中学に入学してから半年以上経《た》つのに，「早紀の声を初めて聞いたような気がした」とある。

問２　「合唱隊形に並んでください」という早紀の声を聞いた涼万は，「透明《とうめい》なきらきらした一本の矢」が耳を突《つ》っ切っていくように感じている。

問３　合唱コンクールが近いのに，先生が「急な出張」を理由に教室を出たあと，女子たちは「うちらだけで練習なんて，マジかんべん」と不満を口にしているので，エがふさわしい。アは，「声が弱弱しく，よく聞こえなかった」，イは，「声に聞きほれ，ぼんやりとしてしまった」，オは，「山東涼万が声をかけるのを女子が待っている」が，それぞれ課題文にない内容のため不適。ウは，「不安」が原因でぼう線部③のような態度をとっているとは読み取れないため不適である。

問４　涼万は，「早紀のこと」が無性《むしょう》に気になったが，自分は「みんな並べよ」と言って，困っている早紀を助けるようなキャラではないとわかっていたので，どうしても「ふりかえることができない」のである。

問５　「水野って，あんな声してたんだっけ」と思って以降，涼万は「早紀のことが無性に気になっ」ており，早紀に注視している様子が描かれていることから，アとオがふさわしい。イは，「またピアノの演奏を聴《き》けることを喜んだ」，ウは，「涼万も歌いたくなった」，エは，「怒《おこ》られるのを防ぐことができた」，カは，「岳《がく》も自分と同じ気持ちで嬉《うれ》しかった」，キは，「涼万もやる気が出てきていた」が，それぞれ課題文にない内容のため不適。

問６　ぼう線部⑥の前に「だから息が合ってるんだな」とある。涼万は，水野と井川の息が合っている理由を，「同じ部活仲間だから」だと，納得しようとしているのである。

問７　早紀のことが無性に気になるという自分の感情にとまどったり，喉《のど》の調子がおかしいことを「『声変わり』の前兆」ではないかと考えたりしていることから，ウがふさわしい。

2023 年度 西武台千葉中学校

◆注意事項◆　筆記用具・定規《じょうぎ》・コンパス以外は机《つくえ》の上に置いてはいけません。

【算　数】〈第１回試験〉（50分）〈満点：100点〉

1　次の計算をしなさい。

①　$12\div\{7-8\div(13-11)\}$

②　$31+32+33+67+68+69$

③　$2\times2\times3.14+2\times3\times3.14-2\times4\times3.14$

④　$\frac{1}{2}-\frac{1}{3}\times\frac{1}{4}+\frac{1}{5}\times\frac{1}{6}$

⑤　$7\times\left(1\frac{4}{5}-0.2\right)+4.8$

2　次の各問いに答えなさい。

①　2,000 円で仕入れた品物に，２割５分増しの定価をつけました。
定価はいくらになりますか。

②　２をたすと，３でも４でも５でも割り切れる２けたの整数を求めなさい。

③　あきらくんの今までの算数のテストの平均点は 67 点です。次のテストで 100 点をとると平均点が 70 点になります。このとき，次のテストは何回目になりますか。

④　５つの異なる整数Ａ，Ｂ，Ｃ，Ｄ，Ｅがあります。５つの数はＡがいちばん大きい整数で，Ｂ，Ｃ，Ｄ，Ｅの順に小さくなり，Ｅがいちばん小さい整数です。この５つの整数の中には１つだけ奇数があります。ＡとＣの和は18，ＢとＤの差は４，ＣとＥの和は７になります。このとき，奇数はどれですか。

3　ある整数 a，b について，$a*b$ を a から b までの整数の和とします。
例えば，$3*7 = 3+4+5+6+7 = 25$ です。このとき、次の問いに答えなさい。
ただし，求め方や考え方も記入すること。

①　$8*16$ はいくつになりますか。

②　$2*(1*7)$ はいくつになりますか。

4　次の図のように直角三角形ABCを，Ｂを中心として辺ABが直線Ｌと重なるように１回、反時計回りに回転させます。このとき，辺ACが通過する部分の面積を求めたい。次の問いに答えなさい。ただし，求め方や考え方も記入すること。

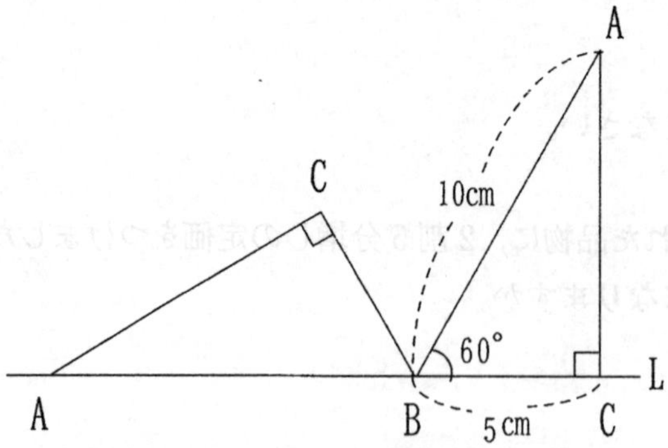

①　点A，点Cが通過する線を，それぞれコンパスを利用して書きなさい。

②　辺ACが通過する部分の面積を求めなさい。
ただし，円周率を3.14とし，計算式も記入すること。

5 図１のように、半径10 cm 、高さ30 cm の円柱の容器に水をちょうど、$\frac{4}{5}$ の高さまで入れました。
このとき、次の問いに答えなさい。（円周率は3.14とする）
ただし，求め方や考え方も記入すること。

図１

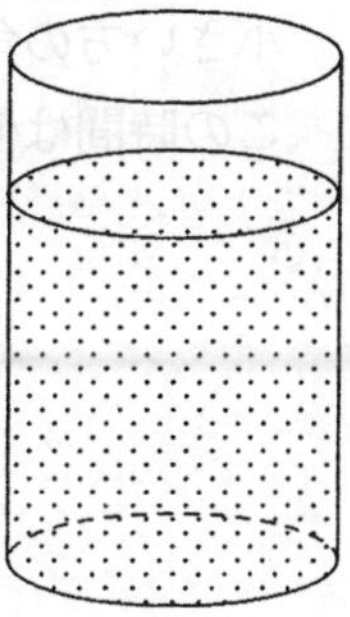

① 容器に入れた水の体積を求めなさい。

② 図１の容器の片側の底面に、底面の大きさが等しい円すいを取り付けました。
この容器に、①で求めた同じ量の水を入れたら、容器一杯にちょうど水が入りました。この取り付けた円すいの高さを求めなさい。

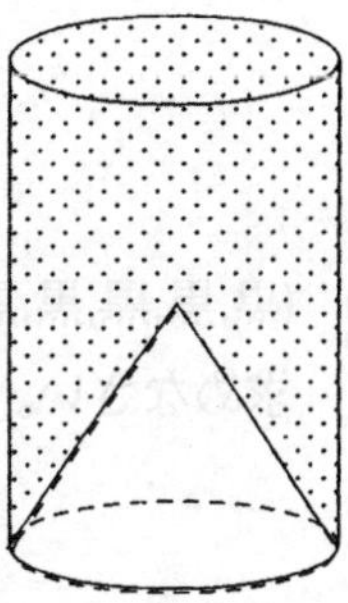

6 右の図のように、時計の針が４時40分をさしている、アナログな時計があります。
このとき、次の問いに答えなさい。
ただし，求め方や考え方も記入すること。

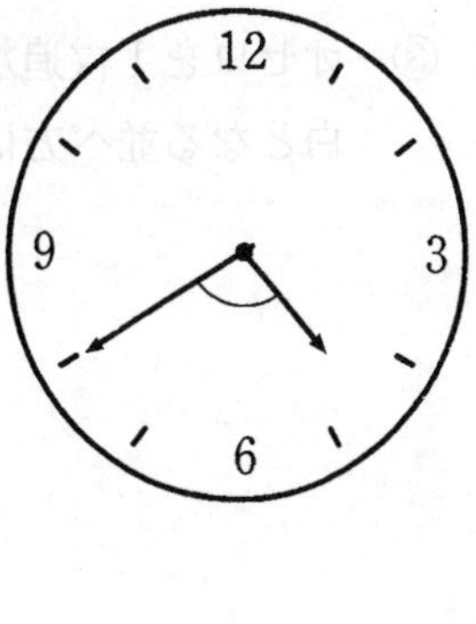

① 長針と短針の間の角度のうち、小さい方の角度を求めなさい。

②　３時から４時の１時間の間に、長針と短針の間の角度で、小さい方の角度がちょうど20°となる時間があります。この時間は何時何分か求めなさい。

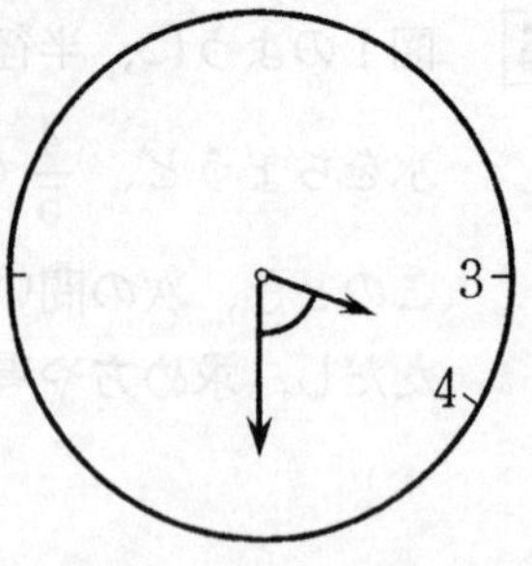

7　５枚のオセロ(表裏が白黒の円形の駒)を横一列に並べるとき、次の問いに答えなさい。ただし，求め方や考えも記入すること。

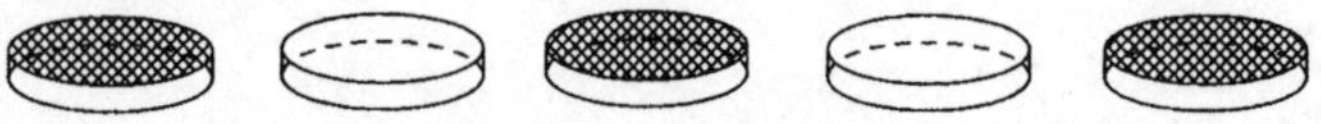

①　(黒,黒,黒,黒,黒)や(白,黒,白,黒,白)など５枚のオセロの並べ方は全部で何通りあるか、求めなさい。

②　オセロを５枚並べるとき、連続して３枚以上が白となる並べ方は全部で何通りあるか、求めなさい。

③　オセロを１枚追加して、６枚のオセロを横一列に並べるとき、連続して３枚以上が、白となる並べ方は全部で何通りあるか、求めなさい。

【社　会】〈第１回試験〉（30分）〈満点：50点〉

1　次の地図は、近畿地方の地図です。地図をもとに①～④の設問に答えなさい。

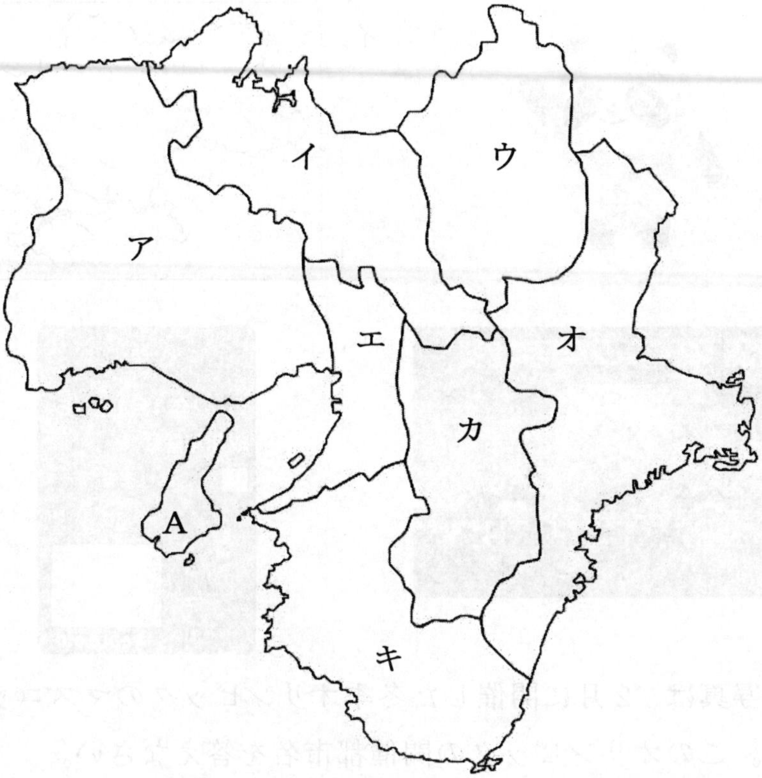

①　日本最大の湖である琵琶湖がある府県をア～キの中から選び記号と府県名を答えなさい。

②　Aの島は淡路島です。この島が所属する府県をア～キの中から選び記号と府県名を答えなさい。

③　伊勢神宮がある府県をア～キの中から選び記号と府県名を答えなさい。

④　2025年に万博が開かれる予定の府県をア～キの中から選び記号と府県名を答えなさい。

2 次の写真は、２０２２年世界でおきた出来事です。写真をもとに下記に書かれた①～④の設問に答えなさい。

ア．

イ．

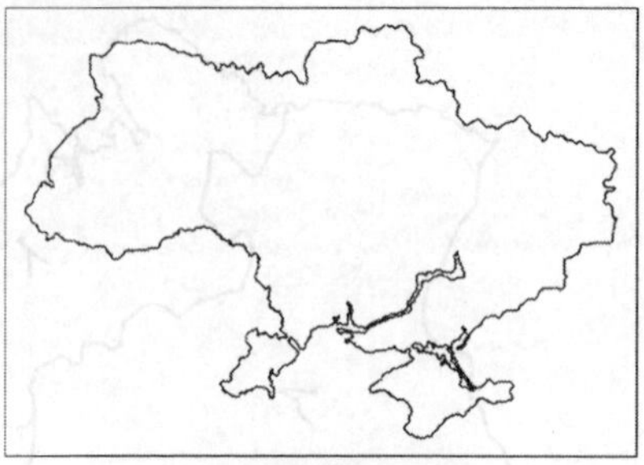

ウ．

エ．

① アの写真は、２月に開催した冬季オリンピックのマスコット写真です。このオリンピックの開催都市名を答えなさい。

② イの白地図は、２月突然隣国に侵略されたヨーロッパの国です。現在も多くの一般市民に戦争被害が続いています。この地図が示している国名を答えなさい。

③ ウの写真は、５月に開催された沖縄復帰記念式典の様子です。今回の式典は、節目の年に当たりました。沖縄復帰から何年目か答えなさい。

④ エの写真は、４月１日より成人年齢が変更されたことを示しています。何歳に変わったか答えなさい。

3 次の表は、ある作物の都道府県別生産量ランキングです。表に示されている解説をもとに①～④の作物名を答えなさい。

①

順位	都道府県名	年間生産量(トン)
1	鹿児島県	118,400
2	静岡県	112,600
3	三重県	24,000
4	宮崎県	14,600
5	京都府	11,200
6	福岡県	8,300
7	奈良県	6,190
8	熊本県	5,400
9	佐賀県	5,140
10	愛知県	3,630

参照：農林水産省統計

長く静岡県が１位でした。京都府の宇治、福岡県の八女、埼玉県の狭山などが有名な産地です。

②

順位	都道府県名	年間生産量(トン)
1	新潟県	666,800
2	北海道	594,400
3	秋田県	527,400
4	山形県	402,400
5	宮城県	377,000
6	福島県	367,000
7	茨城県	360,000
8	栃木県	318,500
9	千葉県	297,500
10	青森県	283,900

参照：農林水産省統計

ある穀物のランキングです。寒い地域で生産された作物が人々に好まれ、東北地方の県が上位を占めています。

③

順位	都道府県名	年間生産量(トン)
1	栃木県	22,700
2	福岡県	16,400
3	熊本県	12,200
4	長崎県	10,500
5	静岡県	10,400
6	愛知県	10,400
7	茨城県	8,790
8	佐賀県	7,560
9	千葉県	6,320
10	宮城県	4,640

参照：農林水産省統計

冬から春にかけてハウス栽培されている赤い果物です。最近は、白い品種もつくられ、高級な果物になりつつあります。

④

順位	都道府県名	年間生産量(トン)
1	北海道	886,200
2	佐賀県	124,600
3	兵庫県	98,500
4	長崎県	32,800
5	愛知県	27,600
6	熊本県	12,900
7	静岡県	12,500
8	栃木県	12,300
9	愛媛県	9,220
10	香川県	8,360

参照：農林水産省統計

サラダや炒《いた》め物・スープなどいろいろな料理に使われる身近な野菜です。国内では、ほとんどが北海道産です。

4 ①～④の写真は、日本の歴史上活躍した人物の絵や写真です。歴史の中で、示されている人物が活躍した時代を古い順に並べ替え記号で答えなさい。

① ア．

イ．

ウ．

② ア．

イ．

ウ．

③ ア．

イ．

ウ．

④ ア．

イ．

ウ．

5 現在、世の中では、地球環境対策に関するニュースが多く伝えられています。次の①～④に書かれた環境対策に関する設問に答えなさい。

① 日本をはじめ世界では、ガソリンエンジンを使わない電気自動車の開発を進めています。電気自動車は、地球温暖化の原因の一つとなる二酸化炭素などを排出しない環境にやさしい自動車です。一般的に電気自動車をアルファベット２文字で何と表していますか。

② 身の回りの商品で使われたプラスチックごみが海を汚し、海洋生物の生態に影響を与えています。海洋生物が、波によって削《けず》られ小さくなったプラスチックを餌《えさ》と間違え食べていることも言われています。このような小さなプラスチックごみを何プラスチックと呼んでいますか。

③ 日本では、２０２０年７月よりレジ袋の有料化が始まりました。それまで、お店で買い物をすると無料でレジ袋に入れてもらえました。今では、レジ袋を断る人も多くなり、自分の袋を持ち歩くようになりました。この袋を何バッグと呼んでいますか。

④ 世の中では電気をあまり消費しない電球への交換が進んでいます。この電球が出始めたころ「長持ちするがとても高い」と言われましたが、今では買いやすい価格になっています。この電球を何電球と呼んでいますか。

6 次の①～⑤に書かれた歴史上の出来事の中で、誤った個所があります。その個所を選び正しく直し答えなさい。

① ７１０年、現在の奈良市に日本の都が置かれました。この都は、当時の中国の都長安を手本として造られました。その後、約８０年間を奈良時代と言います。７９４年、都は現在の京都市に移されました。この都は、当時平城京と呼ばれ、長く日本の都として栄えました。

② 平安時代には、多くの女性文学者が生れました。彼女たちは、現在も使われる漢字を生み出し、柔らかな女性的な文字を使い当時の貴族生活を著わしました。紫式部の「源氏物語」や清少納言の「枕草子」は、代表的な作品です。

③ 鎌倉時代の１５４３年、ポルトガル人の船が種子島に漂着しました。彼らから今まで見たことのない物が、たくさん伝えられました。中でも鉄砲は、その後の歴史に大きな影響を与えました。

④ 戦国時代に活躍した織田信長は、天下を統一しました。彼は、刀狩や太閤検地などを進め、争いのない平和な世の中を築いていこうとしました。

⑤ 江戸時代最後の将軍徳川慶喜は、政治の実権を貴族のもとに返す大政奉還《たいせいほうかん》を行いました。その後、薩摩藩・長州藩出身者を中心とした新政府がつくられ明治時代が始まりました。

7 昨年日本では、物の値段が上がり日々の生活に苦労するニュースが伝えられました。私たちは、物の値段が上がる一方で収入は伸びず毎日の暮らしに苦労しています。値上がりしたものの中にエネルギー料金があります。石油は、私たちが日常生活で使う燃料としてだけでなく、ものの生産にも使われます。近年、再生可能エネルギー発電が広がり始めています。ところが、石油価格が値上がったことで、電気料金が値上がっています。石油価格の上昇が電気料金の値上がりにどのように影響しているか７０字以上８０字以内で説明しなさい。

【理　科】〈第１回試験〉（30分）〈満点：50点〉

1　**ある濃度の塩酸と水酸化ナトリウム水よう液をそれぞれ用意した。この２つの水よう液をまぜ、ＢＴＢ液をくわえたときに緑色になるときの体積の関係をまとめると、下の表のようになった。これについて、次の各問いに答えなさい。**

塩酸の体積〔ｍＬ〕	０	５	１０	１５	２０	２５
水酸化ナトリウム水よう液の体積〔ｍＬ〕	０	１０	２０	３０	４０	５０

問１　表の結果より、塩酸と水酸化ナトリウム水よう液の関係をグラフで表しなさい。

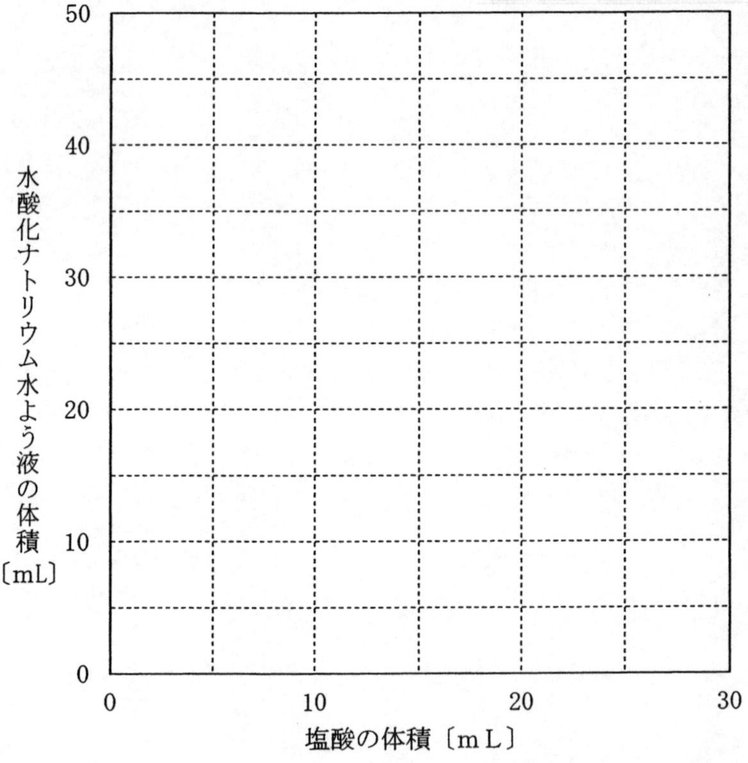

問２　文中の下線部のように、ＢＴＢ液をくわえた水よう液が緑色になったとき、その水よう液は何性を示すか。次のア～ウから選び、記号で答えなさい。

ア　酸性　　　イ　中性　　　ウ　アルカリ性

問３　次の①・②の水よう液にＢＴＢ液を加えると何色に変化するか。

①　塩酸５mLに、水酸化ナトリウム水よう液２０ｍＬを加えた水よう液。

②　塩酸３０mLに、水酸化ナトリウム水よう液１５ｍＬを加えた水よう液。

問４　塩酸２０ｍＬに水酸化ナトリウム水よう液３０ｍＬをくわえた。この水よう液を加熱すると水が蒸発《じょうはつ》して固体が残った。残った固体として適当なものを次のア～ウから選び、記号で答えなさい。

ア　食塩と水酸化ナトリウム　　イ　食塩　　ウ　水酸化ナトリウム

２　**１００ｇのおもりにさまざまな長さの糸をつけ、ふりこを作った。このふりこの糸の長さとふりこが１往復する時間（ふりこの周期）の関係を調べたところ、下の表のようになった。これについて、次の各問いに答えなさい。**

糸の長さ〔ｃｍ〕	２５	５０	１００	１５０
ふりこの周期〔秒〕	１．０	１．４	２．０	２．４

問１　下の図で、ふりこが ア からふりはじめ、イ を通り、ウ までふれた。このとき、①アからイの間、②イからウの間 で速さはそれぞれどのように変化するか答えなさい。

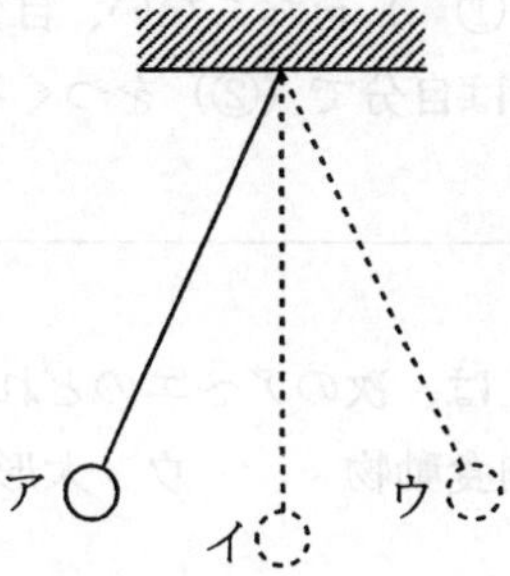

問２　糸の長さを次の①・②のようにしたとき、ふりこの周期はそれぞれ何秒になるか。

①　糸の長さを２００ｃｍにする。

②　糸の長さを４００ｃｍにする。

問３　おもりの重さを３００ｇ、糸の長さを１５０ｃｍにしてふりこをふらせた。このとき、ふりこの周期は何秒か。

問４　身近なもののなかで、ふりこの性質を利用しているものを１つ答えなさい。

3　生物どうしの「食べる・食べられる」の関係のことを食物連鎖《れんさ》という。図１は、いろいろな生物を、食べられるもの→食べるもの への矢印で表した。これについて、次の各問いに答えなさい。

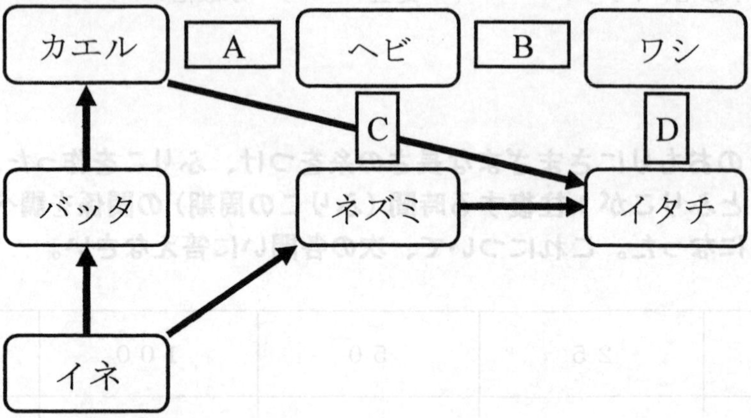

図１

問１　植物と動物のちがいについて、次の文の（①）・（②）に適当なことばを答えなさい。

植物は日光を受けることで（　①　）をおこない、自分でデンプンなどの（　②　）をつくることができる。しかし、動物は自分で（②）をつくることができないため、他の生物を食べて（②）をとり入れている。

問２　図１の バッタ・カエル・ワシ は、次のア〜エのどれにあてはまるか記号で答えなさい。

ア　草食動物　　イ　小形の肉食動物　　ウ　大形の肉食動物　　エ　植物

問３　図１より、自然界では バッタ・カエル・ワシ のうち、どの生物の数量が最も少ないと考えられるか。

問４　問２の選択肢《せんたくし》において、一般《いっぱん》に ア が急に増えた場合、イ・エ はそれぞれどうなると考えられるか。最も適当なものを次の①〜③から選び、番号で答えなさい。

①　増える　　②　減る　　③　変わらない

問５　図１の［A］〜［D］にあてはまる適当な矢印（←　→　↑　↓）を書きなさい。

4　**図１は、太陽からの光と地球のまわりをまわる月の位置関係を北極上空から見たものである。これについて、次の各問いに答えなさい。**

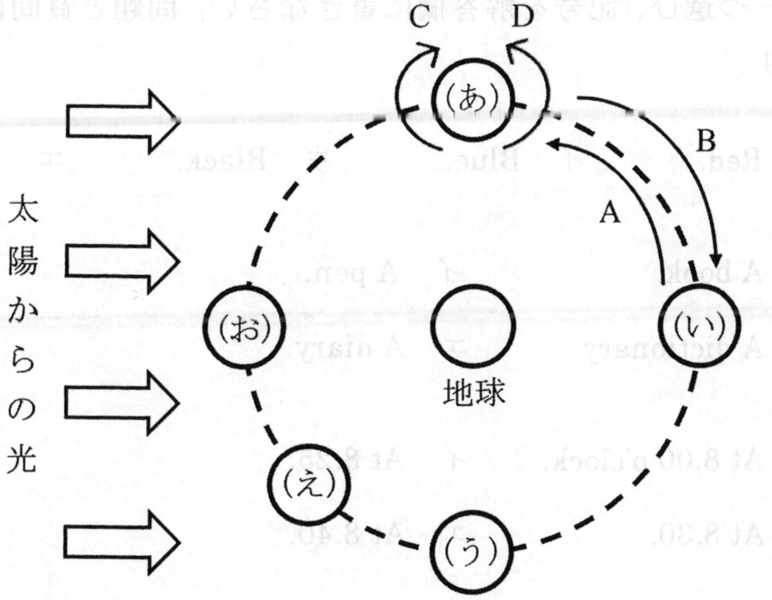

図 1

問１　月が地球のまわりをまわる向きは、図１のA, Bのどちらか記号で答えなさい。

問２　月は地球のまわりをまわりながら、月自身も回転しています。その向きは、図１のC, Dのどちらか記号で答えなさい。

問３　問１，問２より、次の文の（ア）・（イ）に最も適当な漢字一字をそれぞれ答えなさい。

月は、自身が（　ア　）転しながら地球のまわりを（　イ　）転する。

問４　図１の(あ)～(お)の月は、地球からどのように見えるか。次の①～⑥からそれぞれ選び、番号で答えなさい。ただし、黒色の部分は影《かげ》を表している。

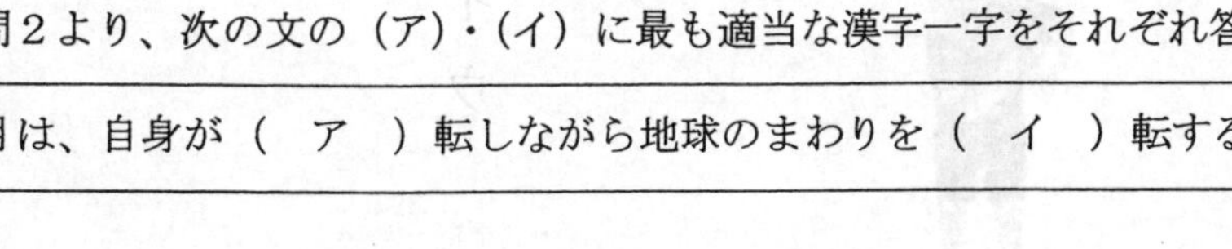

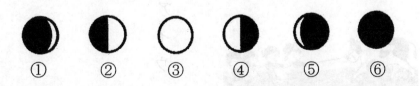

問５　月は毎日少しずつ形を変えている。これを月の何というか答えなさい。

【英　語】〈第１回試験〉（30分）〈満点：50点〉

1　対話と質問を聞き、その答えとして最も適切なものをア～エの中から一つ選び、記号を解答欄に書きなさい。問題と質問は２回読まれます。

１．　ア　Red.　　イ　Blue.　　ウ　Black.　　エ　Brown.

２．　ア　A book.　　イ　A pen.
　　　ウ　A dictionary.　　エ　A diary.

３．　ア　At 8.00 o'clock.　　イ　At 8.25.
　　　ウ　At 8.30.　　エ　At 8.40.

2　ア～ウの三つの英文を聞き、その中から絵の内容を最もよく表しているものを一つ選び、記号（ア～ウ）を解答欄に書きなさい。英文は２回読まれます。

１．

ア
イ
ウ

２．

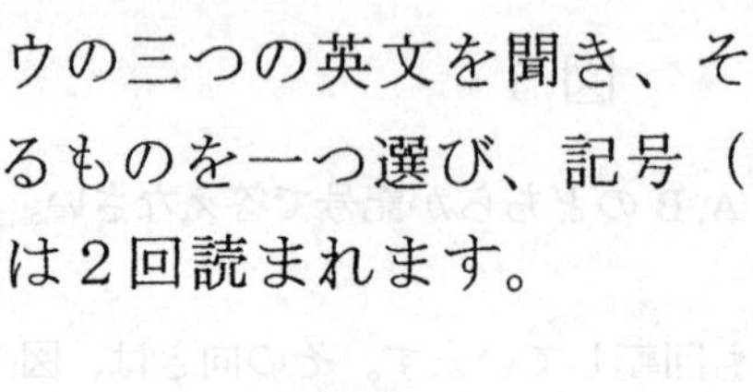

ア
イ
ウ

※〈リスニング放送原稿〉は，英語の問題のうしろに掲載してあります。

3 次の英文の下線部に入れるのに最も適切なものをア～エの中から一つ選び、記号を解答欄に書きなさい。

1． This month has 31 days. It's __________.

ア June　イ May　ウ February　エ November

2．Table tennis __________ my favorite sport.

ア am　イ is　ウ are　エ be

3．Shun is __________ an English song in his class.

ア singing　イ cooking　ウ listening　エ watching

4．Kenta often goes to the __________. He loves planes.

ア mountain　イ post office　ウ station　エ airport

5．Yuki has a __________ of comic books.

ア lot　イ much　ウ high　エ many

6．A: __________ is it, then?

B: It's a kangaroo.

ア What's　イ Who　ウ Who's　エ What

７．Science is one of my favorite ＿＿＿＿＿.

ア schools　イ sports　ウ subjects　エ class

８．Three ＿＿＿＿＿ are standing by their teacher.

ア child　イ children　ウ man　エ person

９．I ＿＿＿＿＿ this T-shirt.

ア am　イ has　ウ like　エ are

１０．A: Where are Ted and Mike?

B: They are ＿＿＿＿＿ the library.

ア on　イ under　ウ of　エ in

１１．Karl has two sons. He loves ＿＿＿＿＿ very much.

ア them　イ they　ウ him　エ their

１２．My sister often ＿＿＿＿＿ lunch. She loves cooking.

ア eats　イ buys　ウ makes　エ puts

１３．Michiko ＿＿＿＿＿ in Hawaii. She likes it very much.

ア looks　イ lives　ウ loves　エ likes

１４. My phone is very old. I want a ________ one.

ア new　イ young　ウ tall　エ long

１５. Nick, wake ________! It's seven o'clock.

ア on　イ over　ウ down　エ up

4 次の各問いの会話について、下線部に入れるのに最も適切なものをア～エの中から一つ選び、記号を解答欄に書きなさい。

１. A: Pass me the salt, please.

B : ________________

ア You're welcome.　イ Oh, I like it.

ウ No, thank you.　エ Here you are.

２. A: Let's play baseball.

B : ________________

ア Yes, we are.　イ Yes, let's.

ウ Yes, they are.　エ No, I'm not.

３． A: Chika, it's late. Go to bed now.

B: OK, Mom. ____________________

ア Good afternoon.　　イ Good evening.

ウ Good night.　　エ Good morning.

４． A: Where are you going?

B: ____________________

ア At home.　　イ I'm walking.

ウ To the bookstore.　　エ At noon.

５． A: Hello. This is Taku. ____________________

B: Speaking.

ア Can I speak to Yuki?　　イ Can I take a message?

ウ Can I come to your house now?　　エ Thank you for calling.

5 次の各問いの日本文の意味を表すように、(　　)内の語（句）を並べかえて解答欄に正しく書きなさい。ただし、文の最初に来る語も小文字になっています。

1．私の赤いペンは机の上にあります。

(on / pen / my / is / red) the desk.

2．これらの野菜はいくらですか。

(these / how / vegetables / much / are)?

3．先生に修学旅行について聞いてみましょう。

(the school trip / let's / about / ask / the teacher).

4．彼女はとても早く泳ぐことができます。

(very / she / can / fast / swim).

5．彼女の息子は何をしていますか。

(doing / son / her / is / what) now?

〈リスニング放送原稿〉

1 対話と質問を聞き、その答えとして最も適切なものをア～エの中から一つ選び、記号を解答欄に書きなさい。

（１）

A. Where can I throw away this trash?

B. Throw it in a blue trash box.

Question- What is the color of the trash box?

（２）

A. What is that on the table?

B. That is a dictionary of my brother.

Question- What is on the table?

（３）

A. The brass band concert will start at 8.30 pm.

B. Hurry up! We are going to be late. It's already 8.25.

Question- What time will the brass band concert start?

2 ア～ウの三つの英文を聞き、その中から絵の内容を最もよく表しているものを一つ選び、記号（ア～ウ）を解答欄に書きなさい。

（１）

ア. He is taking a camera.

イ. He is taking a photo.

ウ. He is taking off his shoes.

（２）

ア. They are pulling the cow.

イ. They are throwing the cow.

ウ. They are pushing the cow.

問四　――線部④「自分の甘さ」とありますが、これはどういうことですか。ふさわしいものを次の中から一つ選び、記号で答えなさい。

ア　武藤が自分から顧問やキャプテンにうちあけたのではないかと思ったこと。
イ　武藤に責任があるので、自分は怒られることはないだろうと思ったこと。
ウ　昼休みになれば問題がすべて解決しているだろうと思ったこと。
エ　みんなで末永にあやまればすぐに許してもらえるだろうと思ったこと。
オ　昼休みには天気が悪くなってコート整備が中止になるだろうと思ったこと。

問五　――線部⑤「ポーズをとった」とありますが、どのようなポーズですか。本文中から四字で抜き出しなさい。（句読点も一字に含みます。）

問六　――線部⑥「太二、わかったよ。おれもチョキにするわ」と言った時の久保の心情を説明した次の文の空欄に当てはまる言葉を文章の中から抜き出して示しなさい。

久保も太二と同じように末永をハメたことを［　二字　］しており、［　九字　］でコート整備する人を決めることを［　四字　］と思っているということ。

問七　本文の内容としてふさわしいものを次の中から二つ選び、記号で答えなさい。

ア　太二の両親は太二が嘘をついていることに気づき、腹をたてた。
イ　太二は朝練では常に二年生に勝っていたが、今日初めて負けてしまった。
ウ　武藤は自分のしたことを後悔し、こっそり末永にあやまっていた。
エ　一年生部員は皆、不安な気持ちで昼休みのグーパーじゃんけんに参加した。
オ　武藤と久保は今日もウラでうちあわせをして、同じグーを出した。
カ　グーパーじゃんけんでチョキを出した太二はルール違反としてコート整備をした。
キ　コート整備をしているうちに心のモヤモヤは晴れ、希望が湧いてきた。
ク　武藤と末永は、結局口も聞かないほど仲が悪くなってしまった。

こぶしを顔の横に持ってきたとき、ぼくの頭に父の姿がうかんだ。一緒《いっしょ》にテニススクールに通っていたころ、父は試合で会心のショットを決めると、応援《おうえん》しているぼくたちにむかって⑤ポーズをとった。ぼくや母も、同じポーズで父にこたえた。

「グーパー、じゃん」かけ声にあわせて手をふりおろしたぼくはチョキをだしていた。本当はＶサインのつもりだったが、この状況ではどうしたってチョキにしか見えない。ぼく以外はパーが十五人でグーが八人。末永はパーで、武藤と久保はグーをだしていた。

ぼくが顔をあげると、むかいにいた久保と目があった。

「⑥太二、わかったよ。おれもチョキにするわ」

久保はそう言ってグーからチョキにかえると、とがらせた口から息を吐《は》いた。

「なあ、武藤。グーパーじゃんけんはもうやめよう」

久保に言われて、武藤はくちびるを隠すように口をむすび、すばやくうなずいた。そして、武藤はにぎっていたこぶしから人差し指と中指を伸《の》ばすと、ぼくにむかってその手を突きだした。

武藤からのＶサインをうけて、ぼくは末永にＶサインを送った。末永は自分の手のひらを見つめながらパーをチョキにかえて、輪のなかにさしだした。

「明日からのコート整備をどうするかは、放課後の練習のあとで決めよう。時間もないし、今日はチョキがブラシをかけるよ」

そう言って、ぼくが道具小屋にはいると、何人かの足音がつづいた。ふりかえると、久保と武藤と末永のあとにも四人がついてきて、ぼくは八本あるブラシを一本ずつ手わたした。

コート整備をするあいだ、誰も口をきかなかった。ぼくの横には久保がいて、ブラシとブラシが離《はな》れないように歩幅《ほはば》をあわせて歩いていると、きのうからのわだかまりが消えていく気がした。

となりのコートでは武藤と末永が並び、長身の二人は大股《おおまた》でブラシを引いていく。コートの端までくると、内側の武藤が歩幅を狭《せま》くしてきれいな弧《こ》を描《えが》き、直線にもどれば二人ともがまた大股になってブラシを引いていく。

ぼくたちはこれまでよりも強くなるだろう。チーム全体としても、もっともっと強くなれるはずだ。

ぼくはいつか、テニス部のみんなに、父がつくった豆腐《とうふ》を食べさせてやりたいとおもった。さらに、このコートで家族四人でテニスをしたいとおもい、押入《おしい》れにしまってある四本のラケットのことを考えた。ぼくはブラシを引きながら、胸のなかで父と母と姉にむかってＶサインを送った。

（佐川光晴『大きくなる日』）

問一　――線部①「かけ足で学校にむかった」とありますが、これは太二のどのような様子を表していますか。ふさわしいものを次の中から一つ選び、記号で答えなさい。

ア　家族に心配をかけまいと、無理に元気な姿を見せようとしている。
イ　もっとテニスが上達するように、走って体力をつけようとしている。
ウ　父母の存在を心強く感じ、問題解決のために気合を入れている。
エ　母に励まされ情けなさを感じ、気をまぎらわせようとしている。
オ　悩んでも仕方がないとあきらめ、流れに身をまかせようとしている。

問二　――線部②「どうしても勝ちたかった」とありますが、これはなぜですか。本文中から十七字で抜き出しなさい。（句読点も一字に含みます。）

問三　――線部③「自分のするべきこと」とはどうすることですか。三十五字以内で説明しなさい。（句読点も一字に含みます。）

「どうした一年。だらしがねえぞ」

キャプテンの中田さんに命じられて、ぼくたちはグラウンドを走らされた。いつも先頭をきっているので、みんなの姿を見ずに走るのはなれていたが、今日だけは武藤や末永や久保がどんな顔でついてきているのか、気になってしかたがなかった。

誰もが、きのう末永をハメたことを後悔《こうかい》しているのだ。足をとめて、一年生全員で話しあいをして、昼休みのコート整備を当番制にかえてもらうようにキャプテンに頼《たの》もうと言いたかったが、おもいきれないまま、ぼくはグラウンドを走りつづけた。

「よし、ラスト一周。ダッシュでまわってこい」

中田さんの声を合図に全力疾走《しっそう》となり、ぼくは最後まで先頭を守った。

「ボールはかたづけておいたからな。昼休みのコート整備はちゃんとやれよ」

八時二十分をすぎていたので、ネットのむこうは登校する生徒たちでいっぱいだった。武藤に、まちがっても今日はやるなよと釘《くぎ》を刺《さ》しておきたかったが、息が切れて、とても口をきくどころではなかった。

ラケットを持って四階まで階段をのぼりながら、ぼくは武藤と話さなくてよかったとおもった。ぼくが武藤を呼びとめていたら、ほかの一年生はぼくたちがなにを話しているのかと、気になってしかたがなかったにちがいない。武藤ではなく、久保か末永を呼びとめていても同じ不安が広がっていたはずだ。冷静に考えれば、きのうのことは一度きりの悪だくみとしておわらせるしかないわけだが、疑いだせばきりがないのも事実だった。

もしかすると、みんなは今日も末永をハメようとしていて、自分だけがそれを知らされていないのかもしれない。もしかすると、きのうのしかえしに、末永がなにかしかけようとしているのかもしれない。もしかすると、二、三人の仲のよい者どうしでもうしあわせて、たとえ負けてもひとりにはならないように安全策をこうじているのかもしれない。

ウラでうちあわせ可能な手口がつぎつぎ頭にうかび、これはおもっている以上に厄介《やっかい》だと、ぼくは頭を悩《なや》ませた。

やはりキャプテンの中田さんに助けてもらうしかない。そうおもったが、それをおもいとどまったのは、きのうから今日にかけて、一番きついおもいをしているのは末永だと気づいたからだ。末永以外の一年生部員二十三人は、自分が加担した悪だくみのツケとして不安におちいっているにすぎない。それに対して末永は、今日もまたハメられるかもしれないという恐《おそ》れをかかえながら朝練に出てきたのだ。最終的に中田さんに頼むとしても、まずはみんなで末永にあやまり、そのうえで相談するのが筋だろう。

そう結論したのは、三時間目のおわりぎわだった。おかげで授業はまるで頭にはいっていなかったが、ぼくはようやく③自分のするべきことがわかった気がした。そこでチャイムが鳴り、トイレに行こうと廊下《ろうか》に出ると、武藤が顔をうつむかせてこっちに歩いてくる。

「よお」

「おっ、おお」

武藤はおどろき、気弱げな笑顔をうかべた。そんな姿は見たことがなかったので、もしかすると自分から顧問《こもん》の浅井先生かキャプテンの中田さんにうちあけたのではないかと、ぼくはおもった。

それなら、昼休みには浅井先生か中田さんがテニスコートにくるはずだ。たっぷり怒られるだろうが、それでケリがつくならかまわなかった。

給食の時間がおわり、ぼくはテニスコートにむかった。しかし集まったのは一年生だけだった。ぼくは落胆《らくたん》するのと④同時に自分の甘《あま》さに腹が立った。

いつものように二十四人で輪をつくったが、誰《だれ》の顔も緊張《きんちょう》で青ざめている。末永にいたっては、歯をくいしばりすぎて、こめかみとあごがぴくぴく動いていた。いまさらながら、ぼくは末永に悪いことをしたと反省した。

しかしこんな状況《じょうきょう》で、きのうはハメて悪かったと末永にあやまったら、どんな展開になるかわからない。武藤をはじめとするみんなからは、よけいなことを言いやがってとうらまれて、末永だって怒《いか》りのやり場にこまるだろう。だから、一番いいのは、このままふつうにグーパーじゃんけんをすることだった。うまく分かれてくれればいいが、偶然《ぐうぜん》、グーかパーがひとりになる可能性だってある。ハメるつもりがないのに、末永がまたひとりになってしまったら、事態はこじれて収拾《しゅうしゅう》がつかなくなる。

みんなは青ざめた顔のまま、じゃんけんをしようとしていた。どうか、グーとパーが均等に分かれてほしい。

問５　――線部⑤「国は０・８以上をすすめています」とありますが、その理由を説明した次の文の空欄に当てはまる言葉を文の中から抜き出して示しなさい。

賞味期限は［　九字　］ではなく、［　七字　］であるにもかかわらず、［　四字　］がさまざまな状況とリスクを考慮し、賞味期限を［　五字　］することによって、まだ食べられる食品が捨てられてしまうから。

問６　――線部⑥「まだ十分食べられる卵を捨ててしまう」とありますが、このようにならないようにするためにはどのようなことをすればよいですか。三十字以内で説明しなさい。

問７　本文の内容としてふさわしいものを次の中から二つ選び、記号で答えなさい。

ア　世界の人口は今後３０年の間に徐々に減っていくだろう。
イ　地球上には国境があるため、食料を分け合うことはできない。
ウ　日本では、都民の年間食事量とほぼ同量の食品が捨てられている。
エ　小学校では、アレルギーの人も牛乳を飲まなければならない。
オ　アイスクリームは酸化しやすいため、賞味期限が設定されている。
カ　お菓子は賞味期限が短いので、早めに食べたほうがよい。
キ　レストランは管理が行き届いているので、食品の賞味期限を無視してもよい。
ク　食品の賞味期限が過ぎても、食べられる場合がある。

四　次の文章を読んであとの問いに答えなさい。

中学一年生の太二（ぼく）が所属するテニス部では、グーパーじゃんけんで人数の少ない方がコート整備をするのがルールだった。ある日、太二は同級生の武藤《むとう》にパーを出そうと持ち掛《か》けられ、その結果、末永一人が負けてしまう。心にモヤモヤを抱《かか》えたまま、太二は翌日を迎《むか》える。

「学校でなにかあったの？　おとうさんがメールをくれて、太二のことを心配していたから、おかあさん早引けしてきたのよ」

夜勤のときは午前八時で交替《こうたい》だったとおもいだし、ぼくは母にあやまった。

「心配させてごめん。でも、なんでもないんだ。おかあさんは、今日は休み？」

「夜勤あけだから、あさっての朝まで家にいるわよ」

「そうなんだ」と答えながら、今夜は父と母がそろっているのだとおもうと、やるだけのことはやってやろうと気合いがはいった。母がつくってくれたベーコンエッグとトーストの朝ごはんを食べて、ぼくはラケットを背負い、①かけ足で学校にむかった。

朝練では、一年生対《たい》二年生の対抗戦《たいこうせん》をする。シングルマッチで一ゲームをとったほうの勝ち。四面のコートに分かれて、合計二十四試合をして、白星の多い学年はそのままコートで練習をつづける。負けた学年は球拾いと声出しにまわる。

力試《ちからだめ》しにはもってこいだが、二年生との実力差は大きくて、これまで一年生が勝ち越したことはなかった。武藤や末永でも三回に一回勝てるかどうかで、久保は一度も勝ったことがない。ぼくは勝率五割をキープしていたが、団体戦に出場するレギュラークラスには歯が立たなかった。ただし、一度だけ中田さんから金星をあげたことがある。ベースラインでの打ちあいに持ちこんで、ねばりにねばって長いラリーをものにした。誰が相手であれ、きのうからのモヤモヤを吹《ふ》き払《はら》うためにも、ぼくは②どうしても勝ちたかった。

ところが、やる気とは裏腹に、ぼくは一ポイントもとれずに負けてしまった。武藤や末永もサーブがまるで決まらず、ダブルフォールトを連発して自滅《じめつ》。久保も、ほかの一年生たちも、手も足も出ないまま二年生にうち負かされて、これまでにない早さで勝負がついた。

お弁当のおかずの卵焼きにしたり、朝食の目玉焼きにしたり、休日のホットケーキ作りで使ったり、火を通して食べることも多いのではないでしょうか。

「賞味期限が過ぎても、きちんと保管してあれば、火を通せばしっかり食べられる」ことを覚えておいてください。

市販《しはん》の卵パックに書いてある表示も読んでみましょう。

「賞味期限が過ぎたらすぐ捨てましょう」とは書いてないはずです。「賞味期限が過ぎたら加熱調理して早めに食べましょう」、と書いてあるはずです。

鶏は、どのくらいかけて卵を産むと思いますか？

1個の卵を産むのに、鶏は24時間以上かけているのです。

人間にとって、卵はスーパーの特売品や目玉商品に過ぎないかもしれません。

でも、自分が鶏の立場だったらどうでしょう。

そもそも、人間が自分たちで短めに決めた期限が過ぎたからといって、⑥まだ十分食べられる卵を捨ててしまうなんてもったいない話です。

昭和20年代から養鶏場《ようけいじょう》を営む篠原一郎（しのはらいちろう）さんにお話を伺《うかが》ったところ、かつて卵は日持ちの長い乾物《かんぶつ》を扱《あつか》う乾物屋で売られていたそうです。

いのちある限り、愛《いとお》しんで食べてあげましょう。

（井出留美『ちくまQブックス　SDGs時代の食べ方　世界が飢えるのはなぜ？』より）

問1　——線部①「こんな生活」とはどのような生活ですか。二十五字以内で答えなさい。

問2　——線部②「食べ物は足りているのに、もっとも必要としている人たちのところに届いていない」とありますが、筆者はどうすれば解決すると考えていますか。ふさわしいものを次の中から一つ選び、記号で答えなさい。

ア　地球をひとつの家と考えて、食べ物をみんなで分け合う。
イ　食べ物が足りない地域で、もっとたくさん食べ物を作る。
ウ　食べ物を一部の人だけで独占し、余ったら捨てる。
エ　地球の食べ物を一カ所に集めたあと、均等に分ける。
オ　食べ物を運ぶための人手やエネルギーを増やす。

問3　——線部③「そうです」とありますが、どういうことですか。ふさわしいものを次の中から一つ選び、記号で答えなさい。

ア　野菜や果物の収穫は、それを売る人にとっては残酷な光景だということ。
イ　人が生きるために野菜や果物のいのちをいただくのだということ。
ウ　野菜や果物も、食卓に届くまでの間にいのちを落とすということ。
エ　野菜や果物も、コンビニなどでいつでも買えるということ。
オ　自然災害によって、野菜や果物も大量に捨てられているということ。

問4　——線部④「この授業のあと、牛乳の飲み残しが激減しました」とありますが、その理由を説明している四十七字の部分を探し、最初の五字を抜き出しなさい。（句読点も一字に含みます。）

「いただきます」とは、「いのち」をいただくという意味もあるのです。

肉でも魚でも野菜でも、それがどうやって食卓《しょくたく》に届いたか想像してみれば、それは「モノ」ではなく「いのち」に見えてくるのではないでしょうか？

東京のある小学校では、牛乳の飲み残しが毎日たくさん出ていました。

牛乳のアレルギーなら仕方ありません。

そうではなく、牛乳が嫌《きら》いだから飲まないという子が大勢いたのです。ある小学校の栄養士さんは、その小学校へ、牛を１頭連れてきました。

生徒たちは牛のあたたかさに触《ふ》れました。

生まれて初めて、乳搾《ちちしぼ》りをしました。

牛からできたバッグやベルトを持ち寄って、どうやって作られたかを考える授業も行われました。

栄養士さんは、牛の血液から牛乳ができていることを生徒たちに伝えるため、赤い絵の具を溶《と》いた水を２００本のペットボトルに入れ、見せました。

④この授業のあと、牛乳の飲み残しが激減しました。

生徒たちは、牛乳は、単なるモノではなく、牛がいのちをふりしぼって生みだしたものだと理解したから、ではないでしょうか。

私たちが何気なく食べているのは、生きもののいのちそのものなのです。

消費期限（しょうひきげん）と賞味期限（しょうみきげん）は発音すると、一文字しか違《ちが》いません。漢字で見ても、「期限」と書いてあれば、「そこまでしか食べられない」と認識《にんしき》してしまうでしょう。

消費期限は、おおむね、日持ちが５日以内のものにつけられます。たとえば弁当、おにぎり、サンドウィッチ、生クリームのケーキなど。

それに対し、賞味期限は、品質が切れる日付ではなく、おいしさの目安です。

アイスクリームも冷凍《れいとう》食品も、同じように冷凍ケースで販売《はんばい》されます。アイスは、基本的にマイナス１８度以下で保存されるので、品質の劣化《れっか》がとてもゆるやかです。そのため、賞味期限表示は省略することができます。

一方、冷凍食品は酸化しやすい食品を含《ふく》んでいる場合もあり、パッケージに空間があることから食品の乾燥《かんそう》やタンパク質の変性が起こりうるので、賞味期限が設定されています。

メーカーは、

①微生物《びせいぶつ》検査
②理化学検査
③官能検査

の検査をして、おいしく食べられる期間（賞味期間）を設定します。

その数字に、１未満の安全係数を掛《か》けたものが賞味期限として表示されます。

⑤国は０・８以上をすすめていますが、冷凍食品でも０・７を使っている企業《きぎょう》もあります。

１年以上日持ちする食品でも０・６を使ったり、菓子《かし》でも０・３を使ったりしていたケースもありました。さまざまな状況《じょうきょう》とリスクを考慮《こうりょ》し、短めに設定されることが多いということです。でもさすがにこれは短すぎるので、国が０・８以上を推奨《すいしょう》しているわけです。

それを知っていれば、日付が過ぎてすぐ捨てることはなくなるでしょう。

賞味期限が過ぎても、きちんと保管してあれば、すぐに捨てる必要はありません。自分でちょっと味見してみて、大丈夫《だいじょうぶ》であれば食べることができます。

卵を生でおいしく食べられる日数は、夏と冬で違《ちが》います。

日本卵業協会によれば、夏は産卵《さんらん》後１６日、冬は５７日以内とされています。

レストランなど法人向けの卵は、「温度管理がしっかりしている」という理由で、夏と冬で賞味期限を変えています。

でも、一般《いっぱん》消費者であるわたしたちがコンビニやスーパーで買う卵は、夏も冬も、「夏に生で食べる」場合の基準をあてはめて、パックしてから一律２週間と決められていることが多いのです。

おうちで卵を食べる時、毎回、生で食べますか？「はい！」という人もいるでしょう。

わたしも、おいしい醤油《しょうゆ》をたらりとたらした卵かけご飯が大好きです。

パリッとした海苔《のり》があれば最高。

でも、コンビニやスーパーで買われていく卵の全部が、生で食べられているでしょうか。

三　次の文章を読んで、あとの問いに答えなさい。

　年間１３億トンの食料が捨てられています（２０１１年、ＦＡＯ：国際連合食糧《しょくりょう》農業機関の報告「世界の食料ロスと食料廃棄《はいき》」による）。作った食べ物の、なんと3分の１も捨ててしまっています（それより多い5分の2を捨てているという説もあります）。

　「働き方」が問われる昨今。こんなに捨てるのなら、最初から作らなければ、働く人は、ずっとずっとラクだったのではないでしょうか。

　牛や豚《ぶた》や鶏《にわとり》、魚のいのちも失われずに済みました。

　そして、生き物やお米を育てている生産者の方々の苦労も。

　農産物から食べ物を作る人たちや、それを運ぶ人たち、売る人たちの努力は、ぜんぶ、無駄《むだ》になってしまいました。

　電気やガス、水道など、エネルギーもです。

　①こんな生活を続けていると、地球がひとつでは足りませんね。

　世界の人口は、２０５０年までに、９０億人を超えて１００億人に近づきます。

　食べ物が足りません。飢《う》えや栄養不足で苦しむ人は約8億人、5歳《さい》未満の発育不良のこどもたちは約１・５億人います（国連「世界の食料安全保障と栄養の現状」２０１７年）。なぜかと言うと、②食べ物は足りているのに、もっとも必要としている人たちのところに届いていないからです。

　もし地球がひとつの家だったら、と考えたらどうでしょう。

　たとえば、お腹《なか》のすいている人や栄養失調の人がいるのに、お金持ちで力がある人たちが、自分の食べる食料を大量にためこんで、ダメにしてしまうとしたら……。空腹の人や栄養失調の人が、十分な食べ物をとり、心身ともに健康になれる機会を、家族が奪《うば》っていることになります。

　いまの地球上は、食べ物がない国の人は困っています。一方、食べ物がたくさんある国では、食べないうちに大量にだめにしてしまい、その食べ物を燃やしたり埋《う》めたりして環境《かんきょう》に負担をかけ、食べ物となる農産物をますます育ちにくくしてしまっているのです。地球上に国境はありますが、土地も海もつながっています。

　食料は無限にあるのではありません。

　今は、地球というひとつの家で、限りある量の食料を、一部の人が独占《どくせん》し、貧しい人に分け与《あた》えることなく、だめにしてしまっているのです。

　地球をひとつの家と考えて、みんなでおいしく分け合うのがいいのではないでしょうか。

　京都大学前総長で霊長類《れいちょうるい》学者の山極壽一（やまぎわじゅいち）先生によれば、人間はサルと違《ちが》って、他人に食べ物を分け与えることに喜びを感じる動物だそうです。人として生まれたなら、他者をおもんぱかり、社会的に弱い立場にある人や、未来の世代の人に配慮《はいりょ》し、人間らしく生きていきたいものです。

　東京都民は、およそ１４００万人。都民の年間食事量とほぼ同じ量の６００万トンが日本の食品ロス量です（「２０１８食品ロス年間発生量推計値」２０２１年4月２７日、農林水産省と環境省《かんきょうしょう》発表）。これだけたくさんの人たちが、１年間、食べていけるだけの食料を、わたしたちは、毎年、捨ててしまっているのです。

　２０１１年3月１１日、東日本大震災《だいしんさい》が起こりました。被災地《ひさいち》はもちろん、首都圏《しゅとけん》でも、スーパーやコンビニの食べ物が棚《たな》から消えました。気候変動によって洪水《こうずい》や山火事、大型台風の災害が異常事態ではなくなった今日、いつでも、なんでも、どこにでも食べ物がある、というのは、当たり前の状態ではないのです。

　東日本大震災から１１年が過ぎた今でも避難《ひなん》している方がいらっしゃいます。それなのに、わたしたちは、食べ物のありがたみを忘れてしまっているように見えます。

　イタリアで、代々、肉屋さんを営むある男性は、豚が食肉として処理される現場に行くと、「とてもつらい」と涙《なみだ》を流します。

　吊るされ、血を流す、豚たち。

　残酷な光景です。

　でも、これが、いのちをいただく、ということなのです。

　魚も同じ。

　野菜も果物も③そうです。

　人は、生きていくために、他の生きもののいのちをいただいています。

2023年度 西武台千葉中学校

【国語】〈第一回試験〉（五〇分）〈満点：一〇〇点〉

（注意）筆記用具・定規《じょうぎ》以外は机《つくえ》の上に置いてはいけません。

一 次の①～⑩の――線部の漢字はひらがなに、カタカナは漢字に、それぞれ直しなさい。

① 望遠鏡でながめる。
② すばやく反応する。
③ 厳重にチェックした。
④ 発想が貧困だ。
⑤ シナリオを朗読する。
⑥ フウキを乱してはいけない。
⑦ ボールペンの使用をユルす。
⑧ これはカンタンな問題だ。
⑨ 生まれコキョウに帰る。
⑩ ゲキテキな幕切れとなった。

二 次の①～③の各問いに、それぞれあとのア～オの記号で答えなさい。

① ――線部が例文の敬語と同じ種類のものはどれですか。

例 先生の部屋にうかがう。

ア 恩師が本をくださった。
イ 農家の方から野菜をいただいた。
ウ ご覧になりたい作品はありますか。
エ 和尚さんの話を聞きます。
オ 田中さんがいらっしゃいました。

② 次の中で、慣用句と意味の組み合わせが正しいものはどれですか。

例 虫の居所が悪い…きげんがよくない。

ア 鼻が高い…えらそうにふるまう。
イ 根も葉もない…体力を使い果たす。
ウ 手を焼く…熱心に世話をする。
エ 板につく…役目になれて、ぴったり合う。
オ 首を突っ込む…失敗をする。

③ 次の慣用表現の使い方として正しいものはどれですか。

「腹を割る」

ア 信頼している友人に腹を割って話してみる。
イ 腹を割るためにたんぱく質を多く摂取する。
ウ 失敗の責任を取るために、腹を割るよう言われた。
エ 発表会が成功するよう、毎日腹を割って練習している。
オ 対戦相手がミスしたことを、腹を割って笑う。

2023年度
西武台千葉中学校 ▶解説と解答

算　数　＜第１回試験＞（50分）＜満点：100点＞

解　答

1 ①　4　②　300　③　6.28　④　$\frac{9}{20}$　⑤　16　2 ①　2500円　②　58　③　11回目　④　E　3 ①　108　②　405　4 ①　解説の図を参照のこと。②　78.5cm^2　5 ①　7536cm^3　②　18cm　6 ①　100度　②　3時20分$\left(3時12\frac{8}{11}分\right)$　7 ①　32通り　②　8通り　③　20通り

解　説

1 四則計算，計算のくふう

①　$12\div\{7-8\div(13-11)\}=12\div(7-8\div2)=12\div(7-4)=12\div3=4$

②　$31+32+33+67+68+69=(31+69)+(32+68)+(33+67)=100+100+100=100\times3=300$

③　$2\times2\times3.14+2\times3\times3.14-2\times4\times3.14=(2\times2+2\times3-2\times4)\times3.14=(4+6-8)\times3.14=(10-8)\times3.14=2\times3.14=6.28$

④　$\frac{1}{2}-\frac{1}{3}\times\frac{1}{4}+\frac{1}{5}\times\frac{1}{6}=\frac{1}{2}-\frac{1}{12}+\frac{1}{30}=\frac{30}{60}-\frac{5}{60}+\frac{2}{60}=\frac{25}{60}+\frac{2}{60}=\frac{27}{60}=\frac{9}{20}$

⑤　$7\times\left(1\frac{4}{5}-0.2\right)+4.8=7\times(1.8-0.2)+3\times1.6=7\times1.6+3\times1.6=(7+3)\times1.6=10\times1.6=16$

2 割合，数の性質，平均算，推理

①　定価は仕入れ値の，$1+0.25=1.25$(倍)だから，この品物の定価は，$2000\times1.25=2500$(円)となる。

②　3と4と5の最小公倍数は，$3\times4\times5=60$より，3でも4でも5でも割り切れる整数は60の倍数になる。よって，2をたすと60の倍数になる整数は60の倍数より2小さい数なので，このうち，2けたの整数は，$60-2=58$とわかる。

③　今までのテストの回数を□回として図に表すと，右の図のようになる。図で，斜線部分と太線で囲んだ部分の面積は，どちらもテストの得点の合計を表しているから，アとイの部分の面積は等しくなる。イの部分の面積は，$(100-70)\times1=30$なので，アの部分の面積も30となり，$□=30\div(70-67)=10$(回)と求められる。よって，次のテストは，$10+1=11$(回目)となる。

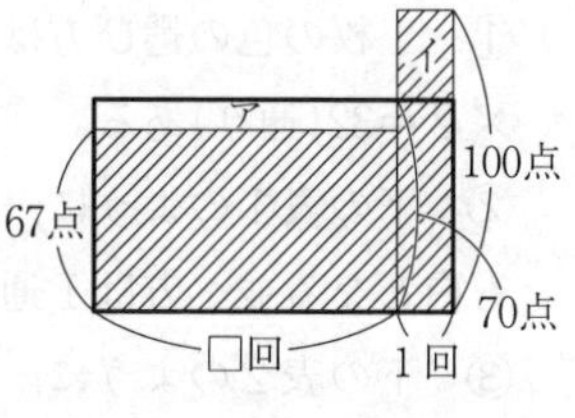

④　偶数《ぐうすう》と偶数，奇数《きすう》と奇数の和と差は偶数になり，偶数と奇数の和と差は奇数になる。また，5つの整数の中には1つだけ奇数があるから，AとCはともに偶数，BとDもともに偶数とわかる。よって，CとEの和は7で，Cが偶数なので，Eが奇数とわかる。

3 約束記号

①　$8*16=8+9+10+11+12+13+14+15+16=(8+16)\times9\div2=108$となる。

②　$1*7=1+2+3+4+5+6+7=(1+7)\times7\div2=28$になるから，$2*(1*7)=2$

＊28＝２＋３＋４＋…＋28＝(２＋28)×27÷２＝405と求められる。

4 図形の回転移動，作図，面積

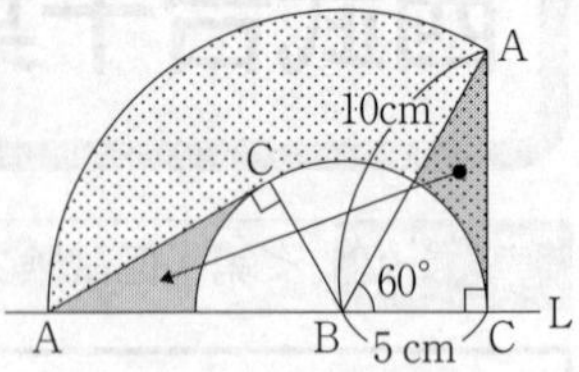

① 右の図のように，点Ａは半径がBAで，中心角が，180－60＝120(度)のおうぎ形の弧《こ》をえがき，点Ｃは半径がBCで中心角が120度のおうぎ形の弧をえがく。

② 右の図のように，•印の部分を矢印の部分に移動すると，求める面積は，半径が10cmで中心角が120度のおうぎ形の面積から，半径が５cmで中心角が120度のおうぎ形の面積をひいたものになる。よって，それは，$10\times10\times3.14\times\frac{120}{360}-5\times5\times3.14\times\frac{120}{360}=(100-25)\times3.14\times\frac{1}{3}=75\times3.14\times\frac{1}{3}=25\times3.14=78.5$(cm^2)である。

5 体積，長さ

① 容器に入れた水の体積は，$10\times10\times3.14\times30\times\frac{4}{5}=2400\times3.14=7536$(cm^3)となる。

② 円すいの体積と，図１で水が入っていない部分の体積が等しい。円すいの高さをhとすると，$10\times10\times3.14\times h\times\frac{1}{3}=10\times10\times3.14\times30-7536$と表すことができる。よって，$h=(9420-7536)\div\left(10\times10\times3.14\times\frac{1}{3}\right)=1884\div314\times3=18$(cm)と求められる。

6 時計算

① 長針は１分間で，360÷60＝６(度)回るので，40分で，６×40＝240(度)回る。また，短針は１分間で，360÷12÷60＝30÷60＝0.5(度)回るから，４時までの，30×４＝120(度)を足して，120＋0.5×40＝140(度)回っている。よって，求める小さい方の角度は，240－140＝100(度)となる。

② 長針は短針よりも１分間に，６－0.5＝5.5(度)多く回る。また，問題文の図のようになるとき，長針は３時までの，30×３＝90(度)を足して，90＋20＝110(度)多く回ったとわかる。よって，110÷5.5＝20(分)より，求める時間は３時20分である。

〔別解〕 長針は短針よりも１分間に，６－0.5＝5.5(度)多く回る。３時ちょうどのときの短針と長針の間は，360÷12×３＝90(度)で，ちょうど20度になるには，90－20＝70(度)ちぢまればよい。よって，$70\div5.5=\frac{140}{11}=12\frac{8}{11}$(分)となるので，求める時間は３時$12\frac{8}{11}$分である。

7 場合の数

① １枚の色の選び方は２通りなので，５枚を横一列に並べる並べ方は，全部で，２×２×２×２×２＝32(通り)ある。

② 下の表１のように，３枚が白となる並べ方は３通り，４枚が白となる並べ方は４通り，５枚とも白となる並べ方は１通りあるから，全部で，３＋４＋１＝８(通り)ある。

③ 下の表２のように，３枚が白となる並べ方は４通り，４枚が白となる並べ方は９通り，５枚が白となる並べ方は６通り，６枚とも白となる並べ方は１通りあるので，全部で，４＋９＋６＋１＝20(通り)ある。

表１

３枚が白	４枚が白	５枚が白
(白,白,白,黒,黒)	(白,白,白,白,黒)	(白,白,白,白,白)
(黒,白,白,白,黒)	(白,白,白,黒,白)	
(黒,黒,白,白,白)	(白,黒,白,白,白)	
	(黒,白,白,白,白)	

表２

３枚が白	４枚が白	５枚が白	６枚が白
(白,白,白,黒,黒,黒)	(白,白,白,白,黒,黒)	(白,白,白,白,白,黒)	(白,白,白,白,白,白)
(黒,白,白,白,黒,黒)	(白,白,白,黒,白,黒)	(白,白,白,白,黒,白)	
(黒,黒,白,白,白,黒)	(白,白,白,黒,黒,白)	(白,白,白,黒,白,白)	
(黒,黒,黒,白,白,白)	(白,黒,白,白,白,黒)	(白,白,黒,白,白,白)	
	(黒,白,白,白,白,黒)	(白,黒,白,白,白,白)	
	(黒,白,白,白,黒,白)	(黒,白,白,白,白,白)	
	(白,黒,黒,白,白,白)		
	(黒,白,黒,白,白,白)		
	(黒,黒,白,白,白,白)		

社　会　＜第１回試験＞（30分）＜満点：50点＞

解　答

1 ①　ウ，滋賀県　②　ア，兵庫県　③　オ，三重県　④　エ，大阪府　2 ①　北京　②　ウクライナ　③　50年目　④　18歳　3 ①　茶　②　米(稲)　③　いちご　④　たまねぎ　4 ①　イ→ウ→ア　②　ウ→イ→ア　③　ア→ウ→イ　④　ア→イ→ウ　5 ①　EV　②　マイクロプラスチック　③　エコバッグ　④　LED 電球　6 ①　**誤り**　平城京，**正解**　平安京　②　**誤り**　漢字，**正解**　かな文字　③　**誤り**　鎌倉時代，**正解**　室町時代(戦国時代)　④　**誤り**　織田信長，**正解**　豊臣秀吉　⑤　**誤り**　貴族，**正解**　天皇(朝廷)　7 日本は，再生可能エネルギー発電開発に取り組んでいるが，東日本大震災以降火力発電の利用が増えている。高くなった石油の使用が増えたことで，電気料金が上がっている。

解　説

1　近畿地方についての問題

①　ウの滋賀県の中央に位置する琵琶湖《びわこ》は，滋賀県の面積の約17％を占《し》める，日本最大の湖。滋賀県は，近畿地方北部に位置する内陸県で，京都府(イ)・三重県(オ)・岐阜県・福井県と接している。

②　淡路《あわじ》島は，アの兵庫県に属する。江戸時代，淡路島は阿波国《あわのくに》(徳島県)を支配していた徳島藩《はん》の領地だった。しかし明治時代の初め，淡路島の徳島藩からの独立をめぐって，淡路島に住む武士たちと徳島藩との間に対立が生まれ，死者が出る事件も起きたので，明治政府は淡路島を兵庫県の一部と決めた。

③　伊勢《いせ》神宮は，日本の神々の中でも最高神といわれる天照大御神《あまてらすおおみかみ》を祀《まつ》った神社で，オの三重県伊勢市にある。

④　万博《ばんぱく》(万国博覧会《ばんこくはくらんかい》)とは，人類の活動に必要なものの実現に向けて，産業や文化の成果(今まで成しとげられてきたこと)や将来の見通しを，人々に示すためのイベントで，1851年，第１回の万博がロンドン(イギリス)で開かれた。日本で最初に開かれた万博は，1970年の大阪万博であり，2025年には，再び大阪府(エ)で万博が開かれる予定。

2　2022年の出来事についての問題

①　2022年の冬季オリンピックは，北京《ペキン》(中国)で開かれた。北京では，2008年に夏季オリンピックも開催《かいさい》されており，同一都市で，夏季オリンピックと冬季オリンピックが開催された，初めての例となった。

②　2022年２月，ロシアは特別軍事作戦という名目で，隣国《りんごく》のウクライナに侵攻《しんこう》した。このウクライナでの戦争は開始から１年が経過した2023年３月現在も継続しており，終戦の見通しは立っていない。

③　1951年のサンフランシスコ平和条約でアメリカの支配下に置かれた沖縄は，1972年に返還《へんかん》され，日本に復帰した。2022年は，沖縄が日本に復帰してから50年目の年であった。

④　2022年４月，改正民法が施行《しこう》され，成人年齢《ねんれい》が20歳《さい》から18歳に引き下げられた。これは，18歳や19歳の若者の自己決定権を尊重し，若者の積極的な社会参加をうながすことを目的としている。しかし，全てのことが18歳からできるようになったわけではなく，飲酒や喫煙《きつえん》は健康上の理由から，

20歳からと制限されている。

3 農作物についての問題

① 京都府の宇治《うじ》や，埼玉県の狭山《さやま》などの特産品となっている作物は茶。長い間，茶の生産量第１位の都道府県といえば静岡県だったが，機械化を進めた鹿児島県が生産量を伸ばし，生葉(収穫《しゅうかく》されたままの状態の茶葉)と荒茶(生葉を加工した半製品状態のお茶)の合計では，鹿児島県が静岡県をぬいて第１位になった(2020年産)。

② 第１位が新潟県，第２位が北海道で，東北地方の生産量が多い穀物は米(稲《いね》)。

③ 栃木県が第１位の，「赤い」果物といえばいちご。暖かい気候を好むいちごは，九州地方の生産量が多い。

④ 北海道が生産量のほとんどを占め，それ以外では，佐賀県，兵庫県の生産量が多い野菜はたまねぎ。暑さに弱いたまねぎには，北海道の涼《すず》しい気候が適している。

4 歴史上の人物についての問題

① アは，戦国時代から安土桃山時代にかけて活躍《かつやく》した織田信長《おだのぶなが》。イは鎌倉《かまくら》幕府を開いた源頼《みなもとのより》朝《とも》。ウの騎馬武者は，南北朝の争乱のころの人物で，室町《むろまち》幕府を開いた足利尊氏《あしかがたかうじ》ともいわれている(イ→ウ→ア)。

② アは吉田松陰《よしだしょういん》で，幕末に松下村塾《しょうかそんじゅく》を開き，高杉晋作《たかすぎしんさく》・伊藤博文《いとうひろぶみ》などの人材を育てた人物。イは江戸幕府の第８代将軍徳川吉宗《とくがわよしむね》で，享保《きょうほう》の改革を行った人物。ウは関ヶ原《せきがはら》の戦いに勝ち，初代将軍として江戸幕府を開いた徳川家康《いえやす》(ウ→イ→ア)。

③ アは薩長《さっちょう》同盟の仲立ちをするなど，江戸時代の終わりに活躍した坂本龍馬《さかもとりょうま》。イは吉田茂《よしだしげる》で，1951年にサンフランシスコ平和条約が結ばれた時の内閣総理大臣。ウの伊藤博文は，最初の内閣総理大臣になるなど明治《めいじ》時代に活躍した人物(ア→ウ→イ)。

④ アは冠位十二階《かんいじゅうにかい》を定めるなど，飛鳥《あすか》時代に活躍した聖徳太子《しょうとくたいし》。イは鎌倉幕府を倒し，建武《けんむ》の新政を始めた後醍醐《ごだいご》天皇。ウは天下を統一し，戦国時代を終わらせた豊臣秀吉《とよとみひでよし》(ア→イ→ウ)。

5 環境対策についての問題

① 電気自動車とは，バッテリーにたくわえた電気でモーターを回転させて走る自動車で，走行時に二酸化炭素を出さないことから，環境にやさしい自動車だといわれている。電気自動車は英語で「Electric Vehicle」とよばれることから，頭文字をとって「EV」という。

② プラスチックは自然に分解されることはないので，分別せずに捨てられたプラスチックは，日光や波の力でどんどん小さく砕《くだ》かれていく。このように小さくなったプラスチックごみを，マイクロプラスチックという。海中のマイクロプラスチックは，海の生物に悪影響《えいきょう》を及《およ》ぼすだけではなく，魚を食べる人間の身体にも入るので，人間の健康にも悪影響を及ぼす。

③ 2020年にレジ袋《ぶくろ》の有料化が始まってから，買い物をする時に，自分の買い物袋を持っていく人が増えた。このように，持参した買い物袋を使うと，ゴミを減らし，環境を守ることができるので，このような買い物袋はエコバッグとよばれている。

④ 従来使われてきた電球は白熱電球といい，熱エネルギーを使ってフィラメントという部品を加熱して，明るくしていた。現在普及《ふきゅう》しつつあるLED(発光ダイオード)は，半導体に電気を通して光らせるもので，白熱電球や蛍光灯などの照明器具と比べ，消費電力が少なく，寿命《じゅみょう》も長い。このLEDを使って作られた電球を，LED電球という。

6 歴史上の出来事についての問題

① 794年，京都に移された都の名前は平安京である。平城京は現在の奈良市に置かれていた都の名前。

② 平安時代にかな文字が生まれ，考えや気持ちを容易に書き表せるようになったことから文学が発達し，『源氏物語』，『枕草子』などの名作が書かれた。漢字は中国で生まれた文字で，古墳《こふん》時代に日本に伝わったといわれている。

③ 鎌倉幕府は，1333年に滅亡《めつぼう》しており，鉄砲《てっぽう》が伝わった1543年は，鎌倉時代ではなく室町時代にあたる。なお室町時代の中でも，応仁《おうにん》の乱（1467～1477年）以降を戦国時代とよぶことがあり，戦国時代も正解となる。

④ 天下を統一して戦国時代を終わらせ，刀狩《かたながり》や太閤検地《たいこうけんち》を行った人物は，織田信長ではなく豊臣秀吉。

⑤ 大政奉還《たいせいほうかん》とは，政権を天皇（朝廷《ちょうてい》）に返すことを指すので，貴族が誤り。大政奉還に対して，朝廷の方針を示した王政復古の大号令では，将軍だけでなく，摂政《せっしょう》や関白《かんぱく》を置かないことも定められており，天皇中心の国を作ることが明治政府の目的だった。

7 電気料金値上げについての問題

エネルギー自給率の低い日本において，原子力発電はこれまで積極的に導入されてきた。2000年ごろには，総発電量の約30％が原子力発電によるものだった。しかし，2011年の東日本大震災《だいしんさい》の時に起きた，福島県の原子力発電所の事故以降，原子力発電による発電量は大きく減少し，2020年には総発電量の約４％にまで減少した。原子力発電に代わる発電源として，再生可能エネルギーの利用も考えられたが，再生可能エネルギーの発電可能量は少なく，すぐには再生可能エネルギーに頼《たよ》ることはできない。そこで，手っ取り早く発電量を増やせる火力発電の発電量を増やすことにしたため，2020年には総発電量の80％以上を火力発電が占めることとなった。火力発電は燃料を外国から輸入する必要があるが，近年は，急激な円安が進んだことや，ウクライナに侵攻したロシアへの制裁措置《せいさいそち》として，ロシアとの貿易が制限されたことなどを背景に，石油・石炭・天然ガスなど，燃料となる資源の価格が上昇した。そのため電気料金を値上げしないと電力会社の経営が成り立たない状態になり，大幅《おおはば》な電気料金の値上げが行われた。

理科 ＜第１回試験＞（30分）＜満点：50点＞

解答

1 **問１** 右の図 **問２** イ **問３** ① 青色 ② 黄色 **問４** イ **2** **問１** ① だんだん速くなる ② だんだん遅くなる **問２** ① 2.8秒 ② 4秒 **問３** 2.4秒 **問４** （例） ブランコ（ふりこ時計，メトロノーム，かねつき，ボウリング） **3** **問１** ① 光合成 ② （栄）養分 **問２** **バッタ** ア **カエル** イ **ワシ** ウ **問３** ワシ **問４** **イ** ① **エ** ② **問５** **A** → **B** → **C** ↑ **D** ↑ **4** **問１** A **問２** D **問３** ア

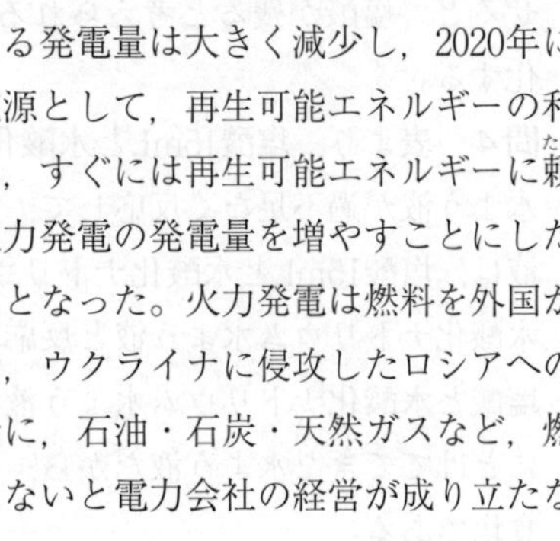

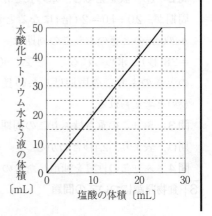

自　イ公　**問4**　**あ**　④　**い**　③　**う**　②　**え**　①　**お**　⑥　**問5**　(月の)満ち欠け

解説

1　塩酸と水酸化ナトリウム水よう液の反応についての問題

問1　グラフの横じくが塩酸の体積，たてじくが水酸化ナトリウム水よう液の体積なので，(塩酸の体積，水酸化ナトリウム水よう液の体積)とすると，表から，(0，0)，(5，10)，(10，20)，(15，30)，(20，40)，(25，50)の点をグラフ上にとり，直線で結べばよい。

問2　BTB液を酸性の水よう液にくわえると黄色に，中性の水よう液にくわえると緑色に，アルカリ性の水よう液にくわえると青色になる。

問3　①　表から，塩酸５mLと水酸化ナトリウム水よう液10mLをまぜると，塩酸と水酸化ナトリウム水よう液が過不足なく反応して，水よう液が中性になるとわかる。よって，塩酸５mLに水酸化ナトリウム水よう液20mLをくわえると，水酸化ナトリウム水よう液が，20－10＝10(mL)残る。水酸化ナトリウム水よう液はアルカリ性なので，BTB液をくわえると青色に変化する。　②　塩酸と水酸化ナトリウム水よう液をまぜて中性にするためには，塩酸に対して２倍の量の水酸化ナトリウム水よう液をまぜる必要がある。したがって，塩酸30mLに水酸化ナトリウム水よう液15mLをまぜると，塩酸が残ると考えられる。塩酸は酸性の水よう液だから，BTB液をくわえると黄色に変化する。

問4　表より，塩酸15mLと水酸化ナトリウム水よう液30mLをまぜると，塩酸と水酸化ナトリウム水よう液が過不足なく反応して，水よう液が中性になるとわかる。したがって，このときの水よう液は，塩酸15mLと水酸化ナトリウム水よう液30mLが過不足なく反応して中性となった水よう液と，水酸化ナトリウム水よう液と反応せずに残った塩酸，20－15＝５(mL)がまざった水よう液である。塩酸と水酸化ナトリウム水よう液が反応すると，固体の食塩ができる。塩酸は気体の塩化水素が水にとけてできた水よう液だから，このときの水よう液を加熱して水を蒸発させたときに残る固体は，食塩である。

2　ふりこの運動についての問題

問1　ふりこがふれるときの速さは，イを通るときに最も速くなる。したがって，アからイの間では，ふりこの速さはだんだん速くなり，イからウの間では，ふりこの速さはだんだん遅くなる。

問2　①　表を見ると，糸の長さが25cmから100cmの，100÷25＝４(倍)になったとき，ふりこの周期が，2.0÷1.0＝２(倍)になるとわかる。200cmは50cmの，200÷50＝４(倍)なので，糸の長さが200cmのときのふりこの周期は，糸の長さが50cmのときのふりこの周期の２倍になり，1.4×２＝2.8(秒)と求められる。　②　400cmは100cmの，400÷100＝４(倍)だから，糸の長さが400cmのときのふりこの周期は，糸の長さが100cmのときのふりこの周期の２倍になり，2.0×２＝４(秒)と考えられる。

問3　ふりこの重さはふりこの周期に関係しない。よって，糸の長さが150cmのときのふりこの周期は，表より，2.4秒とわかる。

問4　ふりこの性質を利用したものには，ブランコやふりこ時計，メトロノームなどがある。

3　食物連鎖についての問題

問１　植物は光合成をおこない，自分でデンプンなどの栄養分をつくることができるが，動物は自分でデンプンなどの栄養分をつくることができないため，他の生物を食べて栄養分をとり入れる。

問２　バッタはエノコログサなどイネ科の植物を食べる草食動物，カエルはバッタなどの昆虫を食べる小型の肉食動物，ワシは小型の肉食動物などを食べる大型の肉食動物である。

問３　一般に，大型の肉食動物ほど食べる量が多くなるため，エサとなる生物の数量が多くなる。したがって，バッタ・カエル・ワシの中では，ワシの数量が最も少ないと考えられる。

問４　ふつう，草食動物が増えると，小型の肉食動物にとってエサが増えることになるから，小型の肉食動物の数量は増える。いっぽうで，植物は草食動物に食べられる量が増えるため，植物の数量は減る。

問５　ワシなどの大型の肉食動物は，ヘビやイタチなど，小型の肉食動物をエサとする。また，ヘビやイタチなどの小型の肉食動物は，カエルやネズミなど，より小型の動物をエサとする。

4　月の動きや満ち欠けについての問題

問１　月は地球の北極側から見て，地球のまわりを反時計回りにまわっている。このような動きを月の公転という。

問２　天体が自分で回転することを自転といい，月は地球の北極側から見て反時計回りに自転をしている。

問３　月は自身が自転をしながら地球のまわりを公転している。

問４　地球から月を見たときに月が光って見えるのは，月が太陽の光を反射しているためである。したがって，図１では，それぞれの位置の月について月の左側の部分が光って見えるといえる。このことから，地球からは，(あ)の位置の月は左半分が，(い)の位置の月は全体が，(う)の位置の月は右半分が，(え)の位置の月は右側の一部が光って見える。(お)の位置の月は光っている部分が地球から見えない。

問５　月が日ごとに形を変えることを月の満ち欠けという。

英語　＜第１回試験＞（30分）＜満点：50点＞

解答

1　1 イ　2 ウ　3 ウ　**2**　1 イ　2 ア　**3**　1 イ　2 イ　3 ア　4 エ　5 ア　6 エ　7 ウ　8 イ　9 ウ　10 エ　11 ア　12 ウ　13 イ　14 ア　15 エ　**4**　1 エ　2 イ　3 ウ　4 ウ　5 ア　**5**　1 My red pen is on the desk.　2 How much are these vegetables?　3 Let’s ask the teacher about the school trip.　4 She can swim very fast.　5 What is her son doing now?

国語　＜第１回試験＞（50分）＜満点：100点＞

解答

一　①　ぼうえんきょう　②　はんのう　③　げんじゅう　④　ひんこん　⑤　ろうど

く　⑥～⑩　下記を参照のこと。　二　①　イ　②　エ　③　ア　三　問１　（例）　作った食べ物の３分の１も捨ててしまっている生活。　問２　ア　問３　イ　問４　生徒たちは　問５　（順に）品質が切れる日付け／おいしさの目安／メーカー／短めに設定　問６　（例）　きちんと保管して，賞味期限が過ぎたら火を通して食べること。　問７　ウ，ク　四　問１　ウ　問２　きのうからのモヤモヤを吹き払うため　問３　（例）　まずはみんなで末永にあやまり，そのうえで中田さんに相談するということ。　問４　ア　問５　Ｖサイン　問６　（順に）反省／グーパーじゃんけん／やめよう　問７　エ，キ

●漢字の書き取り

一　⑥　風紀　⑦　許　⑧　簡単　⑨　故郷　⑩　劇的

解　説

一　漢字の読みと書き取り

①　遠くの対象物を拡大して見るための光学器械。　②　はたらきかけに応じて起こる動き。　③　厳しくいいかげんでないこと。　④　貧しくて，豊かでないこと。　⑤　声高く読みあげること。　⑥　社会秩序を保つためのきまり。　⑦　音読みは「キョ」で，「免許」「許容」などの熟語がある。　⑧　たやすく，こみいっていないこと。　⑨　ふるさと。生まれた土地。　⑩　まるで劇を見ているように感激したり印象づけられたりするさま。

二　敬語の知識，慣用句とその意味，慣用表現の使い方

①　例文の「うかがう」は，「訪ねる・行く」の謙譲《けんじょう》語なので，「もらう」の謙譲語の「いただく」が，同じ種類である。ア・ウ・オは尊敬語，エは丁寧《ていねい》語。

②　ア「鼻が高い」は，得意な気持ちであること，イ「根も葉もない」は，うわさなどの根拠《こんきょ》がないこと，ウ「手を焼く」は，どう対応していいかわからないこと，エ「板につく」は，仕事などに慣れてくること，オ「首を突《つ》っ込《こ》む」は，関心を持って関わろうとすること，といった意味である。

③　「腹を割る」は，本心をかくさずに打ち明けることを意味するので，アが正しい。

三　**出典は井出留美《いでるみ》『SDGs時代の食べ方　世界が飢《う》えるのはなぜ？』による。**地球上には，食べ物を捨てている国と食べ物が足りない国がある。人は生きていくために，生きもののいのちをいただいていることを再認識《さいにんしき》すべきであり，食品ロスを減らすために，賞味《しょうみ》期限が切れた食品も，経過日数や調理法によっては食べられることを知るべきだと述べている。

問１　まず筆者は，「年間13億トンの食料が捨てられています」「作った食べ物の，なんと３分の１も捨ててしまっています」と現代の生活を批判している。そして，このことが，さまざまな生き物のいのちをうばっていること，かかわる人たちの努力が無駄《むだ》になっていること，エネルギーが無駄になっていることの原因であると述べている。

問２　食べ物を必要としている人に届けるために，ぼう線部②のあとで「地球をひとつの家と考えて，みんなでおいしく分け合うのがいいのではないでしょうか」と提案している。

問３　「これが，いのちをいただく，ということなのです」と述べたあとで，「魚も同じ」「野菜も果物もそうです」と言っているので，「そう」の指す内容は「いのちをいただく」ことであるとわかる。

問４　牛乳の飲み残しが激減した理由について，生徒たちが，「牛乳は，単なるモノではなく，牛

がいのちをふりしぼって生みだしたものだと理解したから」ではないかと，ぼう線部④の直後で述べている。

問５　賞味期限は「品質が切れる日付ではなく，おいしさの目安」であるが，メーカーや企業《きぎょう》は「さまざまな状況《じょうきょう》とリスクを考慮《こうりょ》し，短めに設定」することが多いと，ぼう線部⑤の前後で説明している。

問６　賞味期限が過ぎた卵は，生で食べるのには適していないが，「きちんと保管してあれば，火を通せばしっかり食べられる」とある。

問７　東京都民の「年間食事量とほぼ同じ量の600万トンが日本の食品ロス量です」とあるので，ウは正しい。「賞味期限が過ぎても，きちんと保管してあれば，すぐに捨てる必要はありません」とあるので，クは正しい。アは「今後30年の間に徐々《じょじょ》に減っていく」，イは「食料を分け合うことはできない」，エは「アレルギーの人も牛乳を飲まなければならない」，オは「酸化しやすいため，賞味期限が設定されている」が，誤りである。カ，キは課題文にない内容のため不適。

四　**出典は佐川光晴《さがわみつはる》『大きくなる日』による。**「ぼく」の所属するテニス部は，チームメイトを「ハメ」たためにぎくしゃくしていたが，その不和を先輩《せんぱい》や先生の力を借りずに自分たちだけで解決したことで，きずなを深めていく。

問１　「今夜は父と母がそろっているのだとおもうと，やるだけのことはやってやろうと気合いがはいった」ので，かけ足で学校にむかったのである。

問２　「どうしても勝ちたかった」のは，ぼう線部②の直前に書かれているように「モヤモヤを吹《ふ》き払《はら》うため」である。

問３　ぼう線部③を含む段落に「そう結論したのは」とあり，その内容は，前の段落で「まずはみんなで末永にあやまり，そのうえで(中田さんに)相談する」と説明されている。

問４　ぼくは，武藤《むとう》の表情を見て，自分が行動を起こす前にすでに武藤が「浅井《あさい》先生かキャプテンの中田さんにうちあけたのではないか」と思ったが，コートに来たのが一年生だけだったことから，自分の考えが間違《まちが》っていたと気づき，武藤の行動で「ケリがつく」だろうと考えた自分の甘《あま》さに腹が立ったのである。

問５　「本当はＶサインのつもりだったが，この状況ではどうしたってチョキにしか見えない」とあるので，父がぼくたちにむかってとったポーズは「Ｖサイン」だったとわかる。

問６　久保も，グーパーじゃんけんで末永をハメたことを反省していたので，グーでもパーでもないチョキを出し，「グーパーじゃんけんはもうやめよう」と言ったのである。

問７　「みんなは青ざめた顔のまま」という表現から，グーパーじゃんけんに不安な気持ちを持っていることが読み取れるので，エは正しい。コートの整備をしている場面で，「きのうからのわだかまりが消えていく気がした」「ぼくたちはこれまでよりも強くなるだろう」と感じているので，キは正しい。

Memo

2022年度　西武台千葉中学校

〔電　話〕　04(7127)1111
〔所在地〕　〒270－0235　千葉県野田市尾崎2241－２
〔交　通〕　東武アーバンパークライン「川間駅」北口より徒歩17分
　　　　　　またはスクールバス

◆注意事項◆　筆記用具・定規《じょうぎ》以外は机《つくえ》の上に置いてはいけません。

【算　数】〈第一志望試験〉（50分）〈満点：100点〉

1　次の計算をしなさい。

(1) $289\div17\times(31-16)$

(2) $16.32-0.6\times10.9-9.68$

(3) $135\times7-(79\times7+6\times7)$

(4) $\left(\dfrac{2}{3}+\dfrac{2}{5}\right)\div1\dfrac{7}{9}$

(5) $6\dfrac{1}{2}-\left(0.6+1\dfrac{1}{5}\times\dfrac{3}{4}\right)$

2　次の計算式が成り立つように $\boxed{}$ に，①②には適当な数字を，③④には計算が成り立つ計算の記号を入れなさい。

(1) $32-7\times\boxed{\text{①}}=4$

(2) $1\dfrac{1}{2}-\dfrac{4}{\boxed{\text{②}}}+\dfrac{1}{4}=\dfrac{19}{20}$

(3) $1\boxed{\text{③}}\dfrac{2}{3}-\dfrac{3}{4}=\dfrac{11}{12}$

(4) $56-24\boxed{\text{④}}(12-6)\times2=48$

3 次の問いに答えなさい。ただし，求め方や考え方、計算式なども記入すること。

(1) 3でも4でも6でもわり切れる最も小さい整数はいくつですか。

(2) ジュース3本とケーキ5個で1110円，ジュース5本とケーキ5個で1350円です。このとき，ジュース1本の値段はいくらですか。

(3) あつし君の体重は42 kg，あきら君の体重はあつし君より5 kg多く，しょう君の体重はあきら君より4 kg軽いとき，3人の体重の平均は何kgですか。

(4) 長さが180 mの列車が秒速20 mで走っています。この列車が長さ300 mの鉄橋を通過するのには何秒かかりますか。

4 右の図のような三角形ABCがあります。次の問いに答えなさい。
ただし，求め方や考え方、計算式なども記入すること。

(1) 三角形ABCの面積は何cm^2ですか。

(2) 三角形ABDの面積は何cm^2ですか。

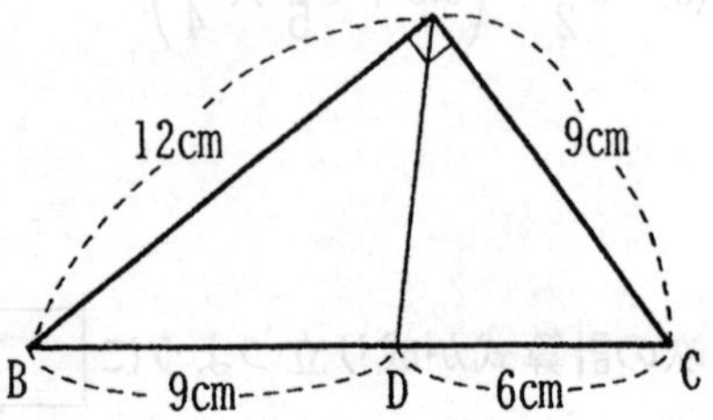

5 みほさんは毎朝7時30分に家を出て，一定の速さで歩き，7時45分に学校に着きます。このときみほさんの歩く速さは分速60 mです。次の問いに答えなさい。
ただし，求め方や考え方、計算式を記入すること。

(1) みほさんの家から学校までの距離は何 mですか。

(2) ある日，みほさんは7時35分に家を出ました。いつも通りの時間に学校に着くためには，分速何 mで歩けばよいですか。

(3) (2)のとき，みほさんは一定の速さで走ったので，いつもより4分早く学校に着きました。このときのみほさんの走る速さは時速何 kmですか。

6 1辺が2 cmの立方体を下の図のように積み上げていきます。
このとき次の問いに答えなさい。

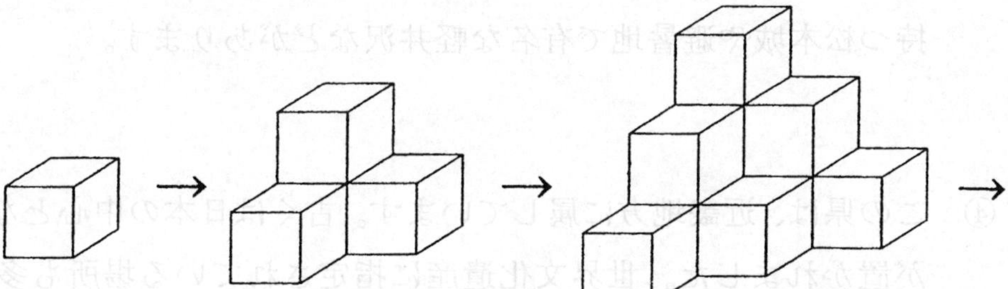

(1) 4段の高さにするのに必要な立体の個数は何個ですか。

(2) 6段の高さにするのに必要な立体の個数は何個ですか。

(3) 6段の高さにしたときの立体の表面積は何 cm^2ですか。

【社　会】〈第一志望試験〉（30分）〈満点：50点〉

1 次に書かれた県に関する説明を読み、県名を答えなさい。

① この県は、近畿《きんき》地方に属しています。県内には、日本一大きな湖琵琶湖《びわこ》があります。歴史的な場所としては、織田信長が築いた安土城跡や比叡山延暦寺《ひえいざんえんりゃくじ》などがあります。

② この県は、関東地方に属しています。北部には、那須連山が広がり多くの牧場があります。歴史的な場所としては、徳川家康にゆかりのある日光東照宮がとても有名です。

③ この県は、中部地方に属しています。県内には、高く険しい山々が広がり自然豊かな県です。歴史的な場所としては、国宝の天守閣を持つ松本城や避暑地で有名な軽井沢などがあります。

④ この県は、近畿地方に属しています。古くは日本の中心となり、都が置かれました。世界文化遺産に指定されている場所も多い県です。歴史的な場所としては、法隆寺や東大寺などがあります。

⑤ この県は、九州地方に属しています。県内には青い海と自然豊かな島々が広がる一年を通して暖かな県です。先日、この県の島々が世界自然遺産に登録されました。

2 私は、東海道・山陽新幹線に乗り、東京駅から博多駅まで旅行に出かけました。途中いくつかの駅に降り観光しました。私の旅行日記を参考に、下に書かれている6つの都市名を答えなさい。

1つ目は、東京駅を出発し神奈川県最初の駅で降りました。この都市は、人口が300万人を超える大都市です。みなとみらい21や中華街など魅力ある観光名所の多い都市です。中華街で食べた料理が、とてもおいしかったです。

2つ目は、神奈川県の隣県の県庁所在地で降りました。徳川家康が将軍をやめた後、暮らした駿府城《すんぷじょう》跡や弥生時代の稲作遺跡《いせき》として有名な登呂遺跡があります。駿府城跡にある徳川家康像はとても立派でした。

3つ目は、近畿地方の中心都市で降りました。この都市は、江戸時代から商人の街として栄えてきました。沿岸埋立地には、大きなテーマパークがあります。今回は、短い時間でしたので、テーマパークは次回の楽しみとしました。

4つ目は、港町として栄えてきた都市で降りました。明治時代に早くから西洋文化を取り入れ、その時代外国人が暮らした西洋式住居が今も多く残ります。異人館街を楽しく見学しました。

5つ目は、中国地方の中心都市で降りました。現在、自動車工業をはじめ工業都市として発展しています。近海では、カキの養殖がとても有名です。その他、世界文化遺産となっている原爆ドームは有名で、今回見学してきました。

最後6つ目は、終点博多駅のある都市に降りました。この都市は、九州地方の中心都市として栄えています。この地域では、古くから都市名と駅名とが両方使われてきました。そのため、明治時代に市の名前を決める時、投票で現在の都市名が決められ、駅名は博多を使うことになったと聞きました。

3 近年、様々な場面で「SDGsへの取り組み」が言われます。SDGsには、下記に示す17目標があげられます。①～④に書かれた目標達成への取り組みとなる例をア～カの中から選び記号で答えなさい。

① 目標1：貧困をなくそう

② 目標3：すべての人に健康と福祉を

③ 目標4：質の高い教育をみんなに

④ 目標12：つくる責任つかう責任

ア．国の活動として「ＧＩＧＡスクール構想」を打ち出し、全国の小中学校にiPadが導入される。

イ．店舗や学校から出た廃油を回収し、軽油の代わりとなるバイオディーゼル燃料として活用する取り組みをする企業がある。

ウ．花粉やアレルギー物質の侵入を防ぐ、住宅用換気口フィルターの普及を進めている企業がある。

エ．レジ袋削減のためにマイバッグを持ち歩く習慣を広める運動を進めている。

オ．NPO・NGO団体が、フードバンクへの寄付、着なくなった衣服の寄付を集めて必要としている人々へ支援する活動をしている。

カ．性別、人種、身体的能力、社会的背景などで差別されることに声を上げられる社会を築いている。

4 次の写真は、歴史上有名な施設です。説明をもとに施設名を答えなさい。

① この施設は、江戸時代に建設された人口の島です。幕府が外国との交易を制限していたこの時代、オランダとの交易の場となっていました。

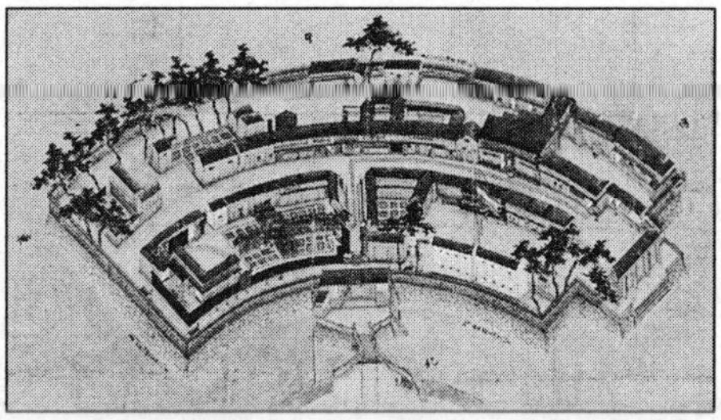

② この建物は、室町時代に建てられました。当時の将軍足利義政によって建てられた建物です。

③ この建物は、飛鳥時代に建てられた寺院です。現存する世界最古の木造建築物で、世界文化遺産にも登録されています。

④ この建物は、明治時代に政府が群馬県に建てた官営製糸場です。日本の近代産業の歴史を代表する施設として、世界文化遺産にも登録されています。

5 今年は、１年遅れで東京オリンピックが開催《かいさい》されました。①～④に書かれた都市は、近年オリンピックが開催された都市です。下のア～カより国旗を選び記号で答えなさい。また、国名も答えなさい。

① 2012年ロンドン夏季大会
② 2014年ソチ冬季大会
③ 2016年リオデジャネイロ夏季大会
④ 2018年ピョンチャン冬季大会

【国旗】

ア.

イ.
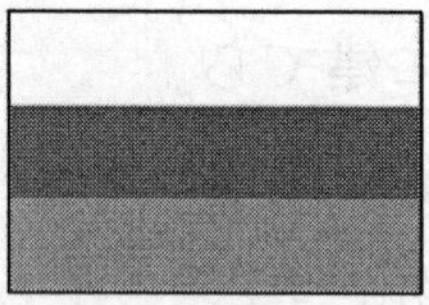

ウ.

エ.

オ.

カ.

※国旗は、白黒で示されているため、実際の色とは異なります。

6 次の年表は、1900年代に日本でおきた出来事です。下記の写真をもとに①〜④の空欄に当てはまる出来事を答えなさい。

1914年‥‥第一次世界大戦がおこる
1923年‥‥関東地方で[①]が発生する
1933年‥‥日本は、[②]を脱退する
1946年‥‥新しい憲法として日本国憲法が公布される
1953年‥‥[③]が開始される
1956年‥‥日本は、新しい国際組織である国際連合に加盟する
1964年‥‥アジアで最初の[④]が開かれる
1970年‥‥大阪で万国博覧会が開かれる

①

②

聯盟よさらば！遂に協力の方途盡く
總會勸告書を採擇し
我が代表堂々退場す
四十二對一票、棄權一
支那側勸告受諾
第六項の権利強調
けふ閣議で正式に
脱退方針を決定

東京朝日新聞
國際聯盟脱退！
詔書嚴かに渙發さる
詔書
歴史的樞府御前會議
脱退案全會一致可決

③

④

7 私たちの周りには、英語略語で示されているものが沢山あります。次に説明しているものを英語略語で示したとき、どのように表記するか下記の語群から選び答えなさい。

① 銀行やコンビニなどに置かれたお金を自動的に預け払いする機械を何と呼ぶか。

② 学校につくられた親と先生との会を何と呼ぶか。

③ インターネット上で文章・写真・動画を発信するツールを何と呼ぶか。

④ 日曜大工など自分自身で使うものを手作りすることを何と呼ぶか。

⑤ 音声情報や映像情報の背景に流す効果音や音楽などを何と呼ぶか。

【語　群】

SNS	ATM	VIP	DIY
PTA	BGM	MVP	DVD

【理　科】〈第一志望試験〉（30分）〈満点：50点〉

1　酸素は二酸化マンガンに液体Ａを加えると発生させることができる。次の表は、ある濃度《のうど》の液体Ａを用いて酸素を発生させたとき、液体Ａの体積と発生した酸素の体積についてまとめたものである。これについて、次の各問いに答えなさい。

液体Ａの体積〔ｃｍ^3〕	0	10	20	30	40	50	60	70	80	90	100
酸素の発生量〔ｃｍ^3〕	0	20	40	60	80	100	120	140	160	180	200

問１　液体Ａの名称《めいしょう》を答えなさい。

問２　表より、液体Ａの体積と酸素の発生量の関係をグラフで表しなさい。

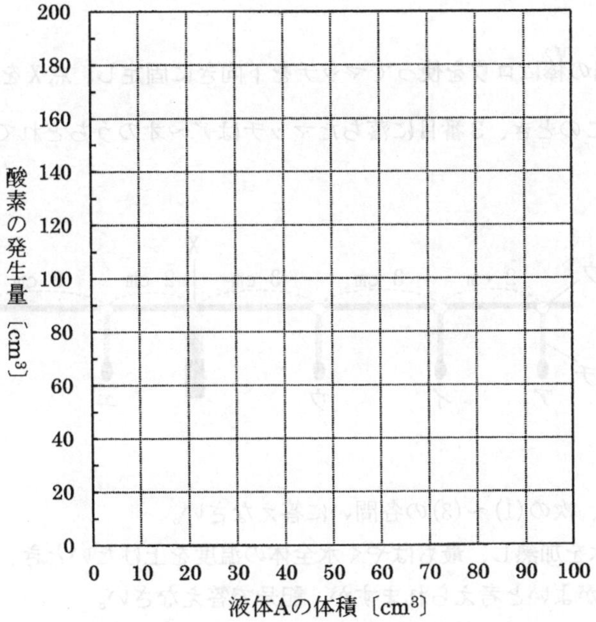

問３　液体Ａの体積と酸素の発生量はどのような関係がありますか。次の文の(　)にあてはまる語句を漢字２字で答えなさい。

> 酸素の発生量は液体Ａの体積に(　　　)する。

問４　酸素で満たした集気びんのなかに火のついた線こうを入れると、どうなりますか。

問５　物質を燃やすと、二酸化炭素が発生するものとしないものがあります。次のア～オのうち、二酸化炭素が発生しないものを１つ選び、記号で答えなさい。

ア　プラスチック　　イ　鉄(スチールウール)　　ウ　エタノール　　エ　炭　　オ　でんぷん

2　熱に関する次の各問いに答えなさい。

問１　金属と熱について、次の(1)、(2)の各問いに答えなさい。

(1)　金属製の輪と球を使って、球が輪を通《とお》り抜《ぬ》けるか試《ため》してみたところ、図のように輪をぎりぎり通《とお》り抜《ぬ》けませんでした。この球を、輪を通すためにはどのような操作《そうさ》が必要ですか。次のア～オから１つ選び、記号で答えなさい。

ア　輪を冷やす。
イ　輪を加熱する。
ウ　球を加熱する。
エ　球と輪を加熱する。
オ　球と輪を冷やす。

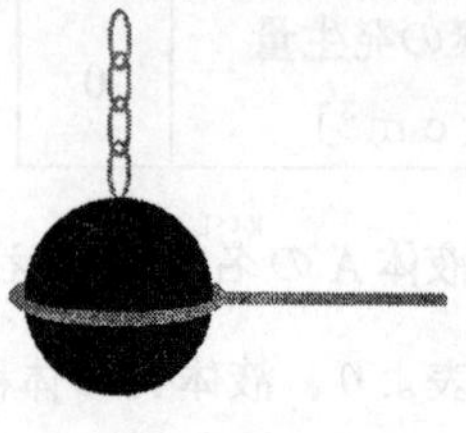

(2)　図のように、金属の棒《ぼう》にロウを使ってマッチを下向きに固定し、点Xを加熱してマッチの様子を観察しました。このとき、３番目に落ちたマッチはア～オのうちどれですか。記号で答えなさい。

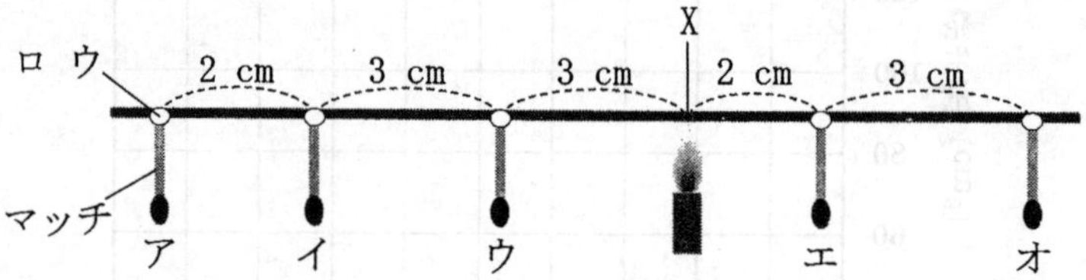

問２　水と熱について、次の(1)～(3)の各問いに答えなさい。

(1)　試験管に入れた水を加熱し、最もはやく水全体の温度を上げたいとき、加熱する場所は次のア～ウのうちどこがよいと考えられますか。記号で答えなさい。

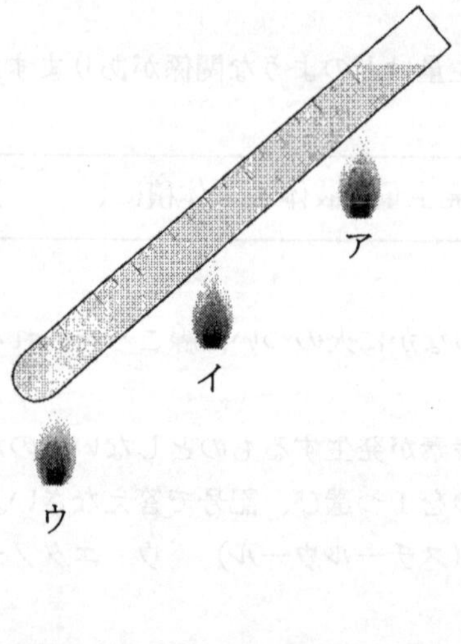

(2)　ビーカーの中に、お湯とおがくずを入れて、アルコールランプを使って図のように加熱しました。しばらく経《た》ったときのおがくずの動きを、矢印を使って表しなさい。

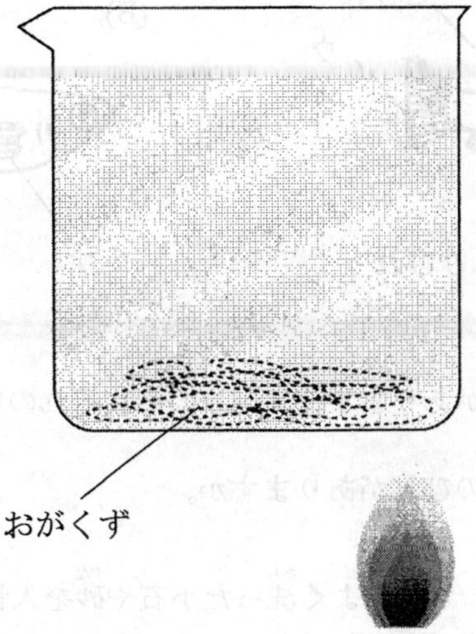

(3)　水の流れによって熱が伝わることを何といいますか。

3 **次の (A), (B) は、メダカを横から見たときのスケッチです。これについて、次の各問いに答えなさい。**

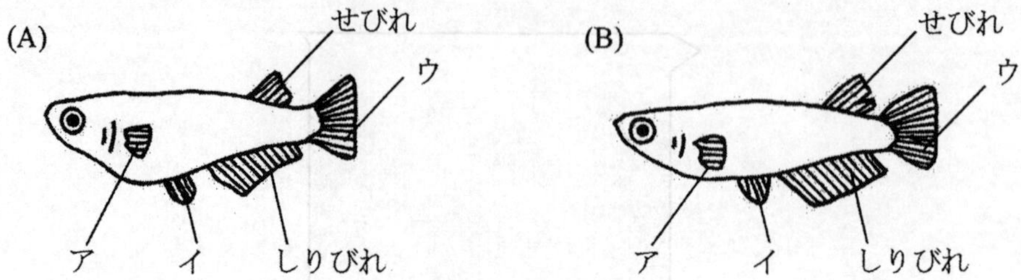

問１　メダカには５種類のひれがあります。ア～ウのそれぞれのひれの名前を答えなさい。

問２　１匹《ぴき》のメダカには、何枚《なんまい》のひれがありますか。

問３　水そうに、くみ置きの水、水草、よく洗《あら》った小石や砂《すな》を入れて、おすとめすのメダカを直射《ちょくしゃ》日光のあたらない明るいところで飼いました。これについて、次の(1), (2)の各問いに答えなさい。

(1)　めすのメダカは卵《たまご》をどこに産みつけますか。最も適当なものを次の①～④から１つ選び、番号で答えなさい。

①　小石や砂《すな》の上　　②　小石や砂《すな》の下　　③　水草　　④　水そうのかべ

(2)　明るいところでは、水草のどのようなはたらきが期待できますか。次の文の空欄《くうらん》に適当なことばを答えなさい。

水草の（　①　）のはたらきによって、水中の（　②　）の量がふえる。

問４　(A), (B)のうち、おすのメダカはどちらですか。記号（アルファベット）で答えなさい。また、そのように判断した理由も答えなさい。

4 **太郎くんは気象庁《きしょうちょう》のホームページで、千葉県で発生した地震《じしん》について調べました。これについて、次の各問いに答えなさい。**

地震《じしん》の概要《がいよう》	
検知時刻《じこく》 (最初に地震《じしん》を検知した時刻《じこく》)	１０月７日２２時４１分
発生時刻《じこく》 (地震《じしん》が発生した時刻《じこく》)	１０月７日２２時４１分
（ ア ）	5.9
場所および深さ	千葉県北西部 深さ ７５ｋｍ
発震機構	東西方向に圧力軸《じく》を持つ逆断層型《ぎゃくだんそう》①
震度《しんど》	【最大震度《しんど》（ イ ）強】 埼玉県川口市(かわぐちし)・宮代町(みやしろまち)、 東京都足立区(あだちく)、合計３つの市区町村で 最大震度（イ）強を観測した他、東北地方から近畿《きんき》地方に かけて震度《しんど》（イ）弱～１を観測

○防災上の留意事項《じこう》

この地震《じしん》による（ ウ ）の心配はありません。

問１　（ア）には、地震《じしん》の規模《きぼ》（そのものの大きさ）を表すことばが入ります。何ということばが入りますか。

問２　（イ）に入る数字を答えなさい。

問３　（ウ）には、沿岸《えんがん》付近に出されることばが入ります。何ということばが入りますか。

問４　表の下線部①について、逆断層《ぎゃくだんそう》を表しているのは次のア、イのどちらですか。記号で答えなさい。

ア

イ

問５　地震《じしん》防災訓練には、地震《じしん》から身を守るための３つの安全行動として「シェイクアウト訓練」があります。次の図を参考にして、□にあてはまることばをそれぞれひらがなで答えなさい。

1　2　3

まずひくく　□□□をまもり　う□□□□

【英　語】〈第一志望試験〉（30分）〈満点：50点〉

1 対話と質問を聞き、その答えとして最も適切なものをア〜エの中から１つ選び、記号を解答欄に書きなさい。問題と質問は２回読まれます。

1．　ア　In the kitchen.　　イ　In the garden.

　　ウ　In the park.　　エ　In the basement.

2．　ア　Five.　　イ　Fifteen.　　ウ　Fifty.　　エ　Fifty five.

3．　ア　A new baseball game.　　イ　A new TV game.

　　ウ　A new online game.　　エ　A new smartphone game.

2 ア〜ウの３つの英文を聞き、その中から絵の内容を最もよく表しているものを１つ選び、記号（ア〜ウ）を解答欄に書きなさい。英文は２回読まれます。

1．

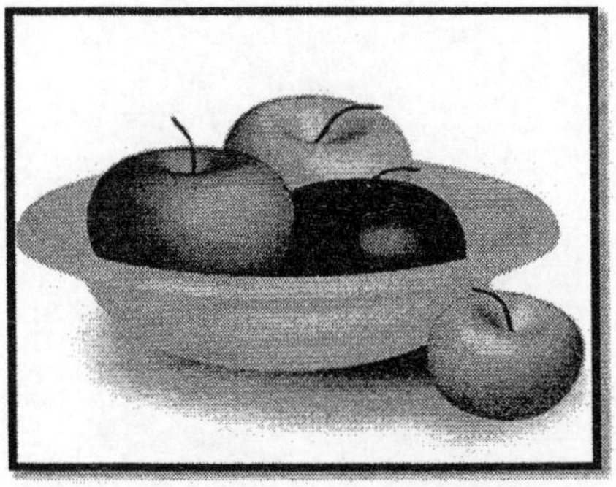

ア
イ
ウ

2．

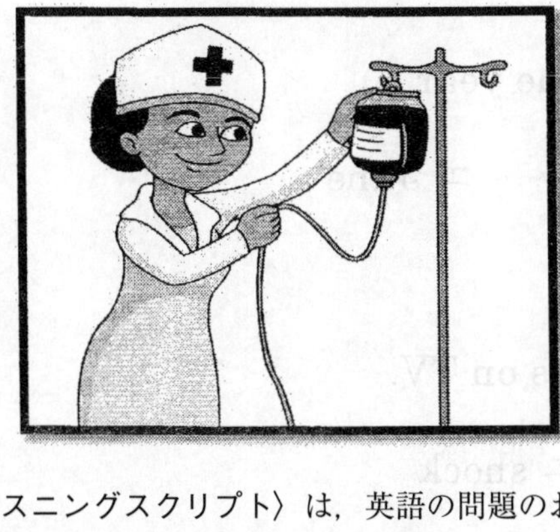

ア
イ
ウ

※〈リスニングスクリプト〉は，英語の問題のおわりに掲載してあります。

3 次の英文の下線部に入れるのに最も適切なものをア～エの中から1つ選び、記号を解答欄に書きなさい。

1．A : Do you like animals?

B : Yes. I like __________.

ア cars　イ carrots　ウ rabbits　エ drums

2．I __________ some apple juice every morning.

ア speak　イ drink　ウ walk　エ think

3．A : This room is __________. Please close the window.

B : Of course.

ア tall　イ sweet　ウ small　エ cold

4．A : Let's sit on that __________.

B : OK.

ア bench　イ store　ウ movie　エ blackboard

5．__________ is the fourth month of the year.

ア March　イ April　ウ February　エ June

6．I often __________ basketball games on TV.

ア watch　イ wash　ウ sing　エ shock

7．A : Who is that woman?

B : I don't ＿＿＿＿＿＿.

ア have　イ come　ウ live　エ know

8．That sports gym is open ＿＿＿＿＿＿ Tuesday to Sunday.

ア from　イ on　ウ after　エ for

9．I ＿＿＿＿＿＿ shopping with my sister last Saturday.

ア cut　イ stood　ウ went　エ put

１０．A : Don't be ＿＿＿＿＿＿ for class again, David.

B : Sorry, Ms. Yamazaki.

ア close　イ slow　ウ fast　エ late

１１．I usually do my homework ＿＿＿＿＿＿ night.

ア in　イ at　ウ for　エ into

１２．A : How ＿＿＿＿＿＿ books do you have, Mr. Karl?

B : About 100.

ア many　イ much　ウ tall　エ old

１３．A：＿＿＿＿＿ is your cap, this one or that one?

B：That one is.

ア Which　イ Whose　ウ When　エ What

１４．That dog is my dog, Koro. I like ＿＿＿＿＿ very much.

ア his　イ you　ウ it　エ them

１５．A：What is Masaki doing?

B：He's ＿＿＿＿＿ a computer in the teachers' room.

ア use　イ uses　ウ to use　エ using

4 次の各問いの会話について、下線部に入れるのに最も適切なものをア～エの中から１つ選び、記号を解答欄に書きなさい。

1. A: Can I use your computer?

B:＿＿＿＿＿＿＿＿＿ Mike is using it now.

ア Sure.　イ I'm sorry.

ウ Don't worry.　エ Yes, you can.

2. A: Close the door.

B:＿＿＿＿＿＿＿＿ It's too hot.

ア OK.　イ All right.　ウ Of course.　エ Sorry, I can't.

3. A: Where's my cell phone?

B:＿＿＿＿＿＿＿＿

ア On the table.　　イ It's pink.

ウ At three o'clock.　　エ It's 080-555-6194.

4. A: Does this train go to Kashiwa?

B:＿＿＿＿＿＿＿＿

ア Yes, I'm fine.　　イ Yes, it does.

ウ No, I'm not.　　エ No, thank you.

5. A: How many sisters does Tom have?

B:＿＿＿＿＿＿＿＿

ア Two brothers.　　イ Six years old.

ウ Three sisters.　　エ Very much.

5 次の日本語に合うように、[　　]内を並べ替えて、文の最初から全てを解答用紙に書きなさい。
※５.は与えられている単語を正しい形にしてから書きなさい。
※文頭に来る単語も小文字になっています。

１．ぼくのいとこは、学校の近くに住んでいます。

My cousin [school, the, lives, near].

２．野球は出来ますか、ケン？

[play, can, baseball, you], Ken?

３．生徒達と先生は教室のそうじをしていますか？

[their teacher, and, the students , are, cleaning] the classroom?

４．この公園ではサッカーをしてはいけません。

[play, don't, in, soccer] this park.

５．あなたのお兄さんはどこに住んでいますか、まさお？

[live, do, your brother, where], Masao?

〈リスニングスクリプト〉

1 対話と質問を聞き、その答えとして最も適切なものをア～エの中から１つ選び、記号を解答欄に書きなさい。

1．A: Hi Sam, where is your sister?

B: She is playing with the dog in the garden.

Question: Where is Sam's sister?

2．A: Wow! You have many cats, Ana! How many cats do you have?

B: I have five cats now. But my friend is planning to give two kittens for my birthday.

Question: How many cats does Ana have now?

3．A: What are you playing, Alex?

B: An online game. It's a new game! Do you want to try it?

Question: What is Alex playing?

2 ア～ウの３つの英文を聞き、その中から絵の内容を最もよく表しているものを１つ選び、記号（ア～ウ）を解答欄に書きなさい。

1．ア There are three apples by the plate.

イ There are three apples under the plate.

ウ There are three apples on the plate.

2．ア Cindy is a teacher.

イ Cindy is a nurse.

ウ Cindy is a doctor.

イ　絵が上手でクラスの生徒の特徴をつかんで描くことのできる図工の先生。
ウ　余ってしまった児童にやさしく声をかけてなぐさめることのできる先生。
エ　児童が帰ってしまってからも運動場の様子に気を配っている熱心な先生。
オ　子供たちの遊びに積極的に参加していっしょに楽しむことができる先生。

問二　――線部②「ことの成り行き」を説明したものとしてふさわしいものを次の中から一つ選び、記号で答えなさい。
ア　静かな放課後の教室で孝と則秋が見知らぬ女の子に絵の描き方を教えようとしている様子。
イ　孝と則秋が、見知らぬ女の子にヒソヒソと学校のことを紹介し始めている様子。
ウ　シンと静まりかえった放課後の教室で孝と則秋と見知らぬ女の子が話をしている様子。
エ　職員室に聞こえないように、孝と則秋が見知らぬ女の子の名前を聞こうとしている様子。
オ　クラスにいろいろな児童がいることを、孝と則秋が見知らぬ女の子に話している様子。

問三　――線部③「すぐに意味がわかり」とありますが、どういうことがわかったのですか。三十字以内で説明しなさい。

問四　――部④「おかしくて吹き出しそうになった」のはなぜですか。三十字以内で説明しなさい。

問五　――線部⑤「その紙を大事にポケットにしまいこんだ」とありますが、このときの雪子の気持ちを説明したものとしてふさわしいものを次の中から一つ選び、記号で答えなさい。
ア　孝と則秋が自分のために授業をしてくれたことを、大切な思い出として胸に刻んでおこうという気持ち。
イ　勝手に教室に入ったことがばれると叱られるので、紙を見つからないように隠しておこうという気持ち。
ウ　自分の名前を忘れてしまったときのために、いつでも取り出せるところにしまっておこうという気持ち。
エ　授業で習ったことが思ったよりも難しかったので、あとから復習できるように紙をとっておこうという気持ち。
オ　せっかくもらった紙に名前しか書かないのももったいないので、また何か書く時のためにきれいにとっておこうという気持ち。

問六　――線部⑥「ひとりうなずくと」とありますが、このときの酒井先生の気持ちを説明したものとしてふさわしいものを次の中から一つ選び、記号で答えなさい。
ア　雪子が来年からこの学校の生徒になるだろうと予想し、楽しみに待っていようと思う気持ち。
イ　雪子が必死に練習して自分の名前を書けるようになったことを見届け、安心した気持ち。
ウ　孝がしっかりとした授業をする姿を見て、きっと将来は立派な教師になるだろうと確信する気持ち。
エ　懸命に授業の楽しさを伝えようとする孝や則秋のことを認め、口を出さずにおこうという気持ち。
オ　勝手に教室に外部の子どもを連れてきて授業をしたことを、許さないと思う気持ち。

問七　――線部⑦「きょうの眉山は笑ってる」とありますが、これはどのようなことを表現したものですか。解答欄に当てはまるように十字以内で抜き出しなさい。

と則秋が言った。

「じゃあ、僕《ぼく》の席を教えてあげようか」

孝が、前から二番目で左から三列目の席まで小走りで行った。そこに雪子を座《すわ》らせた。

「俺の席はこっちで、ときどき孝くんと授業中にヒソヒソ話ばして、先生に注意さるっとよ」

と、言いながら、則秋が雪子の斜め前の席に座った。

すると、孝は教壇《きょうだん》に立ち、エッヘンと咳払《せきばら》いをして、

「ただ今から、国語の授業を始めます」

と、言った。

則秋は、アレッという顔をしたが、③すぐに意味がわかり、

「起立、礼、着席！」

と、号令をかけた。

雪子も、見よう見まねで頭をチョコンと下げて、席に着いた。

孝は、細い竹の棒を持つと、黒板の左側の壁《かべ》に張ってある五十音の表を差した。その仕草が、あまりにも自分そっくりだったので、酒井先生は④おかしくて吹《ふ》き出しそうになった。

「それでは、平仮名の読み方の練習をします。先生のあとに続いて読んでください。はじめに、『あ』、はい、みんなで」

則秋が、「あ」と口にしたので、雪子も大きな声で元気よく、

「あ！」

と叫《さけ》んだ。

「次は『い』です。はいっ」

「い！」

雪子は、則秋と声を合わせて、次々に五十音を全部、読み終えた。

「全部覚えるのは大変だから、雪子ちゃんの名前だけ覚えるといいね」

と、〝孝先生〟はチョークを手に取ると、黒板にていねいに、

ゆ　き　こ

と、書いた。

雪子は、則秋に紙と鉛筆《えんぴつ》を借りると、たどたどしい手つきで、「ゆ」「き」「こ」と書き、⑤その紙を大事にポケットにしまいこんだ。

こっそりと見守っていた酒井先生は、⑥ひとりうなずくと音がしないように忍《しの》び足でそっと職員室に戻《もど》った。

三人が教室の外に出たときは、空は真っ赤な夕焼けに燃えていた。背後から陽光に照らされて、眉山《まゆやま》の縁《ふち》が赤く染まっていた。孝は、いつしか近所の人と同じように朝夕、眉山を仰《あお》ぎ見るようになっていた。

山の中央部には、七面山と呼ばれる峰《みね》がひときわ鋭《するど》くとがって突《つ》き出ていた。その両側には、緩《ゆる》やかな凹凸《おうとつ》があり、それはちょうど人が寝《ね》ているときの顔の輪郭《りんかく》のようであった。その「顔」が、ある時は厳しく叱っているように見えたり、ある時は優しく温かく見守ってくれているように見えたり、日によって違《ちが》って見えた。

「あっ、⑦きょうの眉山は笑ってる」

孝が驚《おどろ》いた声で言った。

「えっ、山が笑うの？」

雪子も驚いて聞いた。

「ほら、見てごらん。あの一番とがったところが鼻でしょう。その右のところが少しくぼんでいて、それが目で、すぐ左のほうの盛り上がったところが口で……」

「あっ、本当だ。笑ってる」

「きょうは、今までで一番、優しか顔ばしちょらすね」

三人は、なんだかうれしくなって、お堀端《ほりばた》の桜並木を、「七つの子」や「夕焼け小焼け」の歌を何度も歌いながら帰った。

（『サーカスの少女』植木雅俊）

問一　——線部①「酒井スミ先生」の説明としてふさわしいものを次の中から一つ選び、記号で答えなさい。

ア　パーマをかけてニコニコとほほ笑む優しそうな女性として描かれた先生。

エ　農作物を作るのではなく、ものの交換によってくらしが豊かになっていき、文明が発達したということ。
オ　くらしの技術が上がり、交通手段を進歩させることで、文明が発達したということ。

問六　――部⑥「人間が使わなくなったとき、道も死んでいったのです。」とありますが、その理由を説明している一文を抜き出し、最初の五字を示しなさい。（句読点も一字に含みます。）

問七　本文の内容として適切なものを次の中から二つ選び、記号で答えなさい。
ア　けもの道と人間の道とでは成り立ち方がまったく異なっている。
イ　農耕生活がはじまって道はますます大切なものになった。
ウ　道が多く作られることでお米がたくさんとれるようになった。
エ　人のふみかためた道は現在でも主要な道路である。
オ　人の道はけもの道とちがって一直線のものが多かった。
カ　稲作《いなさく》が伝わってけもの道は使われなくなった。
キ　人間の道は人の生活とともに発達していった。
ク　道がすたれると人々の生活もきびしいものになる。

四　**次の文章を読んであとの問いに答えなさい。**
孝と則秋の住む島原市には、毎年十日間だけサーカスがやってくる。サーカスの少女・雪子と仲良しになった孝たちは、学校に通えない雪子に、自分たちの教室を見せてあげることにした。

裏門を入ると、目の前に運動場が広がり、その向こうに四階建ての校舎があった。運動場には、まだ子どもたちが少し遊んでいた。
「よし、校舎の入り口まで駆《か》けっこしよう」
則秋が、
「ヨーイ、ドン」
と、合図した。孝は、力いっぱい走ったが、則秋にはかなわなかった。二人を追って、雪子も一所懸命《いっしょけんめい》に走った。
孝と則秋の一年三組の教室は、一階にあった。その隣《となり》が一年四組の教室で、さらに玄関《げんかん》を挟《はさ》んで職員室があった。担任の①酒井スミ先生は、机で仕事の残りを片付けているところだった。
放課後の校舎は、シンと静まりかえっていた。その静けさを破って子どもの話し声がした。廊下《ろうか》に出てみると、自分の教室で人の声がしている。入り口のガラス越《ご》しにそっと部屋をのぞき込んだ。孝と、則秋と、それに見知らぬ女の子が教室の後方で何やら話をしている。酒井先生は、②ことの成り行きをじっと見守った。
雪子には、黒板も、机やイスも、どの一つをとっても珍《めず》しいものばかりだった。教室の後ろの壁には、一面に人の顔の絵が張ってあった。真ん丸い顔や、細長い顔、四角い顔と、いろんな形の顔が画用紙をはみ出しそうなくらいに、いっぱいに描《か》いてあった。
孝が、言った。
「これが、僕たちのクラスの全員なんだよ。図工の時間に、隣同士で向かい合って描いたんだ」
「みんな、うまいなあ」
「一人だけ余ったから、その人は先生を描いて、先生がその人を描いたんだよ」
見ると、絵がたくさん並んでいる中央に、パーマをかけてニコニコと優《やさ》しそうな笑顔の女の人の絵があった。
「こいが、俺《おれ》たちの酒井スミ先生たい」
と、則秋が指を差した。
酒井先生を描いた絵の周りには、とぼけた顔や、まじめくさった顔、怖《こわ》そうな顔、笑った顔、泣き出しそうな顔など、いろいろな表情の絵が、今にもワイワイ、ガヤガヤとおしゃべりしそうに、にぎやかに並んでいた。
「酒井先生って、優しそうな先生ね。みんなも仲良しで、こんな人たちと一緒《いっしょ》に勉強するのって楽しいだろうなあ」
「うん、楽しかとよ」

活発になりました。

人類の文明は、⑤そのようにして発達してきたのでした。道のはたらきは、そのようにしていよいよ重要になってきたのでした。

では道は、人が使わなくなったとき、どうかわっていったでしょうか。大むかし、人々がまだけものを追ってくらしていた時代には、そこにけものがいなくなれば人間は、べつの山へと移動していきました。人が使わなくなった古い道は、いつか土にうもれてしまいました。草がぼうぼうになり、ジャングルのように木がしげって、もうあとかたもなくなってしまいました。

そうです。道はいつの時代にも、人間がそこをとおってこそ道でした。どんなにりっぱな道をつくっても、人間がそこをとおらなくなったとき、道はあれはて、廃道《はいどう》になっていきました。江戸《えど》時代に、にぎやかに人が行き来した街道も、明治にはいって鉄道ができ、だれもが使わなくなると、とたんにさびれていきました。また、山のむこう側とこちら側とをむすんでいた峠《とうげ》の道も、りっぱな自動車道がトンネルでつうじると、しだいにしだいにわすれられていきました。

日本列島のあちこちには、むかしさかえた道のあとが、とぎれとぎれにかくされています。山の木のしげみの中に、くずれかけた石だたみの道が、ほんのすこしのこっていたりすることがよくあります。箱根の山にも、むかしの東海道の、そのまたむかしの東海道がねむっています。ビルや地下鉄工事のときに、地面の下から、むかしの道が出てくることもあります。道はいつも人間といっしょでした。⑥人間が使わなくなったとき、道も死んでいったのです。

（『道は生きている』富山和子）

問一 ――部①「道のはじまりは、なんだったでしょうか」とありますが、「人間の道」はどのようにしてできていきましたか。二十字以内で説明しなさい。（句読点も一字に含みます。）

問二 ――部②「けもの道」の特徴《とくちょう》を説明したものとして適切なものを次の中から一つ選び、記号で答えなさい。

ア 動物を追いかけてつかまえるときに便利である。
イ 地図にも示される人間にとっても大切なものである。
ウ 目的地に向かってまっすぐに伸《の》びている。
エ 人とともにいろいろな動物が作り上げたものである。
オ 人間をまよわせるめいわくな道である。

問三 ――部③「それはすばらしいことでした」とありますが、なぜすばらしいのですか。その理由を説明した次の文の空欄《くうらん》に当てはまる言葉を文の中から抜《ぬ》き出して示しなさい。

人々が［ 十一字 ］時代には、一つの山に動物がいなくなると、べつの山へと移動しなければならなかったが、［ 五字 ］に住みついて、とれた作物を［ 六字 ］こともできる畑をたがやし、毎年きちんと実りをあげてくれる水田で［ 六字 ］ようになって、［ 四字 ］その土地でくらせるようになったから。

問四 ――部④「道はいよいよたいせつなものになりました」とありますが、なぜ、「大切なもの」になっていったのですか。三十字以内で説明しなさい。

問五 ――部⑤「そのようにして発達してきた」の説明として適切なものを次の中から一つ選び、記号で答えなさい。

ア 時間のゆとりができ、いろいろな仕事の楽しさを味わえるようになる中で、文明が発達したということ。
イ 日本の主食となるお米をつくる技術が進歩していくことで、文明が発達したということ。
ウ 山村にあったけもの道が広い人間の道に発展していく中で、文明が発達したということ。

三 次の文章を読んで、あとの問いに答えなさい。

①道のはじまりは、なんだったでしょうか。きっと大むかし、まだ人間が住みつくまえに、けものたちがつくった②けもの道、くまがとおってできたくまの道、しかがふみかためたしかの道、いのししの道、たぬきの道だったかもしれません。ひょっとしたらナウマンゾウが、のっしのっしと歩いてできた、ぞうの道だったかもしれません。森の動物たちも、じぶんたちの道をそれぞれにもっています。そんなけもの道を追って大むかしの人たちは、狩《か》りをしながらとおっていったにちがいありません。

けもの道は、いまも日本の山々に、いたるところにつけられています。登山者が、人間の道とまちがえて、まよいこむこともあるほどです。けもの道の中には、くまの道のように一直線のものもあります。谷川にそってくねくねとまがらずに、まっしぐらに山のむこうへとつづいていたりするのです。

そういえば人間の道にも、むかしの街道《かいどう》の、さらにむかしの街道のそのまたむかしの山道には、地図に線を引いたように一直線のものがありました。大むかしの人たちは、けもののように足がじょうぶで、目標を見定めるとまっしぐらに山をこえ、谷をわたっていくことができたのかもしれません。

道は人間が、さいしょに歩いたそのときから、もう人間の道として、はじまっていたのでした。

ひとりの人が歩いたあとをつぎの人が歩きました。そのふみあとをべつの人たちも歩きました。何十人、何百人もの人間にふみかためられながら、道は先へ先へとのびていきました。そんな時代が何百年も何千年もつづきました。

やがて人々は一つの土地に住みついて、畑をたがやすようになりました。南の国から海をこえて、いねがつたえられてきて、日本人はお米をつくるようになりました。

③それはすばらしいことでした。以前、人々が狩りをしてくらしていた時代には、一つの山に動物がいなくなると、人々はべつの山へと移動しなければなりませんでした。えもののない日は十日でも二十日でも、食事をせずに、食糧《しょくりょう》をさがし歩かなければなりませんでした。

ところが、いまではちがいます。一つの水田はよく年も、そのまたよく年も、きちんきちんと実りをあげてくれました。畑でとれた作物は、長く保存することもできました。雪にうもれた季節にも、梅雨《つゆ》の長雨の季節にも、人間は安心してその土地で、くらすことができました。

畑仕事のない日には、べつの仕事をすることもできました。はた織りをして、着物をつくることもできました。わら仕事をして、わらじやむしろや、なわをつくることもできました。農作業の道具をつくったり、どうしたらお米がたくさんとれるようになるかと、みんなでゆっくり考えあう、ゆとりもできていきました。

畑をたがやすということは、それほどすばらしいことでした。一つの土地に住みつくということは、たいへんしあわせなことでした。家と畑とをむすぶ道は、こうして、毎日ふみかためられていきました。家と家とをむすぶ道も、しっかりつくられていきました。

お米がたくさんとれるようになると、あまったお米を、べつの物と交換《こうかん》することができました。漁村でとれた海のさかなと交換することができました。山村で織られた布と、交換することができました。村と村とをつなぐ道も、こうしてつくられていきました。

お米がたくさんとれるようになると、十人の人をやしなうのに、八人が畑へ仕事に出れば、すむようになりました。あとの人たちはべつの仕事につくことができました。武士になったり、ぼうさんになったり、貴族や学者や技術者になることができました。そして、商人になることもできました。こうして都市ができました。大きな都がつくられていきました。物と物との交換は、さらに活発になりました。人と人との行き来もしだいにさかんになりました。

ちがった土地の人たちが、たがいに交流しあうようになると、ちがったくらしもちえも交換されました。くらしの技術はさらに進歩していきました。

技術がすすむと、さらにたくさんのお米がとれるようになりました。物と物との交換も、ちえとちえとの交換も、いっそう活発になりました。④道はいよいよたいせつなものになりました。道をつくる技術も、物を運ぶ技術も進歩していきました。でこぼこ道がたいらになっていきました。広い道がつくられるようになりました。荷車もとおれるようになりました。そこで交通は、もっと

二〇二二年度 西武台千葉中学校

【国　語】〈第一志望試験〉（五〇分）〈満点：一〇〇点〉

（注意）筆記用具・定規《じょうぎ》以外は机《つくえ》の上に置いてはいけません。

一 次の①～⑩の――線部の漢字はひらがなに、カタカナは漢字に、それぞれ直しなさい。

① 衣がえの時期になった。
② 街角に立つ郵便ポスト。
③ 原作に類似した本が出回る。
④ 貧富の差がはげしい。
⑤ 新しい仕事に就く。
⑥ 垣根などで家をカコう。
⑦ カイリョウを重ねる。
⑧ 運動をして体重をへらす。
⑨ カし切りバスで旅行する。
⑩ 多くのコクモツを生産する。

二 次の①～③の各問いに、それぞれあとのア～オの記号で答えなさい。

① ――線部が例文の敬語と同じ種類のものはどれですか。

例　いつでもおいでになってください。

ア　先日、母が申しあげていたとおりです。
イ　あのお店のケーキをみんなで食べました。
ウ　これがお取りしてあった本です。
エ　はやくお書きになったほうがいいと思います。
オ　来月、先生のところにうかがいます。

② 上下の関係が例と同じものはどれですか。

例　あまく見る　…　見くびる

ア　抜け目がない　…　なんのとりえもない
イ　うのみにする　…　熱心に努力する
ウ　あとをたたない　…　なくなることがない
エ　鼻で笑う　…　ほめたたえる
オ　けむりに巻く　…　うまくつつみこむ

③ 次の慣用表現の使い方として正しいものはどれですか。

「しめしがつかない」

ア　大人がしっかりしないと子どもたちにしめしがつかない。
イ　しめしがつかなかったので行き先がわからなくなった。
ウ　本のしめしがつかなければ売れないのも当然だ。
エ　海外の旅先でしめしがつかないおみやげを買った
オ　日頃くつろいでいたところにはしめしがつかなかった。

2022年度

西武台千葉中学校 ▶解説と解答

算 数 ＜第一志望試験＞（50分）＜満点：100点＞

解 答

$\boxed{1}$ (1) 255 (2) 0.1 (3) 350 (4) $\frac{3}{5}$ (5) 5 $\boxed{2}$ (1) 4 (2) 5 (3) ＋ (4) ÷ $\boxed{3}$ (1) 12 (2) 120円 (3) 44kg (4) 24秒 $\boxed{4}$ (1) $54cm^2$ (2) $32.4cm^2$ $\boxed{5}$ (1) 900m (2) 分速90m (3) 時速９km $\boxed{6}$ (1) 20個 (2) 56個 (3) $504cm^2$

解 説

$\boxed{1}$ 四則計算，計算のくふう

(1) $289 \div 17 \times (31-16) = 289 \div 17 \times 15 = 17 \times 15 = 255$

(2) $16.32 - 0.6 \times 10.9 - 9.68 = 16.32 - 6.54 - 9.68 = 9.78 - 9.68 = 0.1$

(3) $135 \times 7 - (79 \times 7 + 6 \times 7) = 135 \times 7 - (79 + 6) \times 7 = 135 \times 7 - 85 \times 7 = (135 - 85) \times 7 = 50 \times 7 = 350$

(4) $\left(\frac{2}{3} + \frac{2}{5}\right) \div 1\frac{7}{9} = \left(\frac{10}{15} + \frac{6}{15}\right) \div \frac{16}{9} = \frac{16}{15} \times \frac{9}{16} = \frac{3}{5}$

(5) $6\frac{1}{2} - \left(0.6 + 1\frac{1}{5} \times \frac{3}{4}\right) = 6\frac{1}{2} - \left(0.6 + \frac{6}{5} \times \frac{3}{4}\right) = 6\frac{1}{2} - \left(0.6 + \frac{9}{10}\right) = 6.5 - (0.6 + 0.9) = 6.5 - 1.5 = 5$

$\boxed{2}$ 還元《かんげん》算

(1) $32 - 7 \times \boxed{①} = 4$ より，$7 \times \boxed{①} = 32 - 4 = 28$ よって，$\boxed{①} = 28 \div 7 = 4$

(2) $1\frac{1}{2} - \frac{4}{\boxed{②}} + \frac{1}{4} = \frac{19}{20}$ より，$1\frac{1}{2} - \frac{4}{\boxed{②}} = \frac{19}{20} - \frac{1}{4} = \frac{19}{20} - \frac{5}{20} = \frac{14}{20} = \frac{7}{10}$，$\frac{4}{\boxed{②}} = 1\frac{1}{2} - \frac{7}{10} = \frac{15}{10} - \frac{7}{10} = \frac{8}{10} = \frac{4}{5}$ よって，$\boxed{②} = 5$

(3) $1 \boxed{③} \frac{2}{3} - \frac{3}{4} = \frac{11}{12}$ より，$1 \boxed{③} \frac{2}{3} = \frac{11}{12} + \frac{3}{4} = \frac{11}{12} + \frac{9}{12} = \frac{20}{12} = 1\frac{2}{3}$ となる。よって，$1 + \frac{2}{3} = 1\frac{2}{3}$ だから，$\boxed{③}$に＋が入れば，計算が成り立つ。

(4) $56 - 24 \boxed{④} (12 - 6) \times 2 = 48$ より，$56 - 24 \boxed{④} 6 \times 2 = 48$，$24 \boxed{④} 6 \times 2 = 56 - 48 = 8$ となる。よって，$24 \div 6 \times 2 = 8$ だから，$\boxed{④}$に÷が入れば，計算が成り立つ。

$\boxed{3}$ 公倍数，消去算，平均算，通過算

(1) ３でも４でも６でもわりきれる最も小さい整数は，３と４と６の最小公倍数となり，右の計算より，$2 \times 3 \times 1 \times 2 \times 1 = 12$ である。

$$\begin{array}{r|rrr} 2 & 3 & 4 & 6 \\ \hline 3 & 3 & 2 & 3 \\ \hline & 1 & 2 & 1 \end{array}$$

(2) ジュース３本とケーキ５個で1110円，ジュース５本とケーキ５個で1350円となり，ケーキの個数が５個で同じだから，ジュース１本の値段は，$(1350 - 1110) \div (5 - 3) = 120$（円）である。

(3) 平均＝合計÷個数で求められる。あつし君の体重は42kgで，あきら君の体重はあつし君より５kg多いから，$42 + 5 = 47$(kg)である。また，しょう君の体重は，あきら君の体重より４kg軽い

から，47－４＝43(kg)である。よって，３人の体重の平均は，(42＋47＋43)÷３＝44(kg)である。

⑷　右の図より，列車が鉄橋を通過する間に進む道のりは，(鉄橋の長さ)＋(列車の長さ)となる。この列車は，300＋180＝480(m)を秒速20mで走ることになるので，この列車が鉄橋を通過するのに，480÷20＝24(秒)かかる。

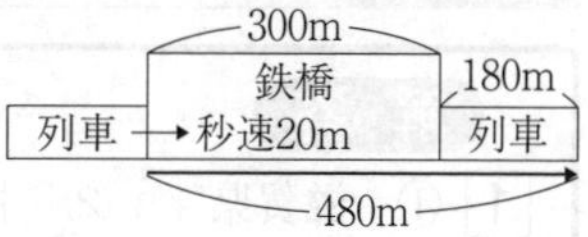

4　平面図形―面積

⑴　角 CAB が90度だから，三角形 ABC は底辺が AB で12cm，高さがACで９cmとみると，三角形 ABC の面積は，12×９÷２＝54(cm^2)である。

⑵　三角形 ABDと三角形 ADC は，それぞれの底辺を BD，DC とすると，高さの等しい三角形になる。このとき，２つの三角形の面積の比と底辺の長さの比は等しくなるので，三角形 ABD と三角形 ADC の底辺の長さの比は，９：６＝３：２となり，面積の比は，３：２となる。よって，三角形 ABD の面積は，$54\times\frac{3}{3+2}=32.4$ (cm^2)である。

5　速さ

⑴　みほさんは家から学校まで分速60mで，７時45分－７時30分＝15(分間)歩く。よって，家から学校までの距離は，60×15＝900(m)である。

⑵　みほさんが７時35分に家を出て，いつも通りの時間に学校に着くためには，歩く時間は，７時45分－７時35分＝10(分間)となる。よって，みほさんは分速，900÷10＝90(m)で歩けばよいことになる。

⑶　いつもより４分早く学校に着くので，みほさんが走った時間は，10－４＝６(分間)になり，走る速さは分速，900÷６＝150(m)である。１時間は60分で，１kmは1000mだから，分速150mは時速，150×60÷1000＝９(km)となる。よって，みほさんの走る速さは時速９kmである。

6　立体図形―個数，表面積

⑴　上から，１段目，２段目，３段目，…と考える。１段目の立体の個数は１個，２段目の立体の個数は，１＋２＝３(個)，３段目の立体の個数は，１＋２＋３＝６(個)，４段目の立体の個数は，１＋２＋３＋４＝10(個)となる。よって，４段の高さにするのに必要な立体の個数は，１＋３＋６＋10＝20(個)である。

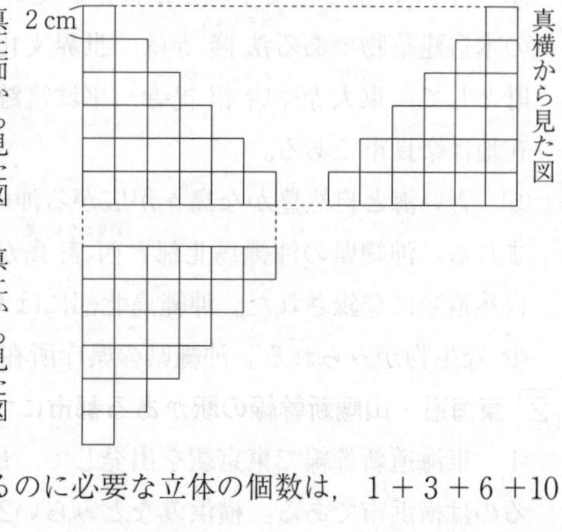

⑵　５段目の立体の個数は，１＋２＋３＋４＋５＝15(個)，６段目の立体の個数は，１＋２＋３＋４＋５＋６＝21(個)となる。よって，６段の高さにするのに必要な立体の個数は，１＋３＋６＋10＋15＋21＝56(個)である。

⑶　１辺が２cmの正方形の面積は，２×２＝４(cm^2)である。上の図は，６段の高さにしたときの立体を真正面，真上，真横の三方向から見た図である。正方形が三方向から，それぞれ，１＋２＋３＋４＋５＋６＝21(個)ずつ見えて，他の側からも同じ個数ずつ見える。よって，この立体の表面積は，４×(21＋21＋21)×２＝504(cm^2)になる。

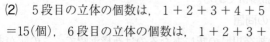

社　会　＜第一志望試験＞（30分）＜満点：50点＞

解　答

1 ①　滋賀県　②　栃木県　③　長野県　④　奈良県　⑤　沖縄県　2 1　横浜市　2　静岡市　3　大阪市　4　神戸市　5　広島市　6　福岡市　3 ①　オ　②　ウ　③　ア　④　イ　4 ①　出島　②　銀閣(銀閣寺)　③　法隆寺　④　富岡製糸場　5 ①　国旗　オ，国名　イギリス　②　国旗　イ，国名　ロシア連邦(ロシア)　③　国旗　ウ，国名　ブラジル　④　国旗　エ，国名　大韓民国(韓国)　6 ①　関東大震災　②　国際連盟　③　テレビ放送　④　オリンピック(東京オリンピック)　7 ①　ATM　②　PTA　③　SNS　④　DIY　⑤　BGM

解　説

1　日本の各都道府県についての問題

①　面積が日本最大の湖である琵琶湖《びわこ》があるのは滋賀県である。織田信長《おだのぶなが》は，都である京都に近く，水運も利用できることから，琵琶湖のほとりに安土《あづち》城を築いた。また，平安《へいあん》時代に最澄《さいちょう》が比叡山《ひえいざん》に開いた延暦寺《えんりゃくじ》も滋賀県にある。滋賀県の県庁所在地は大津《おおつ》市である。

②　栃木県の那須《なす》高原に広がる牧場では，乳牛や肉牛などが飼育されている。江戸《えど》幕府を開いた徳《とく》川家康《がわいえやす》をまつる日光東照宮《にっこうとうしょうぐう》も栃木県にある。日光東照宮は世界文化遺産に登録されている。栃木県の県庁所在地は宇都宮《うつのみや》市である。

③　日本アルプスともいわれる，飛驒《ひだ》山脈，木曽《きそ》山脈，赤石《あかいし》山脈があり，険しい山々が連なっている内陸県が長野県である。松本《まつもと》市にある松本城は天守が国宝に指定されている。長野県の県庁所在地は長野市である。

④　710年に都として平城京が置かれたのが奈良県である。聖徳太子《しょうとくたいし》が建立し，現存する世界最古の木造建築物である法隆寺《ほうりゅうじ》は，世界文化遺産に登録されている。それ以外にも，古都奈良の文化財として，東大寺《とうだいじ》や唐招提寺《とうしょうだいじ》，平城宮跡《あと》などが世界文化遺産に登録されている。奈良県の県庁所在地は奈良市である。

⑤　青い海と自然豊かな島々が広がる沖縄県は，日本を８つの地方に分けたとき，九州地方にふくまれる。沖縄県の沖縄島北部と西表島《いりおもてじま》が，鹿児島県の奄美大島《あまみおおしま》と徳之島《とくのしま》とともに，2021年に世界自然遺産に登録された。沖縄島北部にはヤンバルクイナ，西表島にはイリオモテヤマネコなどの希《き》少《しょう》な生物がみられる。沖縄県の県庁所在地は那覇《なは》市である。

2　東海道・山陽新幹線の駅がある都市についての問題

1　東海道新幹線で東京駅を出発して，最初の神奈川県の駅にあたるのは新横浜《しんよこはま》駅で，この駅があるのは横浜市である。横浜みなとみらい21には，横浜ランドマークタワー，赤レンガ倉庫，横浜美術館などがあり，横浜中華街とともに，横浜市を代表する観光地である。

2　東海道新幹線で東京駅を出発して，神奈川県の次に通る県は静岡県であり，その県庁所在地は静岡市である。近くを安倍川《あべかわ》が流れる登呂《とろ》遺跡は，稲作の跡がみられる弥生《やよい》時代の遺跡で，静岡市にある。徳川家康は，征夷大将軍《せいいたいしょうぐん》の地位を子の秀忠《ひでただ》にゆずると，江戸城をはなれ，駿府《すんぷ》城で暮らした。駿府城は現在の静岡市にある。

3　江戸時代に商人の街として栄えたのは，「天下の台所」とよばれた大阪である。江戸時代には，西廻り航路によって東北地方の年貢米《ねんぐまい》が大阪に集められ，蔵屋敷《くらやしき》が建ち，多くの商人が集まった。大阪市には，アメリカ合衆国のハリウッド映画をテーマにしたテーマパークである，USJ(ユニバーサル・スタジオ・ジャパン)がある。

4　江戸時代の末期に，日米修好通商条約《にちべいしゅうこうつうしょうじょうやく》によって開港することになっていた兵庫港にかわって開港したのが神戸《こうべ》港である。これにより神戸は港町として栄えた。明治《めいじ》時代に，来日した外国人が住む場所がつくられ，そこが今は異人館街として観光地になっている。

5　1945年８月６日，広島県広島市に原子爆弾《げんしばくだん》が投下された。実際の戦争で核兵器が使われたのはこの時が世界で最初である。この時の被害の様子を後世に残すために保存されたのが，原爆ドームである。核兵器の悲惨《ひさん》さを伝える負の遺産として，世界文化遺産に登録されている。現在の広島市では自動車工業がさかんであり，広島湾ではカキの養殖が行われている。

6　東海道新幹線は東京から新大阪まで，山陽新幹線は新大阪から博多《はかた》までであり，博多駅があるのは福岡市である。明治時代に市の名前を決める際に，東の博多地区と西の福岡地区でどちらの地名を市の名前にするかで意見が分かれ，その結果，市の名前は福岡市となり，駅の名前に博多が使われることになった。

3　SDGsについての問題

①　オの文章にある，NPOとは利益を得ることを目的とせずに活動を行う団体で，NGOとは政府と関係なく国際貢献《こうけん》などを行う団体である。このような団体が，食料や衣服の寄付などを行うのは，目標１の貧困をなくすことにつながる。

②　花粉などのアレルギーを持っている人のために対策を行うことは，すべての人が健康でいられることにつながるので，ウが目標３への取り組みとなる。

③　アの文章中の「GIGAスクール構想」とは，文部科学省によるもので，全国の小中学校において，インターネットなどの通信環境を整備して，生徒１人１人に学習用端末《たんまつ》を持たせて，情報通信技術を使いこなせるようにしようというものである。これは，目標４のみんなに質の高い教育を提供することにつながる。

④　店舗《てんぽ》や学校から出た廃油をそのまま捨てるのではなく，燃料として再び利用することは，使う責任をはたすことになるので，イの文章の内容は，目標12の取り組みとなる。

4　歴史上有名な施設についての問題

①　1639年にポルトガル船の来航を禁止した江戸幕府は，清《しん》(中国)とオランダのみに貿易を認め，貿易船が来る場所も制限した。オランダとの貿易のために長崎につくられた埋め立て地が出島《でじま》で，オランダ人の出入りは，原則として出島に限られた。

②　室町幕府８代将軍の足利義政《あしかがよしまさ》が京都の東山に建てたのが銀閣《ぎんかく》(銀閣寺)である。今の和室のもとになった書院造《しょいんづくり》も用いられている。なお，室町幕府３代将軍の足利義満《よしみつ》によって京都の北山に建てられたのが金閣《きんかく》(金閣寺)である。

③　法隆寺は，飛鳥《あすか》時代に聖徳太子によって建立された，奈良県にある寺院である。現存する世界最古の木造建築物であり，ユネスコ(国連教育科学文化機関)により，世界文化遺産に登録されている。

④　富岡《とみおか》製糸場は，明治時代に国によって建てられた官営工場の１つで，群馬県にある。フランス

の技術が導入された，蚕《かいこ》のまゆから生糸《きいと》を作る工場である。当時の製糸工場としては世界最大規模の器械製糸工場であり，「富岡製糸場と絹《きぬ》産業遺産群」として世界文化遺産に登録されている。

5 近代オリンピックが開催《かいさい》された都市についての問題

① 夏季オリンピックは4年に1度開催される。2012年の夏季オリンピック大会は，イギリスの首都であるロンドンで開催された。ロンドンでの開催は，1908年，1948年に続く3回目である。なお1944年にロンドンで開催予定であったが，第二次世界大戦により中止となった。

② 冬季オリンピックは，もともとは夏季オリンピックと同じ年に行われていたが，現在は，夏季オリンピックが開催された2年後に，4年に1度行われている。2014年の冬季オリンピックは，ロシア連邦のソチで開催された。

③ 2016年の夏季オリンピックは，ブラジルのリオデジャネイロで開催された。リオデジャネイロはサンパウロに次ぐブラジル第2の都市で，1992年には，国連環境開発会議(地球サミット)が開催されている。なお，ブラジルの首都はブラジリアである。

④ 2018年の冬季オリンピックは，大韓民国(韓国)のピョンチャン(平昌)で開催された。なお，選択肢にある国旗のアはカナダ，カはアメリカ合衆国のものである。

6 1900年代に日本でおきた出来事についての問題

① 1923年9月1日，関東大震災が発生した。写真は，地震後の街の様子である。地震の発生時間が午前11時58分であったため昼食の準備で火の使用が多く，また，当時は木造建築も多かったことから，火災による被害も大きかった。

② 1931年，中国の南満州《まんしゅう》鉄道が爆破され，そのよく年，日本が主導して満州国が建国された。これを中国が国際連盟に訴え，リットン調査団が派遣されて，満州国を認めないという決定がなされた。これを不服とした日本は，1933年に国際連盟を脱退した。写真は，そのときの新聞記事である。

③ 2枚の写真には，ともにテレビが映っているので，テレビ放送が開始されたことがわかる。当時のテレビ放送は，色がついていない，いわゆる白黒テレビであった。色がついたカラー放送が始まったのは1960年である。

④ 1964年に，東京で夏季オリンピックが開催された。右側の写真は，日本の国旗である日の丸に，オリンピックの五輪のマークがデザインされている。五輪のマークは6大陸のうち，人が定住していない南極大陸をのぞく5つの大陸を表している。左の写真は，開会式の入場行進の様子である。

7 英語の略《りゃく》語《ご》表記についての問題

① ATMはAutomated Teller Machineの略である。銀行やコンビニエンスストアに置かれている機械で，通帳やカードを用いて，お金(現金)を入金したり引き出したりできる。

② PTAは保護者を意味するParent，先生を意味するTeacher，組織を意味するAssociationの頭文字を合わせた略語である。子どもたちがよりよく過ごせるための活動をするために，学校に作られた，保護者と先生による組織である。

③ SNSとは，Social Networking Service(ソーシャルネットワーキングサービス)の略語である。インターネットを利用して，文章や写真，動画などを発信したり，受信したりできるサービスである。発信されている情報が正しいかどうかなど，その利用の仕方については，注意をはらう必要がある。

④　DIY はDo It Yourself の略で，本来は，「自分自身で行う」という意味の言葉である。このことから，自ら手作りで日常に使う物などを作ることをDIY(ディーアイワイ)とよぶようになった。

⑤　BGM とはBackground Music の略で，映画やドラマ，ゲームなどの映像の背景(Background)に流す音楽(Music)のことである。

理　科　＜第一志望試験＞（30分）＜満点：50点＞

解　答

1　**問1**　うすい過酸化水素水(オキシドール)　**問2**　右のグラフ　**問3**　比例　**問4**　(例)　炎を上げて激しく燃える。　**問5**　イ

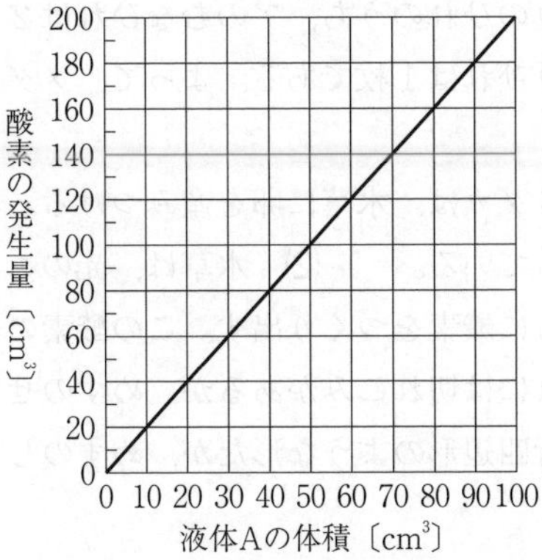

2　**問1**　(1)　イ　(2)　オ　**問2**　(1)　ウ　(2)　右の図　(3)　対流

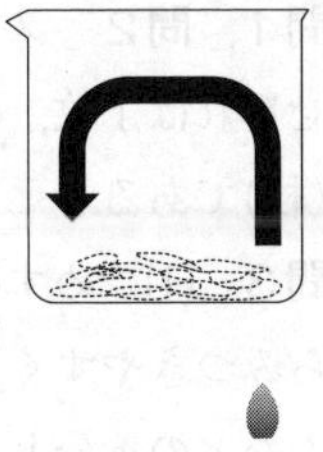

3　**問1**　**ア**　むなびれ　**イ**　はらびれ　**ウ**　おびれ　**問2**　7枚　**問3**　(1)　③　(2)　①　光合成　②　酸素　**問4**　**記号**…B　**理由**…(例)　せびれに切れこみがあり，しりびれが平行四辺形のような形だから。　**4**　**問1**　マグニチュード　**問2**　5　**問3**　津波　**問4**　イ　**問5**　**2**　あたま(をまもり)　**3**　(う)ごかない

解　説

1　酸素の発生についての問題

問1　二酸化マンガンにうすい過酸化水素水(オキシドール)を加えると，過酸化水素水にとけている過酸化水素が分解して，酸素が発生するとともに水ができる。なお，この反応では，二酸化マンガンは変化せず，酸素の発生を助けるはたらきがある。このような物質をしょくばいという。

問2，問3　液体Aの体積を2倍，3倍，…にすると，酸素の発生量も2倍，3倍，…になる。よって，酸素の発生量は液体Aの体積に比例するので，グラフで表すと，原点(0の点)を通る直線になる。

問4　酸素には，ものを燃やすはたらきがあるので，酸素のなかに火のついた線香を入れると，炎を上げて激しく燃える。

問5　鉄(スチールウール)には炭素がふくまれていないので，鉄(スチールウール)を燃やしても二酸化炭素は発生しない。

2　温度による体積変化と熱の伝わり方についての問題

問1　(1)　金属をあたためると体積が大きくなり，金属を冷やすと体積が小さくなる。金属製の輪だけを加熱すると，輪が大きくなるので，球は輪を通るようになる。なお，金属製の球だけを冷やすと，球が小さくなるので，球は輪を通るようになる。　(2)　金属の棒の点Xを加熱すると，点

Xから順に熱が伝わっていくので，点Xから近い順に熱が伝わっていく。ア～オを，点Xから近い順に並べると，エ→ウ→オ→イ→アとなるので，この順に熱が伝わり，マッチが落ちていく。よって，3番目に落ちたマッチはオである。

問2　(1)　あたためられた水は上に上がっていくので，試験管の底(ウの位置)を加熱すると，最も早く水全体があたたまっていく。　(2)，(3)　あたためられた水は上に上がり，その部分に水が流れこんできて，水全体にひとつの流れができ，水全体があたたまっていく。このような熱の伝わり方を対流という。

3 メダカについての問題

問1，問2　メダカのひれのうち，アのむなびれは2枚，イのはらびれは2枚，ウのおびれは1枚，せびれは1枚，しりびれは1枚である。よって，メダカのひれの枚数は，2＋2＋1＋1＋1＝7(枚)である。

問3　(1)　めすのメダカは，水草に卵を産みつける。なお，卵には付着毛がついており，水草にからみつきやすくなっている。　(2)　水草は，光のエネルギーを受けとって光合成を行い，でんぷんなどの養分とともに酸素をつくり出す。この酸素の一部は水にとけ，メダカの呼吸に使われる。

問4　おすのせびれには切れこみがあるが，めすのせびれには切れこみがない。また，おすのしりびれは大きくて平行四辺形のような形だが，めすのしりびれはうしろが短くて三角形に近い形になっている。

4 地震についての問題

問1　地震の規模(そのものの大きさ)をマグニチュードといい，Mという単位で表されることが多い。

問2　2021年10月7日に発生した千葉県北西部地震における最大震度は5強であった。なお，震度は0，1，2，3，4，5弱，5強，6弱，6強，7の10段階に分けられており，震度5と震度6は強と弱に分けられている。

問3　海底を震源とする地震が発生すると，大規模な波が発生することがある。この大規模な波を津波といい，沿岸付近に大きな被害をもたらすことがある。

問4　イでは，右側の地層が断層面に沿ってずり上がっているので，逆断層である。なお，アでは，右側の地層が断層面に沿ってずり落ちているので，正断層である。

問5　シェイクアウト訓練は，まずはその場で姿勢を低くし(1)，落下物から頭を守るために机やテーブルの下にもぐりこみ，姿勢を低くして頭を守った状態で(2)，ゆれがおさまるまで動かずにじっとしておく(3)という防災訓練の一つである。

英　語　＜第一志望試験＞（30分）＜満点：50点＞

解　答

1 ①　イ　②　ア　③　ウ　2 ①　ウ　②　イ　3 ①　ウ　②　イ
③　エ　④　ア　⑤　イ　⑥　ア　⑦　エ　⑧　ア　⑨　ウ　⑩　エ　⑪　イ
⑫　ア　⑬　ア　⑭　ウ　⑮　エ　4 ①　イ　②　エ　③　ア　④　イ
⑤　ウ　5 ①　My cousin lives near the school.　②　Can you play baseball, Ken?

③ Are the students and their teacher cleaning the classroom? ④ Don't play soccer in this park. ⑤ Where does your brother live, Masao?

国語 ＜第一志望試験＞（50分）＜満点：100点＞

解答

一 ① ころも ② まちかど ③ るいじ ④ ひんぷ ⑤ つ ⑥〜⑩ 下記を参照のこと。 二 ① エ ② ウ ③ ア 三 **問1** （例） (人間の道は)ひとりの人がさいしょに歩いたときから(はじまった。) **問2** ア **問3** (順に)狩りをしてくらしていた／一つの土地／長く保存する／お米をつくる／安心して **問4** （例） ちがった土地の人たちが活発に交流するようになったから。 **問5** オ **問6** 道はいつの(道はいつも) **問7** イ・キ 四 **問1** ア **問2** ウ **問3** （例） 孝が先生の真似をして授業をしようとしているということ。 **問4** （例） 教壇での孝の仕草が，あまりにも自分にそっくりだったから。 **問5** ア **問6** エ **問7** (眉山が孝たちのことを)優しく温かく見守って(いること。)

●漢字の書き取り

一 ⑥ 囲 ⑦ 改良 ⑧ 減 ⑨ 貸 ⑩ 穀物

解説

一 漢字の読みと書き取り

① 季節の推移に応じて衣服を替えることを「衣替え(ころもがえ)」と言う。 ② 「訓＋訓」読みである。「街」の音読みは「ガイ」で，「街頭」「市街」などの熟語がある。「角」の音読みは「カク」で，「角度」「直角」などの熟語がある。 ③ 互《たが》いに共通点があること。似かようこと。 ④ 貧しいことと富んでいること。 ⑤ 「就く」は，ある地位に身を置く。また，就職すること。 ⑥ 外部からそこなわれないように，まわりを取り巻く。音読みは「イ」で，「周囲」などの熟語がある。 ⑦ 不備な点や悪い点を改めて，よくすること。 ⑧ 音読みは「ゲン」で，「減量」「低減」などの熟語がある。 ⑨ 音読みは「タイ」で，「貸借」「賃貸」などの熟語がある。 ⑩ 人間がその種子などを常食とする農作物。米・麦・あわ・きび・豆など。

二 敬語の知識，慣用句とその意味，慣用表現の使い方

① 尊敬語と謙譲《けんじょう》語の使い分けは，誰《だれ》が言ったか，やったか，推測をふくめ，主語で判断するとよい。目上の人や客の場合は尊敬語，本人・身内の場合が謙譲語である。例文は，相手がすることなので，「お〜になる」という尊敬語の型が使われている。ア，イ，ウ，オの主語は，本人・身内なので謙譲語である。エは，相手がすることである「お書きになった」なので尊敬語である。

② 上にある言葉の内容が，下の慣用句の正しい意味になっているものを選ぶ。ア「抜け目がない」は，注意深く，手抜かりがない，イ「うのみにする」は，物事の真意をよく理解しないまま受け入れること，エ「鼻で笑う」は，見下して笑う，オ「けむりに巻く」は，大げさに言いたてて相手を圧倒《あっとう》したりごまかしたりするといった意味である。 ③ 「しめしがつかない」は，教える

ためのよい例にならない，という意味。

三 **出典は富山和子《とみやまかずこ》『道は生きている』による。**道のなりたちや存在は，人とともにあり，人間にとっても，道のはたらきが重要であることについて述べられた文章。

問１ 「道のはじまり」については，ぼう線部①の直後にも述べられているが，問いに「『人間の道』は」とあることに注意する。「人間の道」について述べられている，「道は人間が，さいしょに歩いたそのときから，もう人間の道として，はじまっていたのでした」の部分を，「はじまった。」につながるようにまとめる。

問２ 「けもの道を追って大むかしの人たちは，狩《か》りをしながらとおっていったにちがいありません」に着目する。野生の動物が日常的に通ることによって自然にできる道は，人間が「動物」を「つかまえるときに便利」なのである。イは「地図にも示される」が誤り，ウは「まっすぐに伸《の》びている」ものだけではないので誤り，エは「人とともに」が誤り，オは「めいわく」だとは述べられていないので誤り。

問３ 「それ」の内容である「お米をつくるようにな」ったことが，なぜ「すばらしいこと」なのかを，「人々が狩りをしてくらしていた時代」との比較《ひかく》でとらえる。「一つの山に動物がいなくなると，人々はべつの山へと移動しなければ」ならなかったが，「人々は一つの土地に住みついて，畑をたがやすようになり」，毎年「きちんきちんと実りをあげてくれ」る水田で「お米をつくるようになり」，また，「畑でとれた作物は，長く保存すること」もできるので，「人間は安心してその土地で，くらすことができ」るようになった，と述べられている。

問４ 技術の進歩やちえの交換《こうかん》が何によってもたらされたのかをとらえる。「ちがった土地の人たちが，たがいに交流しあうようになると，ちがったくらしもちえも交換されました。くらしの技術はさらに進歩していきました」とある。道によって，「ちがった土地の人たちが，たがいに交流しあうようにな」ったからなのである。

問５ ぼう線部⑤「そのように」は前の段落の内容を受けている。つまり，くらしの技術や交通手段の進歩が人類の文明を発達させたのである。よって，オが正解。アの「仕事の楽しさを味わえる」，イの「主食となるお米をつくる技術が進歩していくことで」，ウの「けもの道が広い人間の道に発展していく中で」，エの「農作物を作るのではなく」の部分がそれぞれ不適。

問６ 「では道は，人が使わなくなったとき，どうかわっていったでしょうか」以降に「道が死んでい」く理由と具体例が述べられている。理由にあたるのは，「そうです。道はいつの時代にも，人間がそこをとおってこそ道でした」の部分で，それ以降は具体例である。ぼう線部⑥の直前にも理由にあたる同内容がくり返し述べられているので，「道はいつも人間といっしょでした」を答えても正解である。

問７ 農耕生活をするようになり，人々の交流が盛んになっていき，道の重要さが増していった点，道とともに人類の文明も発達したという点をとらえる。

四 **出典は植木雅俊《うえきまさとし》『サーカスの少女』による。**学校に通えないサーカスの少女を，自分たちの教室に案内して，掲示されている似顔絵を紹介《しょうかい》したり，授業のまねごとをしたりする場面が描《えが》かれている。

問１ 「絵がたくさん並んでいる中央に，パーマをかけてニコニコと優《やさ》しそうな笑顔の女の人の絵があった。『こいが，俺たちの酒井スミ先生たい』」とあり，「酒井先生って，優しそうな先生ね」

と雪子も感想をもらしている。

問2　ぼう線部②の直前「孝と，則秋と，それに見知らぬ女の子が教室の後方で何やら話をしている」ので，「ことの成り行き」を「見守った」とあるように，具体的に何が起こっているのかはわからないのである。よって，イ「ヒソヒソ学校のことを紹介し始めている」，エ「名前を聞こうとしている」，オ「クラスにいろいろな児童がいることを」の部分が不適。アは「絵の描《か》き方を教えようとしている」が不適。

問3　どのようなことから「意味がわかり」，その後どのような行動をとったのかをとらえる。雪子の「酒井先生って，優しそうな先生ね。みんなも仲良しで，こんな人たちと一緒《いっしょ》に勉強するのって楽しいだろうなあ」を受けての孝の行動である点に着目する。孝は酒井先生のまねをして授業をしようとしているのである。

問4　ぼう線部④の直前の，理由を示す「ので」に着目する。理由となる要素である「その仕草が，あまりにも自分そっくりだった」をおさえ，「その」の内容の説明を加えてまとめる。「その仕草」とは，孝が教壇《きょうだん》に立って国語の授業をする仕草である。

問5　「大事に」「しまいこんだ」点に着目する。「大切な思い出として」取っておこうとしているのである。よって，アが正解。イの「ばれると叱《しか》られる」「隠《かく》しておこう」，ウの「自分の名前を忘れてしまったときのために」，エの「あとから復習できるように」，オの「もったいない」「何か書く時のために」の部分は本文にない内容なので不適である。

問6　雪子の「勉強するのって楽しいだろうなあ」を受けての孝と則秋の行動であった点，「ことの成り行き」を見守っていた「酒井先生は，ひとりうなずくと音がしないように忍《しの》び足でそっと職員室に戻《もど》った」点をとらえる。孝と則秋のしたことに納得し，「認め，口を出さずにおこう」と思ったのである。よって，エが正解。ア「雪子が来年からこの学校の生徒になるだろうと予想し」，イ「必死に練習して」「安心した」，ウ「立派な教師になるだろうと確信する」，オ「許さないと思う」がそれぞれ本文からは読み取れない内容なので不適。

問7　眉山《まゆやま》は，「ある時は厳しく叱っているように見えたり，ある時は優しく温かく見守ってくれているように見えたり，日によって違《ちが》って見えた」に着目する。「きょうは，今まででー番，優しか顔ばしちょらすね」とある。解答欄《らん》の前後の言葉につながるように，「優しく温かく見守って」を抜き出す。

Memo

2022年度　西武台千葉中学校

〔電　話〕　04(7127)1111
〔所在地〕　〒270－0235　千葉県野田市尾崎2241－２
〔交　通〕　東武アーバンパークライン「川間駅」北口より徒歩17分
　　　　　　またはスクールバス

◆注意事項◆　筆記用具・定規《じょうぎ》・コンパス以外は机《つくえ》の上に置いてはいけません。

【算　数】〈第１回試験〉（50分）〈満点：100点〉

1　次の計算をしなさい。

①　$2022-2021+2020-2019$

②　$2\times3\times4\times5+3\times4\times5-4\times5\times6$

③　$52\times12+520\times1.8$

④　$\frac{1}{2}\div\frac{2}{3}\div\frac{3}{4}+\frac{4}{5}\times\frac{5}{6}-\frac{6}{7}\times\frac{7}{8}$

⑤　$\left\{11+(17-8)\times\frac{13}{3}\right\}\times0.3$

2　次の□にあてはまる数を求めなさい。

①　時速 72 kmで進む自動車は35分間に□km進みます。

②　1 : 25000 の地図では、3.14 kmの道のりは、□cmになります。

③　定価100円の品物を1割引きの値段で買いました。消費税10%を含め、□円支払いました。

④　12，13，14 のような３つの連続する整数があります。３つの整数の和が、81となるとき、連続する３つの整数の中で、１番大きい数は□です。

⑤　$\frac{1}{6}$ より大きく、$\frac{7}{12}$ より小さい分数の中で、分母が 12 の既約分数は、□個あります。

3　40人のクラスで、通学に利用する交通機関を調べました。電車を利用している生徒は 25人、バスを利用している生徒は 21人でした。また、電車とバスの両方を利用している生徒は 13人でした。このとき、次の問いに答えなさい。

（解答らんに求め方と答えを書くこと。）

①　バスを利用しないで、電車だけを利用している生徒は何人ですか。

②　電車を利用しないで、バスだけを利用している生徒は何人ですか。

③　電車もバスも利用しない生徒は何人ですか。

4 ２つの円柱形の容器A，Bがあります。それぞれの容器に水を入れていきます。容器Aは高さ12cm、底面の円の半径は３cmです。容器Bも高さは同じで、底面の円の半径は、６cmです。このとき、次の問いに答えなさい。ただし、円周率は3.14とする。

（解答らんには求め方と答えを書くこと。）

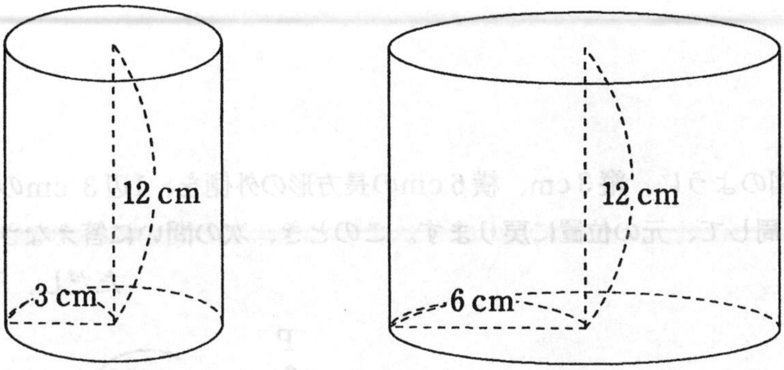

容器A　　　容器B

① 容器Aに底面から12cmの高さまで水を入れます。このとき、容器Aの水は何 cm^3 入りますか。

② ①で求めた水を、容器Bにこぼさず移し替えたとき、容器Bの水の高さは何cmになりますか。

5 下の図のようなマス目の中に、規則的に数字を入れていきます。数字の入れ方の規則性をよく見ながら、次の問いに答えなさい。（③番の解答らんは求め方と答えを書くこと。）

	1列目	2列目	3列目	4列目	5列目	…
1行目	1	2	5	10	17	・
2行目	4	3	6	11	18	・
3行目	9	8	7	12	・	・
4行目	16	15	14	13	・	・
5行目	・	・	・	・	・	・
…	・	・	・	・	・	・

① ６行目１列目にはどんな数字が入るか、求めなさい。

② 8行目4列目にはどんな数字が入るか、求めなさい。

③ 139は何行何列目のマス目に入るか、求めなさい。

6 下の図のように、縦3cm、横6cmの長方形の外側を、1辺3 cmの正方形がすべることなく1周して、元の位置に戻ります。このとき、次の問いに答えなさい。

ただし、円周率は3.14とします。

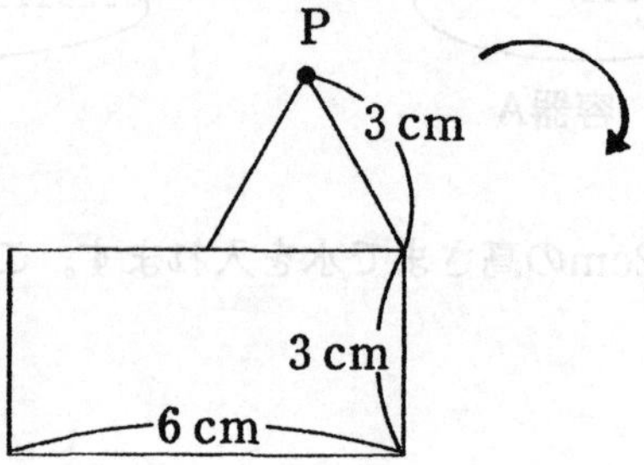

① 正三角形が長方形の周りを1周したとき、頂点Pはどのように動きますか。
コンパスを使って書きなさい。

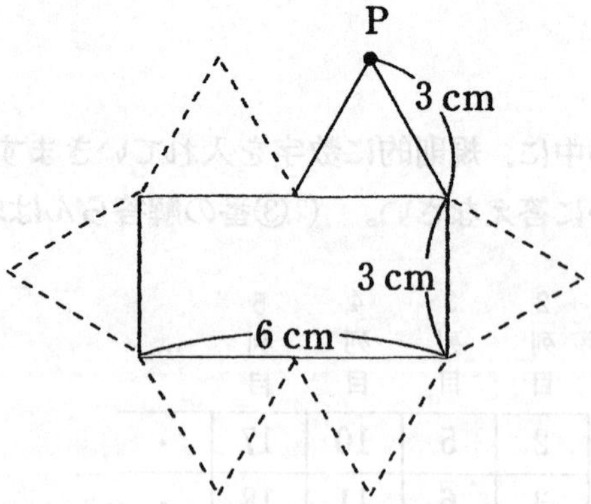

② 頂点Pが動いた長さを求めなさい。（解答らんに求め方と答えを書くこと。）

【社　会】〈第１回試験〉（30分）〈満点：50点〉

1　次の①～④の写真は、ある県に関係の深い人物・シンボルマーク・景観の写真です。写真の県に関係する設問に答えなさい。

①
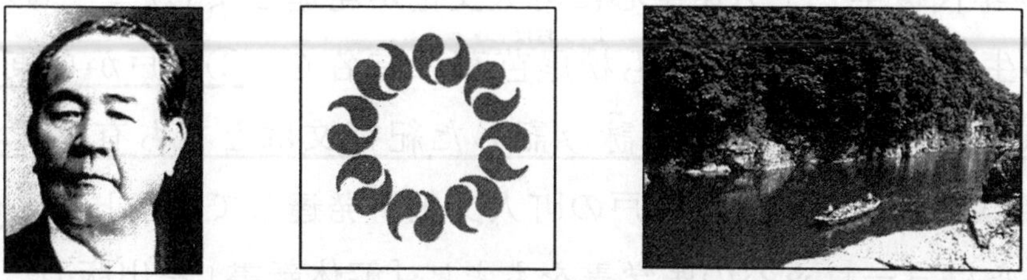

この県は、海に接していません。周りを７つの都県に囲まれています。東京都・千葉県・茨城県・栃木県・群馬県・長野県ともう一つどこの県に接しているでしょうか。

②
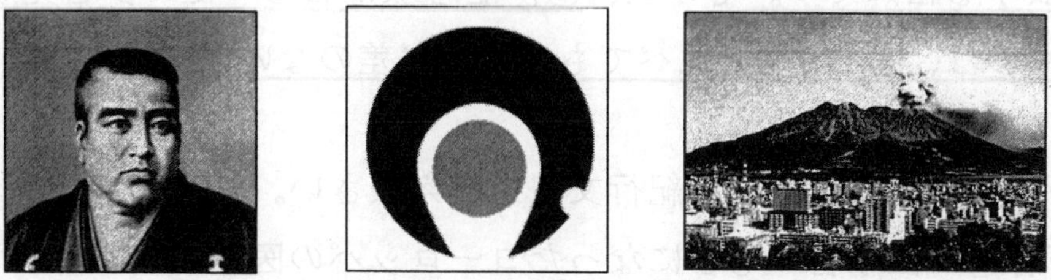

1549年、この県の港にスペインからキリスト教を伝えるために来航した宣教師が上陸しました。その人物は誰でしょうか。

③

この県では、幕末から明治にかけて活躍した人物が多くいます。昔、「土佐」と呼ばれたこの地は現在何県でしょうか。

④

この県と隣接する千葉県との境に日本で２番目に長い川が流れています。その川は何川でしょうか。

2 次の説明は、江戸時代の庶民文化を説明しています。下記の①～④の設問に答えなさい。

1600年代後半、上方を中心に町人文化が発達しました。このころ俳句が生まれました。中でも松尾芭蕉《まつおばしょう》は有名で、①江戸から東北を巡り京都までの旅を俳句で詠《よ》み記した紀行文はとても有名です。1700年代後半になると、江戸の町人文化が発達してきました。②杉田玄白らはヨーロッパの医学書をもとに「解体新書」を出版し、江戸時代の医学を発展させました。また、③庶民の中で多色刷りの木版画がはやりました。葛飾北斎《かつしかほくさい》や安藤広重・喜多川歌麿《きたがわうたまろ》は、この時代を代表する絵師です。その他、④伊能忠敬《いのうただたか》が自らの足で歩き完成させたものは、現在の物と比べてもほとんど差のない出来栄《できば》えでした。

① 下線①に書かれている紀行文名を答えなさい。

② 下線②の医学書のもとになったヨーロッパの医学書があります。江戸時代日本と交易のあったヨーロッパの国名を答えなさい。

③ 下線③の木版画は、風景や人物を絵にしています。このような絵を何と言われたか答えなさい。

④ 下記④は、その後日本を訪れたヨーロッパ人が驚くようなものでした。伊能忠敬が作ったものは何か答えなさい。

3 次のグラフは、様々なデータを示すグラフです。①～④のグラフが示しているものを下のア～カの中から選び記号で答えなさい。

①

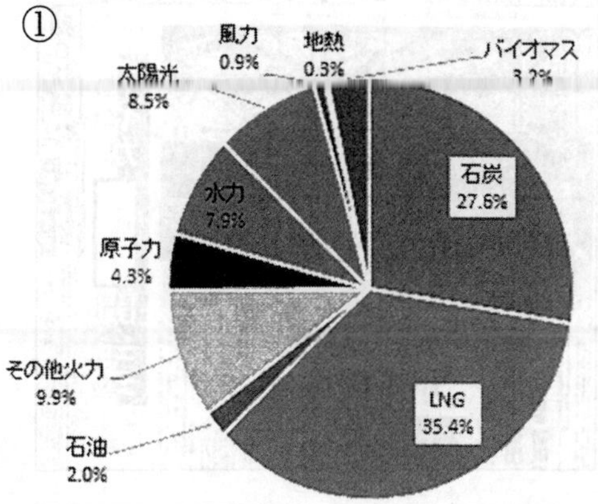

②

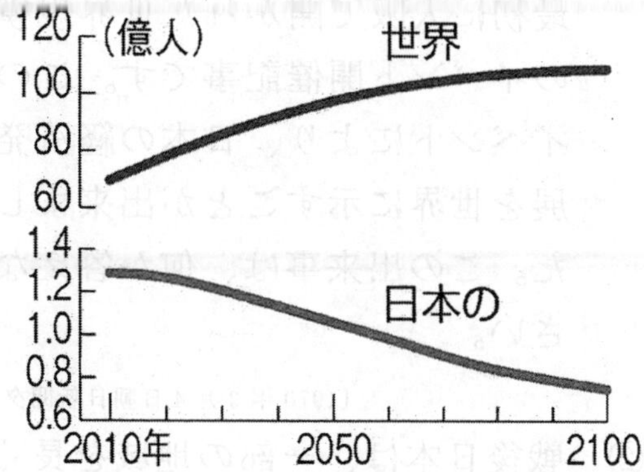

③

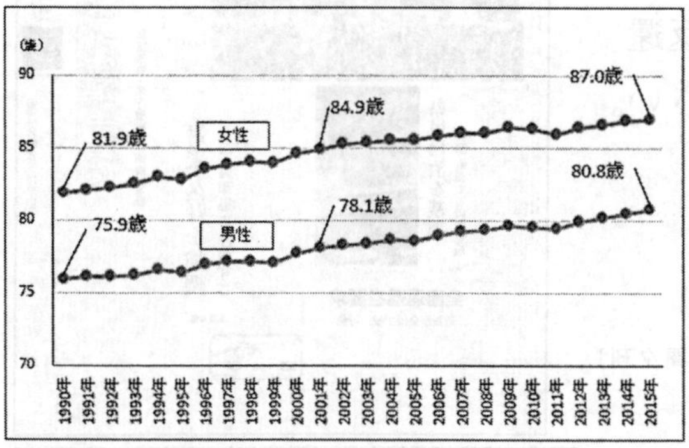

④

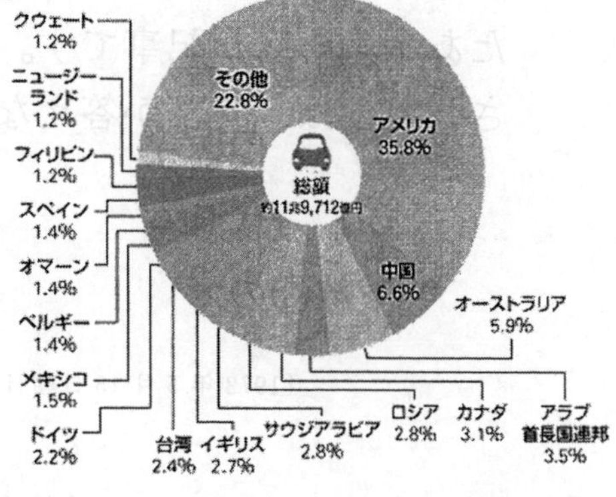

ア．日本の食糧自給率の推移を示したグラフ

イ．日本の自動車輸出相手国を示したグラフ

ウ．日本で使われた電力の発電源割合を示したグラフ

エ．日本の男女別平均寿命の推移を示したグラフ

オ．日本人が朝食に食べる炭水化物割合を示したグラフ

カ．世界と日本の人口の推移を比較したグラフ

4 次の新聞は、昭和時代に日本でおきた出来事の記事です。解説文をもとに何の記事か［　　］に当てはまる出来事を答えなさい。

① この記事は、1970 年にアジアで最初に大阪で開かれた世界規模のイベント開催記事です。このイベントにより、日本の経済発展を世界に示すことが出来ました。この出来事は、何か答えなさい。

〔1970 年 3 月 4 日朝日新聞夕刊〕

② 戦後日本は、一部の地域を長くアメリカに占領されてきました。この記事は、1972 年に返還されたある県を祝う記事です。返還されたのは、何県か答えなさい。

〔1972 年 5 月 15 日朝日新聞夕刊〕

③ 1975 年、フランスのパリ郊外で先進国首脳会議がはじまりました。以降、毎年国を移し実施しています。日本は、初回からの参加国です。1979 年、日本の都市が開催となりました。このとき開催した都市はどこか答えなさい。

〔1979 年 6 月 28 日朝日新聞夕刊〕

5 近年、地球環境の変化に伴う自然災害が世界で増加しています。日本各地でも大きな自然災害が増えてきました。次の①～④に書かれた自然災害はどのような種類の災害か答えなさい。

① 2011 年 3 月 11 日に発生したこの自然災害は、東北太平洋岸の各地域で多くの被害を受けました。この時発生した２つの自然災害を答えなさい。

② 2014 年 9 月 27 日に長野県と岐阜県の県境にある御嶽山《おんたけさん》で発生した自然災害で、登山客が被害を受けました。この自然災害を答えなさい。

③ 2019 年 9 月 9 日に暴風雨による自然災害で、千葉県のゴルフ練習場の倒壊《とうかい》や多くの住宅が被害を受けました。この暴風雨は、何による自然災害か答えなさい。

④ 日本の夏は、暑さが厳しくなっています。地表が極端に暑くなることで突然局地的な強風が起こります。2019 年 7 月 27 日に栃木県で発生した局地的強風では、線上に移動してきた強風で多くの家屋が被害を受けました。この自然災害は何か答えなさい。

6 次の①～⑤に書かれた歴史上の出来事は、奈良時代・平安時代・鎌倉時代・室町時代・江戸時代の出来事です。それぞれが該当する時代を答えなさい。

① 隣国元は、二度にわたり海を渡って日本を攻めてきました。日本は、御家人を中心に元軍と戦い国を守りぬきました。この出来事を元寇《げんこう》（蒙古襲来《もうこしゅうらい》）と呼んでいます。

② 将軍の後継者争いをきっかけに京都で戦乱がはじまりました。武士たちは、東軍・西軍に分かれ11年に及ぶ大戦乱となり、戦国時代へと繋がりました。この出来事を応仁の乱と呼んでいます。

③ ８代将軍は、幕府財政の立て直しとして様々な改革をしました。中でも多くの人々の意見を聞くための目安箱や貧しい人々が診療を受けられるように造られた小石川養生所などは、多くの人々に喜ばれました。この改革を享保の改革と呼んでいます。

④ 時の天皇は、唐の都長安を手本に新しく大きな都を築き移しました。この新しい都を平城京と呼んでいます。

⑤ 権力を強めた藤原氏は、娘を天皇に嫁がせて生まれた子を天皇に即位させました。天皇との血の繋がりがあることで、絶対的な権力を持つようになり、実質的に国を治めるようになりました。この時代を摂関政治の時代と呼んでいます。

7 世の中にはたくさんの情報があふれています。情報を受けとる人々は、情報を選び判断する力が求められます。ＳＮＳ情報には間違った情報も多く、世の中を混乱させることもしばしばあります。今各新聞社では、昔ながらの「紙の新聞」発行とインターネットを使った「ネットニュース」配信を行っています。どちらのニュースにも良い点があります。「紙の新聞」「ネットニュース」それぞれの良い点を６０字以上７０字以内で説明しなさい。

【理　科】〈第１回試験〉（30分）〈満点：50点〉

1　**水溶液《すいようえき》に関する次の（１），（２）の各問いに答えなさい。**

（１）２０℃の水をそれぞれ５０ｇずつとったビーカー①, ②があります。ビーカー①には硝酸《しょうさん》カリウムを１０ｇ、ビーカー②には硝酸《しょうさん》カリウムを２０ｇ入れ、ガラス棒《ぼう》でよくかき混ぜてからしばらく放置しました。２０℃の水５０ｇに硝酸《しょうさん》カリウムが１６ｇ溶《と》けるものとして、次の各問いに答えなさい。

問１　メスシリンダーを使って、水５０ｇの体積を調べると５０ｍＬでした。このとき、メスシリンダーの液面のようすとして正しいものを次のア～エから１つ選び、記号で答えなさい。

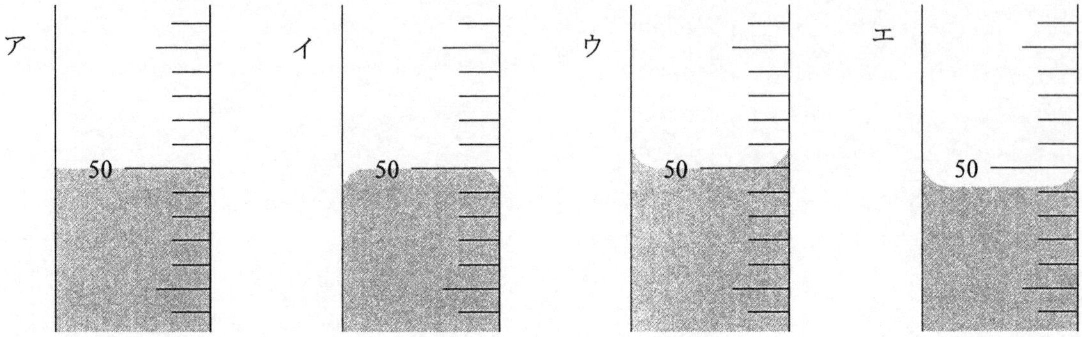

問２　ビーカー①の硝酸《しょうさん》カリウム水溶液《すいようえき》の濃度《のうど》〔%〕を、小数第二位を四捨五入《ししゃごにゅう》して小数第一位まで求めなさい。

問３　ビーカー②の硝酸《しょうさん》カリウム水溶液《すいようえき》の濃度《のうど》〔%〕を、小数第二位を四捨五入《ししゃごにゅう》して小数第一位まで求めなさい。

（２）　鉄（スチールウール）０．４ｇを、ある濃度《のうど》の塩酸に溶《と》かすと水素が発生しました。次の表は、塩酸の体積と発生した水素の関係を示したものです。次の各問いに答えなさい。

塩酸の体積〔cm^3〕	0	10	20	30	40	50	60	70	80	90	100
水素の発生量〔cm^3〕	0	20	40	60	80	100	120	140	160	160	160

問４　表より、塩酸の体積と水素の発生量の関係を解答用紙のグラフに表しなさい。

問５　塩酸に鉄（スチールウール）を溶《と》かした水溶液《すいようえき》を、駒込《こまごめ》ピペットを使って蒸発《じょうはつ》皿に２～３滴《てき》たらしました。これを、アルコールランプを使って加熱すると水が蒸発《じょうはつ》し、固体が残りました。この残った固体は、溶《と》かす前の鉄（スチールウール）と同じ性質・ちがう性質のどちらを示すか答えなさい。ただし、鉄（スチールウール）の溶《と》け残りはなかったものとします。

問６　問５を判断するときの方法として、適当でないものを次のア～エから１つ選び、記号で答えなさい。

ア　磁石《じしゃく》を近づける。　　イ　電流を流す。　　ウ　口に入れる。　　エ　水に溶《と》かす。

2 太陽の光に関する次の各問いに答えなさい。

問１　太陽の光に関する次の①～③の文について、正誤《せいご》の組み合わせが正しいものを下のア～エから１つ選び、記号で答えなさい。

①　鏡ではね返した光が当たっているところは、まわりよりも明るくなる。

②　鏡ではね返した光は、ほかの鏡ではね返すことはできない。

③　鏡の数を変えても、光の集まったところの明るさは変わらない。

	①	②	③
ア	正	正	正
イ	正	誤	誤
ウ	誤	正	誤
エ	誤	誤	正

問２　黒い紙に虫めがねを使って太陽の光を集めたとき、図のような明るい部分ができました。この明るい部分の大きさを小さくしたいとき、虫めがねをどのように動かせばよいか答えなさい。

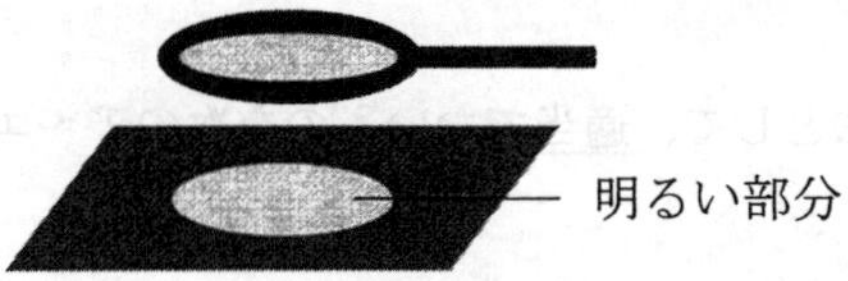

問３　問２のような実験を行っているとき、やってはいけないことを１つ答えなさい。

問４　黒い紙を巻《ま》いたペットボトルと白い紙を巻《ま》いたペットボトルに、それぞれ同じ量の水を入れました。この２本のペットボトルを太陽の光がよく当たる場所に置き、水の温度変化を調べました。水の温度変化がより大きかったのはどちらですか。次のア～ウから１つ選び、記号で答えなさい。

ア　黒い紙を巻《ま》いたペットボトル　　　イ　白い紙を巻《ま》いたペットボトル

ウ　どちらのペットボトルでも変わらない

3　図１はタンポポの１つの花のスケッチ、図２は冬のタンポポの写真です。これについて、次の各問いに答えなさい。

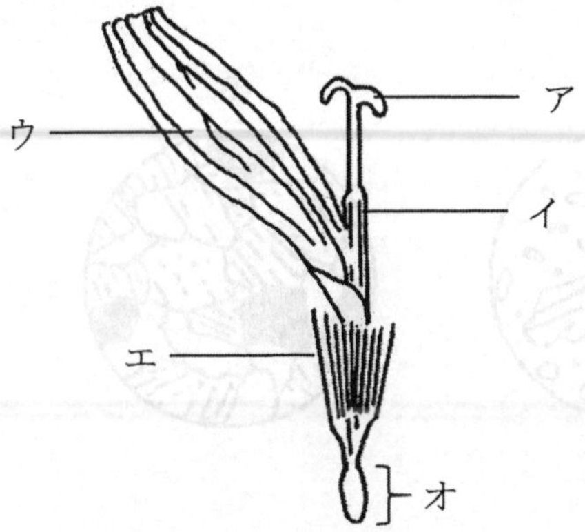

図１

図2

問１　タンポポは、どのような場所に多く生えていますか。次の文の（①），（②）より、適当なことばをそれぞれ選んで答えなさい。

日当たりが（ ① よく・わるく ）、地面が（ ② かわいた・しめった ）場所。

問２　タンポポは完全花であり、花の４要素がすべてそろっています。図のア～オのうち、花の４要素でないつくりを１つ選び、記号で答えなさい。また、そのつくりの名前を答えなさい。

問３　図１のタンポポの１つの花からは、種子が１つできます。このことから、どのようなことがいえますか。次の①～④から１つ選び、番号で答えなさい。

①　１つの オ に、果実が１つある。　　②　１つの オ に、花粉が１つある。

③　１つの オ に、胚珠《はいしゅ》が１つある。　　④　１つの オ に、やくが１つある。

問４　図２より、タンポポのように葉が地面にはりついて広がった葉のつき方を何といいますか。次の①～④から１つ選び、番号で答えなさい。

①　草むら型　②　つる型　③　ほふく型　④　ロゼット型

問５　このような葉のつき方は、どのようなことに役立ちますか。次の文の（①），（②）より、適当なことばをそれぞれ選んで答えなさい。

日光を受け（ ① やすく・にくく ）し、地面からの熱を逃《に》げ（ ② やすく・にくく ）するため。

4　**図１は火山がふん火しているようす、図２はある岩石のスケッチです。これについて、次の各問いに答えなさい。**

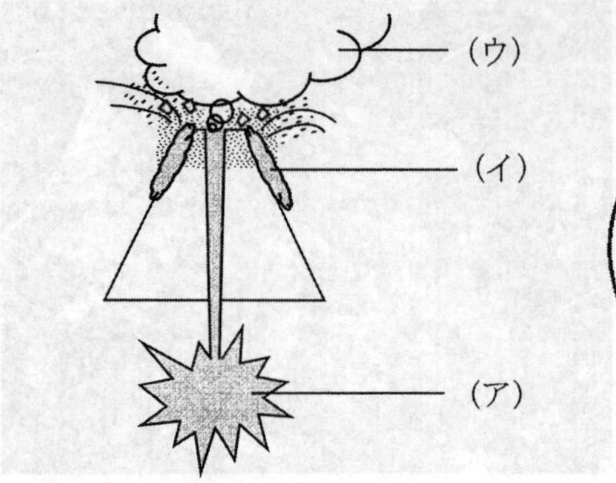

図１

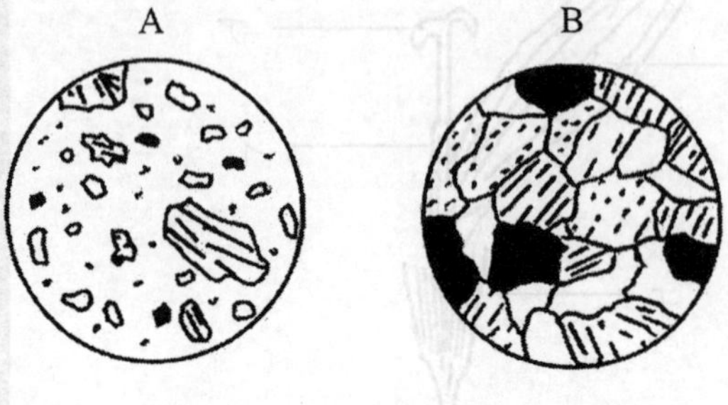

図２

問１　図１について、次の文の（ア）～（ウ）に当てはまる適当なことばを下の①～④からそれぞれ選び、番号で答えなさい。

火山のふん火は、地下深くにある（　ア　）が地上に出てくることで起こる。（ア）は地下にある岩石が高温のため、どろどろになってとけたものである。ふん火によって、（ア）が地表に流れ出したり、地表に流れ出て固まったものを（　イ　）という。（ア）が非常に小さいつぶになって火口からふき出し、風に乗って運ばれるものを（　ウ　）という。

①　火山灰《かざんばい》　　②　黄砂《こうさ》　　③　マグマ　　④　よう岩

問２　図１の（ア）は冷え方のちがいにより、図２のような岩石がそれぞれできます。

（１）　図２のAは、つぶの大きさが小さくて大きさがばらばらである。このような岩石を、何組織というか。

（２）　図２のBは、つぶの大きさが大きくて大きさがそろっている。このような岩石を、何組織というか。

（３）　AとBの岩石のでき方として適当なものを次の①～④からそれぞれ１つずつ選び、番号で答えなさい。

①　図１の（ア）が、地表や地表付近で一気に冷えて固まってできる。
②　図１の（ア）が、地表や地表付近でゆっくり冷えて固まってできる。
③　図１の（ア）が、地下深いところで一気に冷えて固まってできる。
④　図１の（ア）が、地下深いところでゆっくり冷えて固まってできる。

問３　図２のA，Bの岩石を何というか。次の①～④からそれぞれ選び、番号で答えなさい。

①　火山岩　　②　砂岩《さがん》　　③　深成岩　　④　石灰岩《せっかいがん》

【英　語】〈第１回試験〉（30分）〈満点：50点〉

1　対話と質問を聞き、その答えとして最も適切なものをア～エの中から一つ選び、記号を解答欄に書きなさい。問題と質問は２回読まれます。

１．　ア　May 15th.　　イ　May 5th.　　ウ　May 50th.　　エ　May 55th.

２．　ア　Department store.　　イ　Bookstore.

　　　ウ　Library.　　エ　School.

３．　ア　She takes a bath.　　イ　She watches TV.

　　　ウ　She goes to bed.　　エ　She eats dinner.

2　ア～ウの三つの英文を聞き、その中から絵の内容を最もよく表しているものを一つ選び、記号（ア～ウ）を解答欄に書きなさい。問題と質問は２回読まれます。

１．

ア
イ
ウ

２．

ア
イ
ウ

※〈リスニングスクリプト〉は，英語の問題のおわりに掲載してあります。

3 次の英文の下線部に入れるのに最も適切なものをア～エの中から一つ選び、記号を解答欄に書きなさい。

1．A：What is the __________ of this fish?

B：It is over ten kilograms.

ア many　イ long　ウ weight　エ little

2．A：Is that your cell phone, Tom?

B：No, it's __________.

ア mine　イ Mike's　ウ Tom's　エ her

3．Emily has one __________.　He is nine years old.

ア son　イ sister　ウ daughter　エ friends

4．We play tennis __________ Shimizu Park every Sunday.

ア at　イ on　ウ of　エ from

5．A：Can I have a __________ of coffee, Mom?

B：Of course.

ア piece　イ cup　ウ sheet　エ glass

６．A：Are you and Mary happy?

B：Yes, __________ are.

ア they　イ she　ウ you　エ we

７．A：That old lady can't understand English.

B：Oh, let's __________ her.

ア stop　イ put　ウ help　エ go

８．December is the __________ month of the year.

ア first　イ eleventh　ウ third　エ last

９．A：I like hamburgers. How about you, Jerry?

B：I don't like __________.

ア it　イ them　ウ him　エ his

１０．A：David! __________ be noisy in the train.

B：I'm sorry.

ア Isn't　イ Will　ウ Don't　エ Can't

１１．A：How are you, Chris?

B：__________, thank you.

ア It's me　イ You're welcome　ウ I'm all right　エ It's cold

１２．Ted has a ＿＿＿＿＿ of video games.

ア some　イ lot　ウ much　エ many

１３．A : Can you write your ＿＿＿＿＿ and e-mail address here?

B : Sure.

ア bike　イ map　ウ home　エ name

１４．My sister ＿＿＿＿＿ tea with breakfast.

ア eats　イ makes　ウ drinks　エ knows

１５．I met a new English ＿＿＿＿＿ at school today.

Her name is Ms. Celeste Rojo.

ア teacher　イ dictionary　ウ lesson　エ book

4 次の各問いの会話について、下線部に入れるのに最も適切なものをア～エの中から一つ選び、記号を解答欄に書きなさい。

１．A : What time do you usually go to bed?

B : ＿＿＿＿＿＿＿＿＿

ア About eleven.　イ I watch TV.

ウ It's Tuesday.　エ Good night.

2．A：When do they play basketball?

B：＿＿＿＿＿＿＿＿＿＿

ア　In the gym.　　　イ　After school.

ウ　Yes, I like it.　　　エ　With my friends.

3．A：Have some apple juice.

B：＿＿＿＿＿＿＿＿＿＿Mom.　I'm very thirsty.

ア　Me, too,　　　イ　You're welcome,

ウ　It's OK,　　　エ　Thanks,

4．A：Is your sister in this singing club?

B：No, ＿＿＿＿＿＿＿＿＿＿

ア　and I like singing.　　　イ　but it's at school.

ウ　and my brother plays the piano.　　　エ　but my friend is.

5．A：What do you want for dessert?

B：＿＿＿＿＿＿＿＿＿＿

ア　I like cooking.　　　イ　Fine, thank you.

ウ　Ice cream, please.　　　エ　I'm sorry, you can't.

5 次の各問いの日本文の意味を表すように、(　　)内の語を並べかえて解答欄に正しく書きなさい。ただし、文の最初に来る語も小文字になっています。

1．雄太はあなたのお兄さんですか。

(brother / is / your / Yuta)?

2．ジョージはそのコンサートに行くことができません。

(go / the / can't / George / concert / to).

3．あなたは本を何冊持っていますか。

(books / you / how / have / do / many)?

4．佳奈は今宿題をしています。

(doing / is / now / Kana / her homework).

5．昼食のあと、テレビを見ましょう。

(TV / after / let's / watch / lunch).

〈リスニングスクリプト〉

1 対話と質問を聞き、その答えとして最も適切なものをア～エの中から一つ選び、記号を解答欄に書きなさい。

1．A: When is the Children's Day?

B: It's on May 5th.

Question: When is the Children's Day?

2．A: Hi. Alma. Where is your father going?

B: He is going to the department store. He wants to buy a hat.

Question: Where is Alma's father going?

3．A: What do you usually do at 8 p.m.?

B: I usually eat dinner.

Question: What does she usually do at 8 p.m.?

2 ア～ウの三つの英文を聞き、その中から絵の内容を最もよく表しているものを一つ選び、記号（ア～ウ）を解答欄に書きなさい。

1．ア Alex, Ben and Dan are watching soccer.

イ Alex, Ben and Dan are playing soccer.

ウ Alex, Ben and Dan are hitting soccer.

2．ア The children are at the zoo.

イ The children are at the supermarket.

ウ The children are at the park.

問二　――線部②「わたしが瑠雨ちゃんを見る目は変わった」とありますが、「わたし」は「瑠雨ちゃん」をどんな子だと思うようになりましたか。解答欄に合うように十五字以内で抜き出しなさい。

瑠雨ちゃんは【　　　】子なのかもしれないと思うようになった。

問三　――線部③「このすごいヒミツ」とはどのようなものですか。四十五字以内で説明しなさい。（句読点も一字に含みます。）

問四　――線部④「瑠雨ちゃんはしゃべらないけど、うたう」とありますが、なぜ「わたし」は「瑠雨ちゃん」が「うたう」と思ったのですか。四十字以内で説明しなさい。（句読点も一字に含みます。）

問五　――線部⑤「よくばりな作戦」とありますが、「わたし」はこの作戦によってどうなることを望んでいましたか。適当なものを二つ選び、記号で答えなさい。

ア　瑠雨ちゃんがしゃべるようになること。
イ　瑠雨ちゃんと一気に仲よくなること。
ウ　瑠雨ちゃんが謡曲を好きになること。
エ　ターちゃんのへたくそな謡曲が上手になること。
オ　ターちゃんが謡曲をうたわなくなること。
カ　瑠雨ちゃんとターちゃんが友だちになること。
キ　瑠雨ちゃんの歌声が聞けるようになること。

問六　――線部⑥「長いまつげが動きを止めている」とありますが、この時の瑠雨ちゃんの気持ちとして考えられるものを一つ選び、記号で答えなさい。

ア　無理なお願いをしてきた「わたし」に対していかりを覚えたが、話を聞いているうちにかわいそうになってきたので、引き受けようと思った。
イ　「謡曲」というよくわからないものに対するとまどいはあるが、大好きな「わたし」にさそってもらえてとてもうれしく思った。
ウ　「わたし」からさそわれてとてもうれしく思っていたのに、しゃべらないためにさそいを断ったと受け取られてしまい、悲しく思った。
エ　急な「わたし」からのさそいにおどろき、多少のとまどいはあるものの、「わたし」の話を聞いて、謡曲をきいてみたいと思った。
オ　友達でもない人からさそわれ、めいわくに思っていたが、「わたし」のはずかしそうな様子を見て、助けてあげようと思った。

問七　「瑠雨ちゃん」の説明としてふさわしいものを次の中からひとつ選び、記号で答えなさい。

ア　美しい服をたくさん持っている女の子。
イ　目で感じる美しさをきらっている女の子。
ウ　おじいちゃんに好かれている女の子。
エ　天才であることをヒミツにしている女の子。
オ　おとなしくてまつげの長い女の子。

その新しい発見にこうふんして、いますぐ作戦を決行したくなってしまったのだった。

早まったかな、と思ったときには、おそかった。

ろうかのとちゅうで立ちどまった瑠雨ちゃんは、ぽかんとした目でわたしをながめ、せいだいにまつげをふるわせた。

「ええっと……あ、あのね、じつは、瑠雨ちゃんにお願いがあって」

いまさらあとへは引けない。わたしは気合いを入れて続けた。

「できれば、瑠雨ちゃんに、ターちゃん……うちのおじいちゃんの謡曲《ようきょく》をきいてもらいたいの」

しーん。

瑠雨ちゃんのまつげがはためく音がきこえてきそうな静けさ。

「話せば長くなるんだけどね、うちのおじいちゃん、町内会の謡曲愛好会に入ってて、毎日、うちでも大声で練習してるの。それがとんでもなくへたくそで、うるさくて、わたしもママもほんっと参ってるの。公害レベルでひどいの。なのに、本人は謡曲の才能があるってかんちがいしてて、やればのびるって言いはるの。ないないってわたしとママがいくら言っても、おまえらになにがわかるんだって、ぜんぜんきいてくれないの。で、よかったら、瑠雨ちゃんの天才の……じゃなくて、その、客観的な耳でおじいちゃんの謡曲をきいてもらって、感想を教えてもらえたらって……」

ターちゃんの謡曲。マジでこまっているせいか、しゃべりだしたら止まらなくなって、わたしはひと息にまくしたてた。

「瑠雨ちゃんの意見だったら、ターちゃんもすなおにきいて、目をさましてくれるかもしれないし」

瑠雨ちゃんをうちにまねいたら、一気に距離がちぢまって、ぐんと仲よくなれるかもしれない。ついでに、瑠雨ちゃんがターちゃんの謡曲を「才能なし」って判定してくれて、ターちゃんが自信をなくしてうたわなくなったら、一石二鳥だ。

そんな⑤よくばりな作戦だったのだけど、瑠雨ちゃんのまばたきはいっこうにおさまるところをしらない。

その正直なこまり顔をながめているうちに、わたしの頭はどんどん冷えていった。

やっぱり、むりか。それもそうか。しゃべったこともない(いつも相手から一方的にしゃべりかけてくるだけの)クラスメイトから、きゅうに遊びにこいとか、おじいちゃんの謡曲をきけとか言われたら、瑠雨ちゃんじゃなくてもだまりこんじゃうか。

「わかった。いいよ、いいよ。ごめんね」

人にしつこくしないこと。最近それを心がけているわたしは、いさぎよく引きさがることにした。

「ダメもとで言ってみたんだけど、やっぱり、へんだよね。わすれて、おじいちゃんの謡曲のことは」

おろかな作戦を立ててしまった。そう思ったらむしょうにはずかしくなって、耳までじわっと熱くなった。

赤い顔をふせ、瑠雨ちゃんから逃《に》げるように足をふみだす。

そのわたしをなにかが引きとめた。

せなかのあたりに、へんな感触《かんしょく》。ふりむくと、瑠雨ちゃんの細っこい指が、わたしのスウェットのわきばらのあたりをつまんでいた。

「瑠雨ちゃん……?」

瑠雨ちゃんの顔をのぞきこみ、あれっと思った。

⑥長いまつげが動きを止めている。あいかわらずこまった顔をしているけど、その目はめずらしくわたしをまっすぐに見つめて、なにかをうったえかけている。

十秒くらい目と目を見合わせてから、わたしは「ええっ」とのけぞった。

「まさか、謡曲きいてくれるの!?」

瑠雨ちゃんがこくっとうなずいた。

(「風と雨」森　絵都)

問一　――線部①「ひとりひとりがまいた種」とは、何のことを指していますか。本文中から十一文字で抜き出しなさい。(句読点も一字に含みます。)

瑠雨ちゃんはどんな「美しいもの」を書いたのか。きゅうにむずむず気になって、横目で紙の文字をチラ見し、あっと思った。

そこには、わたしが思いもしなかったものたちがつらなっていた。

美しい音楽

美しい歌

美しい雨の音

美しいメロディ

美しいせせらぎ――

と、そこまで読んだところで、先生の手がその紙を回収した。

見るものをなくしたわたしは、しばらくつくえのシミをながめてから、そっと視線をもちあげた。

目が合うと、瑠雨ちゃんはいけないひみつを見られたような、まつげのゆらしかたをした。

音。

瑠雨ちゃんの紙にあったのは、ぜんぶが美しい「音」だった。

見るものじゃなくて、きくもの。

耳で感じる美しさ。

そんな発想、わたしにはこれっぽっちもなかった。たぶん、瑠雨ちゃん以外、クラスのだれも音のことなんて思いつかなかっただろう。

瑠雨ちゃんはとくべつな耳を持ってるってことは……。

意外な発見をしたその日から、②わたしが瑠雨ちゃんを見る目は変わった。

瑠雨ちゃんはただのしゃべらない子じゃないのかもしれない。瑠雨ちゃんの口は、この世のなににもきょうみがなさそうに閉じたまんまだけど、そのぶん、瑠雨ちゃんの耳はいつも全開で世界を感じているかもしれない。年中無休でいろんな音をすいこんでいるのかもしれない。わたしたちにはきこえないものも、瑠雨ちゃんの耳にはきこえているのかもしれない。

瑠雨ちゃんの一挙一動(ときどき、動きを止めて、じっとなにかを見つめていたりする)に目をこらすほどに、わたしの好奇心《こうきしん》はむくむくふくらんで、とうとう、③このすごいヒミツをだまっていられず、ターちゃんにだけうちあけた。

「ね、ターちゃん。しゃべらない瑠雨ちゃんは、もしかしたら、きくことの達人なのかも」

するとターちゃんはまたさらにすごいことを教えてくれた。

「べつだん、たまげた話じゃあないさ。目の不自由な人が、とくべつな聴力《ちょうりょく》をもってるってのは、ざらにあるこった。瑠雨ちゃんは、しゃべるのがにがてなぶん、人とはちがう耳をもってるのかもしんねぇな」

「えーっ」

わたしはたまげた。そして、シビれた。

「人とはちがう耳って、どんな？もしかして、天才ってこと？瑠雨ちゃんはきくことの天才なの？」

わたしがぐいぐいせまると、ターちゃんは「さぁな」と鼻の頭をかいた。

「おいらにきくより、瑠雨ちゃんにきいてみな」

「だって、瑠雨ちゃん、しゃべってくんないし」

「真の友ってのは、しゃべらなくったって通じあえるもんだ。以心伝心ってやつよ」

「真の友っていうか、まだわたしたち、ともだちなのかもわかんないし。少なくとも、瑠雨ちゃんわたしのこと、ともだちと思ってないだろうな」

「じゃ、まずは仲よくなるこった」

ずいぶんザツなアドバイスだけど、ターちゃんの言うことは一理あった。

瑠雨ちゃんのことをもっと知りたい。クラスのだれも知らないヒミツにせまりたい。そのためには、まずはもっと瑠雨ちゃんに近づくことだ。今の距離《きょり》だと、瑠雨ちゃんの耳にきこえているものが、わたしにはきこえない。

そこで、わたしは作戦をねった。

「瑠雨ちゃん」

思いきって、さそった。

「今日、うちに遊びにこない？」

五時限目のあと、音楽室から教室へ移動しているときだった。

④瑠雨ちゃんはしゃべらないけど、うたう。授業中にみんなで「まっかな秋」を合唱していたとき、瑠雨ちゃんの口がうっすら動いているのを見たわたしは、

問二　――線部②「岸屋におさまるものではない」とはどういう意味ですか。ふさわしいものを次の中から一つ選び、記号で答えなさい。

ア　高知ではちゃんとした研究ができないだろうということ。
イ　片田舎の酒造業では満足できないだろうということ。
ウ　植物以外のところにも目を向けさせるべきだろうということ。
エ　酒造業を営みながらの研究をすすめるべきだろうということ。
オ　絵の勉強と実家の仕事の両立は無理だろうということ。

問三　――線部③「～とびらをたたいた」とはどういう意味ですか。三十字以内で説明しなさい。（句読点も一字に含みます。）

問四　――線部④「それ」とはどういうことですか。その説明した次の文に当てはまる言葉を文章の中から抜き出して示しなさい。

高知で［　六字　］から描きためた［　六字　］や田中先生や小野先生に教えてもらったり、本を読んだりしながら、［　三字　］集めた標本など、［　六字　］の範囲を超えた［　二字　］や考え方を示す植物研究の成果。

問五　――線部⑤「そのため」とは何のためですか。それぞれ四十字以内で二つ示して説明しなさい。（句読点も一字に含みます。）

問六　――線部⑥「大きなこと」とはどういうことですか。二十字以内で説明しなさい。（句読点も一字に含みます。）

問七　本文の内容としてふさわしいものを次の中から二つ選び、記号で答えなさい。

ア　二十歳までは、富太郎は酒造業を継ぐつもりだった。
イ　祖母の浪子も富太郎と同様、植物に興味を持っていた。
ウ　小学校二年生のときに、富太郎は植物研究をやめた。
エ　富太郎は大変な速さで植物研究の成果を発表していった。
オ　日本の植物研究書はまったくあてにならないものだった。
カ　東京大学ではさまざまな疑問に対する答えが見つけられた。
キ　学問のかたわらで実家の酒造業の仕事も手伝った。
ク　大学の先生は、基本から勉強するよう富太郎に命じた。

四

小学校五年生の「わたし」は、仲よくしていたグループが「ブンレッツ」したのをきっかけに、ほとんどしゃべらない女の子「瑠雨ちゃん」にきょうみを持つようになった。そんなある日、村上先生は、たくさんの言葉と親しんで、その使い方をふやしていくというのは、自分のなかにたくさんの言葉の種をまくようなことだという話をして、『美しい』という言葉をあげてみるように指示した。次の文章を読んであとの問いに答えなさい。

「はい、おしまい。みんな、今回はわりといっぱい書けたんじゃない？どんな言葉が集まったか楽しみだね」

わたしたちが書いた言葉は、先生がぜんぶパソコンにうちこんでプリントアウトし、つぎの国語の時間に配ってくれる。①ひとりひとりがまいた種を、クラスの全員でわけあうってこと。

「わ、すごい。三十以上も書けてるんじゃない？」

「なにこれ。美しいエリカ、美しいミナミ、美しいハルカ……女の子の名前ばっかりじゃない！」

村上先生がみんなに声をかけながら紙を集めているあいだ、わたしはななめ後ろの席にいる瑠雨ちゃんをそっと見た。

さらにおどろいたのは、青年が語った目標の大きさでした。

「これから日本中の植物を調べて、まだ知られていない植物を研究し、名前をつけて発表したいと思います。土佐の植物目録のつぎは、日本の植物を明らかにした目録を作るところまでやってみたいと思っています」

このころ日本の植物学はまだ始まったばかりで、日本の研究者だけで世界共通の学名をつけるのは、とてもむずかしいことでした。

学名をつけるためには、まず、どの一族の、どの家族の一員なのかを調べます。それがわかると、苗字が決まります。つぎにその家族の中で、ほかのどれともちがうことを明らかにして、初めて名前をつけることができます。

そのためには、たとえばカンサイタンポポであれば、いろいろな場所で、いろいろな時期に見られるカンサイタンポポを標本として集め、カンサイタンポポだけに見られる特ちょうがなんなのか、てってい的に調べます。

⑤そのためには、セイヨウタンポポやシロバナタンポポなど、タンポポ一家の大ぜいのメンバーの特ちょうを理解していなくてはなりません。

ですから、ひとつの植物に名前をつけるためには、ほかの植物の資料がたくさん必要ですし、標本も大量に必要になります。このように科学的な方法で植物を研究しているのは、おもに西洋の国でした。江戸《えど》時代にヨーロッパからいろいろな研究者がきて、日本の植物を研究した結果が何冊か本になっていましたが、明治初期の植物学者たちがたよりにできる資料は、ほとんどそれらの本だけでした。そして、自分の調べている植物がそれらの本にある植物なのかあるいはまだ世界に発表されていない植物なのか、ロシアの※3マキシモヴィッチに標本を送って、決めてもらっていたのです。

海外で最新の研究を経験してきた矢田部教授すらなかなかできないことを、この青年はやってみせると言ったのです。おまけに日本中の植物の目録を作るとまで言ったことを、教授はにわかに信じられない気持ちでした。

日本中の植物を明らかにするということが、どういうことかわかっているのだろうか。学のない若者が、自分の無知を知らないために大ボラをふいていると考えることもできるが、しかしこの青年は決して無知ではないし、情熱は本物だろう。

このときはまだ、富太郎の研究がその後おそるべきスピードで進むこと、つぎつぎとその成果を発表して形にしていくこと、その才能と実力がこの植物学教室をおびやかすほどになることなど、思いもしなかったでしょう。そこで矢田部教授は、心の広いところを見せて、言いました。

「ずいぶん⑥大きなことを言うものだね。しかしまあ、いいでしょう。おもしろい。ここへきて、勉強してみたらどうですか。本や資料を好きに見てもらっていいですよ」

「本や標本を見てもいいんですか？ここで？」

富太郎は夢のような気持ちでした。日本一の学問の場に、自由な出入りをゆるされたのです。大学のそばに下宿を見つけると、毎日のように植物学教室へ通いはじめました。調べてもわからなかった標本も、ここにくると名前がわかります。今までかかえたままになっていたいろいろな疑問についても、つぎつぎに答えを見つけることができました。水を得た魚のように富太郎はいきいきと研究に打ちこみ、大学で名前をつけられないままになっていた標本も、つぎつぎに明らかにしていきました。

（「牧野富太郎」清水洋美）

注

岸屋…酒造業を営む富太郎の実家。

佐川…高知県高岡郡佐川町。

マキシモヴィッチ…１９世紀のロシアの植物学者。

問一　――線部①「富太郎ののぞみ」とはどういうものですか。ふさわしいものを次の中から一つ選び、記号で答えなさい。

ア　東京で植物の研究書をたくさん買うこと。

イ　佐川に戻ることなく植物研究に打ち込むこと。

ウ　政治運動を東京にまで広めていくこと。

エ　植物の研究をするために東京に行くこと。

オ　世界の植物研究者とともに勉強すること。

三 **次の文章は「日本の植物学の父」と呼ばれる牧野富太郎について書かれたものです。読んであとの問いに答えなさい。**

植物学への思いはゆるがないものの、富太郎にはそれ以外にもするべきことがありました。それは、祖母が守ってきた※1岸屋を継《つ》ぐということです。富太郎は、岸屋を経営していくことにまったく興味がありませんでしたが、身内のあと継ぎは自分しかいませんし、なによりも祖母の気持ちを裏切ることはできません。二十歳《はたち》もすぎ、そろそろ生き方をしっかり決めなくてはならない時期に、富太郎はなかなか「一生を植物学にささげたい」と言い出せずにいました。

東京からもどって、※2佐川で活発になっていた政治運動に熱心に参加した時期もありましたが、やはり自分のやるべきことは植物の研究なのだと、いつもそこに気持ちがもどってくるのです。そしてそのためには、東京に出ることがどうしても必要でした。

富太郎は、意を決して祖母の浪子に打ち明けました。

「おばあさま、ぼくを東京に行かせてください。植物の研究をするほかに、自分の生き方は考えられません」

浪子はおどろき、同時に、心のそこから悲しく思うのをとめられませんでした。しかし、富太郎の目を見れば、とめてもむだなことはよくわかりました。

「何を言うても、今さらおまえの気持ちは変わらんろう……。佐川でも研究はできると言いよったのに」

「植物の世界は広すぎて、日本中、いや、世界中の研究者たちとともに進んでいかんと、めざす学問にとどかんのです。佐川におっては、おくれてしまいます。一生をかけて学問をやるんですから、研究を進めながら、折をみて佐川にもときどきもどります。そんなふうにさせてもらえませんか」

自分の年を考えればあと何年生きられるのか、どうしようもなく心細くさみしい気持ちになりましたが、浪子は①富太郎ののぞみをかなえてやりました。自分よりも、岸屋よりも、富太郎が大切だったのです。それに、富太郎が描《か》く植物の絵を見るたびに、この情熱と才能は②岸屋におさまるものではないと感じていたこともたしかでした。

明治十七（一八八四）年七月、二十二歳になっていた富太郎は、ふたたび東京へ向かいました。東京の学校へ入学する、佐川のふたりの友人もいっしょです。三年前に出発したときは、ただワクワクして楽しいばかりでしたが、今回はちがいます。強い決意と大きな希望をむねに抱《だ》き、ゆるしてくれた祖母の思いを背負っての旅立ちでした。

富太郎にとって、世界の植物学への窓を開いてくれるいちばんの場所は、東京大学の植物学教室でした。東京大学は、高度な教育を受け、試験を通った人だけが学ぶ学校です。小学校を二年生でやめてしまった富太郎に、そこで学ぶ資格はありません。しかし富太郎には、野山の自然とたくさんの本を教科書として、コツコツと積み上げてきた自分の学問と情熱が、ほかの学生に決して負けないという思いがありました。

あこがれるだけではいかん。そのひまがあったら、まず行動を起こそう。

自分へのやくそくをつぶやくと、富太郎は、描きためた「土佐植物目録」とたくさんの標本をかかえて、③東京大学の植物学教室のとびらをたたいたのです。

当時の植物学教室のおもな研究者は、矢田部良吉教授と、助手の松村任三でした。矢田部教授は海外の大学で学んだ経験のあるエリート学者でしたし、松村も矢田部教授の優秀《ゆうしゅう》ないちばん弟子《でし》でした。ふたりは、土佐から山ほどの標本をかかえてきた青年に興味しんしんで、富太郎を気さくにむかえ入れてくれました。

「高知に熱心な青年がいると聞いていましたが、それがきみというわけですね」

「はい。だいぶ前から、土佐の植物目録をやりとげようと、それを続けておりました」

富太郎が描きためた植物画を見せると、ふたりはおおいに心をうごかされたようです。

「これは、きみが自分で描いたものですか」

「はい。子どものころから家で描いておりました。田中先生や小野先生に教えていただき、本を読みながら、標本なども自分なりに学びながらやっております」

植物の図はかなり正確で、みごとなできばえです。自然にめぐまれた田舎《いなか》の青年の、単なるしゅみではないことを示す力がありました。また、植物についての知識や考え方もおどろくほど専門的で、おまけに④それを語る青年の熱のすさまじさに、教授は感心するしかありませんでした。

二〇二二年度 西武台千葉中学校

【国語】〈第一回試験〉（五〇分）〈満点：一〇〇点〉

（注意）筆記用具・定規《じょうぎ》以外は机《つくえ》の上に置いてはいけません。

一 次の①～⑩の——線部の漢字はひらがなに、カタカナは漢字に、それぞれ直しなさい。

① 市民から激しい批判を浴びる。
② 外国との貿易がさかんだ。
③ パイロットを志す。
④ 資金の不足を補う。
⑤ 日本列島を縦断する。
⑥ 自分のソコヂカラを見せる。
⑦ 多くのキフを集める。
⑧ アユ釣りがカイキンになる。
⑨ 住宅がミッシュウしている。
⑩ 電池をヘイレツにつなぐ。

二 次の①～③の各問いに、それぞれあとのア～オの記号で答えなさい。

① ——線部が次の例文と同じ用法で使われているものはどれですか。

例 いつうかがえばよろしいでしょうか。

ア この本は先生がくださったものです。
イ お帰りになったのは一時間前です。
ウ 先生、展覧会にはいらっしゃいますか。
エ 社長は釣りをなさるとのことです。
オ いただいたものを大切に使う。

② 上下の関係が次の例文と同じものはどれですか。

例 思うつぼ … 思っていたとおりになる

ア 間が悪い … 健康を崩す
イ 筋がいい … 才能がある
ウ 気がまわる … びっくりする
エ 図に乗る … はやりに飛びつく
オ 大口をたたく … やりとげる

③ 次の慣用表現の使い方として正しいものはどれですか。

「浮き足立つ」

ア 浮き足立ちながら一斉に鳥が飛びたった。
イ 金メダル獲得で浮き足立ってよろこんだ。
ウ おいしい料理を浮き足立ちして食べた。
エ 初出場で浮き足立ったプレーが目立った。
オ 体育の時間に浮き足立ちの練習をした。

2022年度
西武台千葉中学校　▶解説と解答

算　数　＜第１回試験＞（50分）＜満点：100点＞

解　答

[1] ①　2　②　60　③　1560　④　$\frac{11}{12}$　⑤　15　[2] ①　42　②　12.56　③　99　④　28　⑤　1　[3] ①　12人　②　8 人　③　7 人　[4] ①　339.12cm²　②　3 cm　[5] ①　36　②　61　③　12行 6 列目　[6] ①　解説の図を参照のこと。　②　34.54cm

解　説

[1] 計算のくふう，四則計算

①　$2022-2021+2020-2019=(2022-2021)+(2020-2019)=1+1=2$

②　$2\times3\times\underline{\underline{4\times5}}+3\times\underline{\underline{4\times5}}-\underline{\underline{4\times5}}\times6=(2\times3+3-6)\times\underline{\underline{4\times5}}=(6+3-6)\times20=3\times20=60$

③　$52\times12+520\times1.8=52\times12+52\times18=52\times(12+18)=52\times30=1560$

④　$\frac{1}{2}\div\frac{2}{3}\div\frac{3}{4}+\frac{4}{5}\times\frac{5}{6}-\frac{6}{7}\times\frac{7}{8}=\frac{1}{2}\times\frac{3}{2}\times\frac{4}{3}+\frac{4}{5}\times\frac{5}{6}-\frac{6}{7}\times\frac{7}{8}=1+\frac{2}{3}-\frac{3}{4}=\frac{12}{12}+\frac{8}{12}-\frac{9}{12}=\frac{11}{12}$

⑤　$\left\{11+(17-8)\times\frac{13}{3}\right\}\times0.3=\left(11+9\times\frac{13}{3}\right)\times0.3=(11+39)\times0.3=50\times0.3=15$

[2] 速さ，縮尺，売買算，分配算，既約分数

①　1時間は60分だから35分間は，$35\div60=\frac{7}{12}$(時間)である。また，(道のり)＝(速さ)×(時間)より求められる。よって，時速72kmで$\frac{7}{12}$時間進んだ道のりは，$72\times\frac{7}{12}=42$(km)である。

②　1kmは1000mで，1mは100cmである。また，1：25000の地図では，地図上の長さは実際の長さの$\frac{1}{25000}$倍になる。3.14kmの道のりは，地図上では，$3.14\times\frac{1}{25000}\times1000\times100=12.56$(cm)になる。

③　定価100円の１割引は，$100\times(1-0.1)=90$(円)となり，消費税10％を含《ふく》めると，$90\times(1+0.1)=99$(円)になる。

④　3つの連続する整数の中で，１番小さい整数を□とすると，３つの整数は，□，□＋1，□＋2と表せる。３つの整数の和が81だから，□＋□＋1＋□＋2＝81より，□＝26となる。よって，1番大きい数は，26＋2＝28である。

⑤　$\frac{1}{6}$より大きく，$\frac{7}{12}$より小さい分数は，$\frac{2}{12}$より大きく，$\frac{7}{12}$より小さい分数である。この中で，分母が12の既約分数は，$\frac{5}{12}$の１個である。

[3] 集合

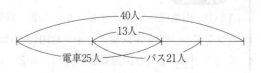

①　バスを利用しないで，電車だけを利用する生徒は，右の図より，25−13＝12(人)である。

②　電車を利用しないで，バスだけを利用する生

徒は，上の図より，$21-13=8$（人）である。

③　電車またはバスを利用する生徒は，$12+8+13=33$（人）だから，電車もバスも利用しない生徒は，$40-33=7$（人）である。

4 立体図形―体積，高さ

①　容器Ａの底面の円の半径は３cmで，12cmの高さまで水を入れると，水の体積は，$3\times3\times3.14\times12=339.12(cm^3)$になる。

②　容器Ｂの底面の円の半径は６cmで，①の$339.12cm^3$の水を入れたときの高さは，$339.12\div(6\times6\times3.14)=3$（cm）になる。

5 規則性―数表

①　数字の入れ方の規則性をよく見ると，１行目１列目の数は，$1=1\times1$で，２行目１列目の数字は，$4=2\times2$で，３行目１列目の数字は，$9=3\times3$で，４行目１列目の数字は，$16=4\times4$となっているので，□行目１列目の数字は，□×□となる。よって，６行目１列目の数字は，$6\times6=36$である。

②　８行目１列目の数字は，$8\times8=64$である。数字の入れ方の規則性をよく見ると，８行目４列目の数字は８行目１列目の数字より，$4-1=3$少なくなることがわかる。よって，$64-3=61$である。

③　139に近い□×□の数は，$12\times12=144$より，144が12行目１列目にある。また，139は144より，$144-139=5$小さいので，139は12行目の，$1+5=6$（列目）のマス目に入る。

6 平面図形―作図，長さ

①　正三角形が長方形の回りを１周したとき，頂点Ｐの動きをコンパスを使って作図すると，下の図の太線部分のようになる。

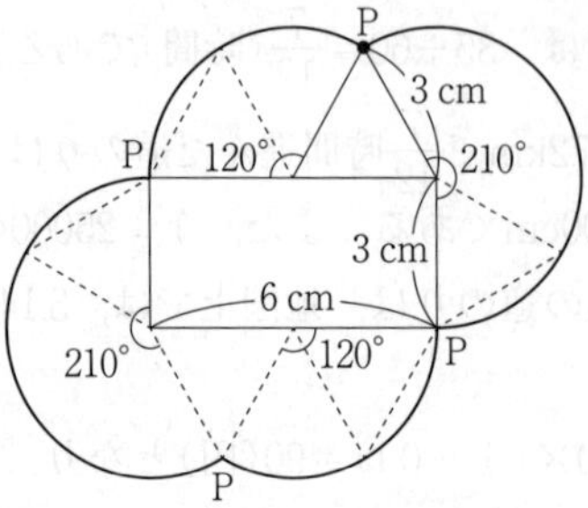

②　頂点Ｐが動いてできた４つのおうぎ形の弧《こ》の中心角は，それぞれ，$360°-(60°+90°)=210°$，$60°+60°=120°$，$210°$，$120°$となり，その中心角の和は，$210°+120°+210°+120°=660°$になる。よって，頂点Ｐが動いた長さは，$3\times2\times3.14\times\frac{660}{360}=34.54$（cm）である。

社　会　＜第１回試験＞（30分）＜満点：50点＞

解　答

1 ①　山梨県　②　ザビエル　③　高知県　④　利根川　2 ①　奥の細道　②　オランダ　③　浮世絵　④　地図（日本地図）　3 ①　ウ　②　カ　③　エ　④　イ　4 ①　万国博覧会（万博）　②　沖縄県　③　東京　5 ①　地震，津波

② 火山噴火　③ 台風　④ 竜巻　6 ① 鎌倉時代　② 室町時代　③ 江戸時代　④ 奈良時代　⑤ 平安時代　7 新聞は，取材を重ねて記事を書くため，深い内容を伝えられるところが良い点です。対してネットニュースは，早く伝えられるところが良い点です。

解説

1 写真に関係のある県についての問題

① 左の写真の人物は渋沢栄一《しぶさわえいいち》で，現在の埼玉県深谷《ふかや》市出身である。日本初の銀行を設立するなど，明治時代の日本経済の近代化に功績《こうせき》があった。中央の写真は埼玉県の県章(シンボルマーク)である。右の写真は埼玉県の秩父《ちちぶ》地方にある長瀞渓谷《ながとろけいこく》の岩畳《いわだたみ》のようすである。船で川を下ることができ，観光地になっている。埼玉県は周りを海に囲まれていない内陸県で，７つの都県と接している。

② 左の写真の人物は西郷隆盛《さいごうたかもり》で，薩摩藩《さつまはん》出身である。薩摩は現在の鹿児島県である。中央の写真は鹿児島県の県章(シンボルマーク)である。右の写真は鹿児島県の桜島である。1549年，イエズス会の宣教師であるフランシスコ・ザビエルが，キリスト教を伝えるために来日し，最初に上陸したのが鹿児島である。

③ 左の写真の人物は坂本龍馬《さかもとりょうま》である。坂本龍馬は土佐《とさ》藩出身で，土佐は現在の高知県である。明治時代に自由民権運動の中心となった板垣退助《いたがきたいすけ》も土佐藩出身である。中央の写真は高知県の県章(シンボルマーク)である。右の写真は高知県の室戸岬《むろとみさき》である。

④ 左の写真の人物は徳川慶喜《とくがわよしのぶ》である。徳川慶喜は水戸《みと》藩出身で，江戸幕府15代将軍となった。水戸は現在の茨城県である。中央の写真は茨城県の県章(シンボルマーク)である。右の写真は茨城県にある筑波山《つくばさん》である。流域面積が日本１位で長さが２位の利根川は，茨城県と千葉県の県境などを流れている。

2 江戸時代の文化についての問題

① 江戸時代の元禄《げんろく》文化を代表する人物の１人が松尾芭蕉《まつおばしょう》である。東北地方を中心に旅をしたときの様子と，さまざまな土地で詠《よ》んだ「五月雨《さみだれ》をあつめて早し最上《もがみ》川」などの俳諧《はいかい》(俳句《はいく》)が詠み込まれている紀行文が「奥《おく》の細道《ほそみち》」である。

② 杉田玄白《すぎたげんぱく》と前野良沢《まえのりょうたく》は，オランダ語で書かれた医学書である「ターヘル・アナトミア」を日本語に訳し「解体新書《かいたいしんしょ》」を出版した。杉田玄白は，辞書がないなかで翻訳《ほんやく》することの大変さなど，そのときの苦労話を「蘭学事始《らんがくことはじめ》」に著した。

③ 江戸時代に庶民《しょみん》の間でもてはやされた，風景や人物をテーマにした多色刷りの木版画を浮世絵《うきよえ》という。葛飾北斎《かつしかほくさい》の「富嶽《ふがく》三十六景」や安藤《あんどう》(歌川《うたがわ》)広重《ひろしげ》の「東海道《とうかいどう》五十三次」などの作品が生まれた。浮世絵はヨーロッパにも渡り，西洋の絵画にも影響《えいきょう》を与えた。

④ 外国船が接近するようになり，海防の重要性を考えた幕府の命令により，伊能忠敬《いのうただたか》は弟子と共に全国の海岸を測量し，当時としてはきわめて正確な日本地図である「大日本沿海輿地《えんかいよち》全図」を完成させた。

3 グラフの読み取りについての問題

① 円グラフの割合の第２位を占《し》めているLNGとは液化天然ガスのことである。石炭，液化天然ガス，石油，原子力，太陽光，風力などが占める割合を表しているので，日本で使われた電力の発

電源割合を表したグラフである。

② グラフの横軸《よこじく》が年代で，縦《たて》軸が人数を表すグラフであり，単位に「億人」とあり，世界と日本との２つの折《お》れ線グラフがあるので，世界と日本の人口推移《すいい》を比較《ひかく》したグラフである。

③ グラフの横軸が年代で縦軸が年齢《ねんれい》となっている。男性と女性の２つの折れ線グラフがあるので，日本の男女別の平均寿命《じゅみょう》の推移を示したグラフである。

④ 各国が占める割合を表した円グラフである。また，アメリカの割合が最も大きく，グラフの中心には自動車の絵が描《えが》かれている。このことから，日本の自動車輸出相手国を表したグラフである。

4 昭和時代に日本でおきた出来事についての問題

① 1970年に大阪で開かれた世界規模のイベントとあるので，この年に大阪で開催《かいさい》されたのは，万《ばん》国博覧会《こくはくらんかい》(万博《ばんぱく》)である。正式名称は日本万国博覧会で，通称「大阪万博」ともよばれた。万国博覧会は，国際博覧会条約にもとづいて，参加国の文化や産業，科学技術などを展示し，イベントなどを通じて国際交流を深めようとするものである。新聞の写真に写っているのは，日本の展示物の１つである「太陽の塔《とう》」である。

② 太平洋戦争中に，沖縄では地上戦が行われ，太平洋戦争後はアメリカ合衆国に占領《せんりょう》された。1972年，佐藤栄作《さとうえいさく》首相のとき，アメリカ合衆国から返還《へんかん》された。しかし，日米安全保障条約にもとづき，沖縄県にあったアメリカ軍の基地は，現在もそのままアメリカ軍が使用を続けている。

③ 先進国の首脳(首相や大統領など)が集まって会議を開くこととなり，これを先進国首脳会議とよんだ。「サミット」ともいう。第１回は1975年にフランスのランブイエで開かれた。参加国は開催国のフランス以外に，日本，アメリカ合衆国，イギリス，ドイツ(当時は西ドイツ)，イタリアであった。以後毎年１回開かれ，開催地は，参加国の持回り形式となっている。1979年の会議は，日本の東京で開催された。現在は参加国も増えたことから，先進国首脳会議ではなく，「主要国首脳会議」という。

5 自然災害の種類についての問題

① 2011年３月11日に東北地方で発生したのは，東日本大震災《だいしんさい》である。三陸《さんりく》沖を震源とした地震で最大震度は７を記録した。またこの地震により津波《つなみ》が発生した。三陸海岸はリアス海岸であり，リアス海岸は津波の被害《ひがい》を受けやすいため，その被害も大きかった。

② 長野県と岐阜県の県境にある御嶽山《おんたけさん》の2014年の噴火《ふんか》では，登山シーズンであったこともあり，登山客に死者が出るなどの被害があった。火山噴火によって飛び散った噴石《ふんせき》が登山客に直撃《ちょくげき》したとされる。

③ 近年では，日本に来る台風の規模が大きくなっていることが心配されている。台風によって強風や高潮がおこり，台風による大雨で洪水《こうずい》や土石流《どせきりゅう》などがおこることもある。2019年９月の台風でも千葉県などで大きな風水害の被害が出た。

④ 2019年７月27日栃木県佐野《さの》市で強風が発生し，家の窓ガラスが割れたり，屋根がわらが飛ぶなどの被害が出た。近くで積乱雲《せきらんうん》が発生していたことなどから，気象庁はこの強風を竜巻と発表した。

6 歴史の各時代についての問題

① 元《げん》(中国)が二度，日本に攻《せ》めてきたのは鎌倉《かまくら》時代のことである。これを元寇《げんこう》という。このとき対応にあたったのは，鎌倉幕府《ばくふ》８代執権《しっけん》の北条時宗《ほうじょうときむね》である。幕府軍は元軍の集団戦法や火器を使った武器に苦戦したが，元軍を二度とも撃退《げきたい》した。

② 室町《むろまち》幕府８代将軍の後継《あとつ》ぎなどをめぐって戦いがおこったのが応仁《おうにん》の乱であり，時代は室町時代である。京都を戦場として西軍と東軍に分かれ，乱は11年間続いた。これにより京都は焼け野原となった。乱の後，下の身分の者が上の身分の者をたおす下剋上《げこくじょう》の世となり，時代は戦国時代へと移っていくことになった。

③ 享保《きょうほう》の改革を行ったのは，江戸幕府８代将軍の徳川吉宗《よしむね》である。したがってこの文章の時代は江戸時代である。享保の改革では，人々の意見を聞くための投書箱として目安箱《めやすばこ》を設置したり，裁判の基準となる公事方御定書《くじかたおさだめがき》を定めたりした。

④ 710年に元明《げんめい》天皇は都を奈良に移した。この都を平城京《へいじょうきょう》という。平城京は，唐《とう》(中国)の都であった長安《ちょうあん》にならってつくられた。都が京都の平安京《へいあんきょう》に移るまでの，平城京が政治の中心地であった時代が奈良時代である。

⑤ 794年に桓武《かんむ》天皇によって都が京都に移された。この都を平安京といい，それから平安京が政治の中心地であった約400年間を平安時代という。藤原氏が強大な権力を持ち，摂政《せっしょう》や関白《かんぱく》として政治を行った全盛期は，藤原道長とその子の頼通《よりみち》のときである。藤原道長が摂政になったのは1016年で，平安時代である。

7 新聞とネットニュースの長所についての問題

新聞の記事では，新聞社が取材班を組むなどして，１つの出来事を深く調べて明らかにするので，くわしい内容を知ることができる。それに対して，ネットニュースは，新聞のように印刷《いんさつ》して店や家庭に届けるといった手間がないので，いち早く出来事を知らせることができる。ネットワークが発達した現在では，国内だけではなく，海外の出来事も瞬時《しゅんじ》に知ることができる。ただし，速報性が重要視されていることもあり，「フェイクニュース」といったあやまった情報やうその情報が混ざっている場合もある。情報を受け取る側には，情報を選び，内容の正しさを確認して活用する力が求められる。これをメディアリテラシーという。

理 科 ＜第１回試験＞（30分）＜満点：50点＞

解 答

1 (1) **問１** ウ **問２** 16.7% **問３** 24.2% (2) **問４** 解説の図を参照のこと。 **問５** ちがう性質 **問６** ウ **2** **問１** イ **問２** (例) 黒い紙から遠ざける方向に動かす。 **問３** (例) レンズを通して太陽を見ない。 **問４** ア **3** **問１** ① よく ② かわいた **問２** 記号…オ 名前…子房 **問３** ③ **問４** ④ **問５** ① やすく ② にくく **4** **問１** (ア) ③ (イ) ④ (ウ) ① **問２** (1) 斑状(組織) (2) 等粒状(組織) (3) A ① B ④ **問３** A ① B ③

解 説

1 水溶液の濃度，気体の発生についての問題

(1) **問１** メスシリンダーに注いだ液面のふちは盛り上がっているが，目盛りを読むときは，液面の水平なところを真横から見て読み取る。 **問２** ビーカー①において，50gの水に10gの硝酸カリウムを溶かした硝酸カリウム水溶液の重さは，50＋10＝60(g)である。よって，この硝酸カリウム水溶液の濃度は，$\frac{10}{60}\times100=16.66\cdots$より，16.7％である。　**問３**　ビーカー②において，20℃の水50ｇに溶ける硝酸カリウムの重さは16ｇなので，50ｇの水に20ｇの硝酸カリウムを入れても，16ｇの硝酸カリウムしか溶けない。よって，硝酸カリウム水溶液の重さは，50＋16＝66(ｇ)だから，この硝酸カリウム水溶液の濃度は，$\frac{16}{66}\times100=24.24\cdots$より，24.2％である。

(2)　**問４**　塩酸の体積が80cm^3までは，体積を２倍，３倍，…にすると，水素の発生量も２倍，３倍，…となり，水素の発生量は，塩酸の体積に比例している。また，塩酸の体積が90cm^3，100cm^3のときは，水素の発生量は80cm^3のときと同じなので，グラフは右の図のようになる。　**問５**，**問６**　鉄が塩酸と反応すると，水素が発生すると同時に塩化鉄という固体ができる。塩化鉄は磁石を近づけても引きつけられなかったり，塩酸を加えても水素を発生しなかったりといった，鉄とはちがう性質をもっている。また，実験で生じた物質を口に入れるのは危険であり，ふさわしくない。

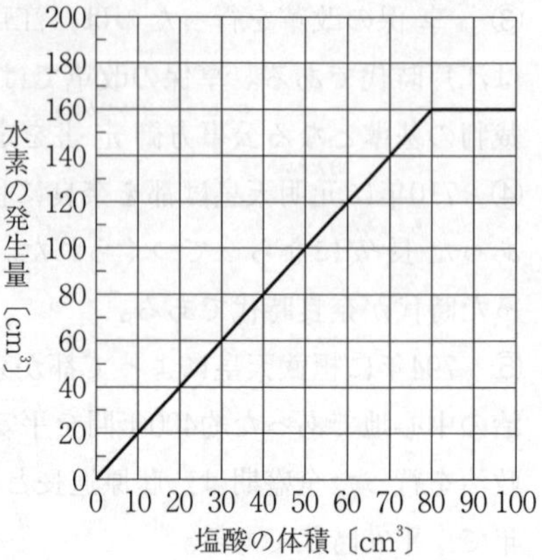

2 太陽の光についての問題

問１　鏡ではね返した光を，ほかの鏡ではね返すことはできるので，②は誤り。また，複数枚の鏡で光を反射させ，同じところに反射した光を重ねると，明るさは，１枚の鏡で反射した光を当てたときよりも明るくなるので，③もふさわしくない。

問２　虫めがねのレンズに入った光の進み方は，図１のようになっている。よって，図２のように，虫めがねを黒い紙から遠ざけていくと，明るい部分の大きさが小さくなっていく。

図１

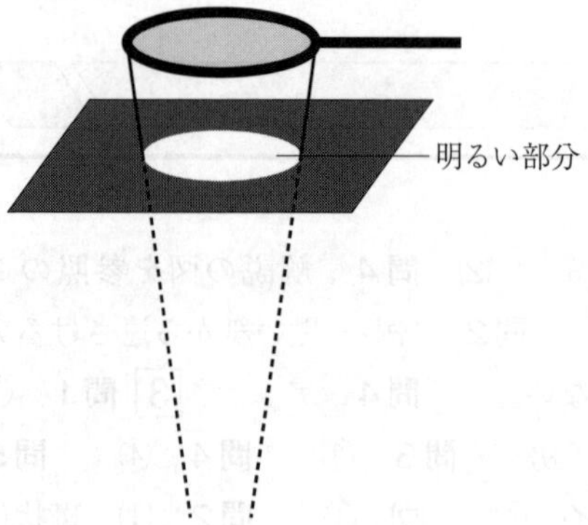

図２

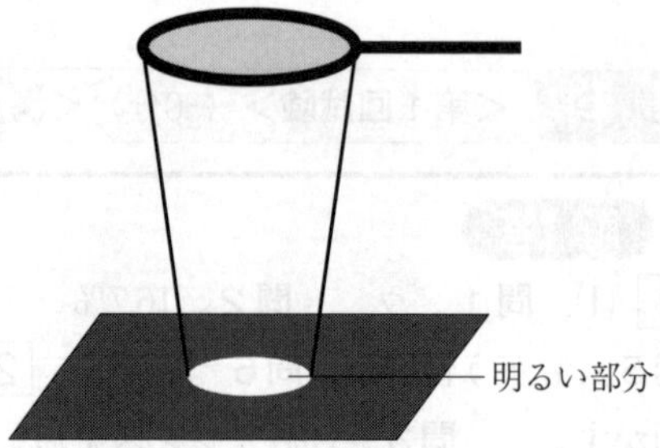

問３　目をいためてしまうので，虫めがねのレンズを通して太陽をのぞいてはいけない。

問４　黒い紙は，白い紙よりも熱を吸収しやすいので，黒い紙を巻いたペットボトルの方が，白い紙を巻いたペットボトルよりも水の温度が高くなる。

3 タンポポについての問題

問１　タンポポは，日当たりがよく，地面がかわいた場所に多く生える。

問２　花のつくりのうち，おしべ，めしべ，がく，花びらを花の４要素という。図１のアはめしべ，イはおしべ，ウは花びら，エはがく，オはめしべのもとにある子房である。

問３　受粉すると，子房が果実になり，子房の中にある胚珠《はいしゅ》が種子になる。タンポポの１つの花から種子が１つできるということは，１つの花の子房には胚珠が１つあるということである。

問４　タンポポの葉のように，葉が地面にはりついて広がった葉のつき方をロゼット型という。

問５　ロゼット型は，葉が重ならないようについているので，日光が葉に当たりやすくなり，葉で養分をつくりやすくなる。また，葉が地面にはりついているので，地面からの熱が逃げにくくなり，寒い冬をこすのに適した形となっている。

４　火山のふん火や岩石についての問題

問１　地下深くにあるマグマが地表に流れ出したり，地表に流れ出て固まったものをよう岩という。また，マグマが非常に小さいつぶになって火口からふき出した火山灰は，風に乗って運ばれ，広い範囲《はんい》にたい積する。

問２　(1)　図２のＡのような岩石のつくりを斑状《はんじょう》組織といい，非常に小さいつぶ(石基)の中に大きなつぶ(斑晶)が散らばっている。　(2)　図２のＢのような岩石のつくりを等粒状《とうりゅうじょう》組織といい，ほぼ同じくらいの大きさの鉱物の結晶が組み合わさっている。　(3)　マグマが地表や地表近くで一気に冷えると，結晶が大きく成長しないので，Ａのような斑状組織の岩石になる。また，マグマが地下深いところでゆっくり冷えて固まると，結晶が大きく成長して，Ｂのような等粒状組織の岩石になる。

問３　Ａのような斑状組織をもつ岩石を火山岩といい，Ｂのような等粒状組織をもつ岩石を深成岩という。砂岩と石灰岩はたい積岩で，マグマが冷えて固まった岩石ではない。

英語　＜第１回試験＞（30分）＜満点：50点＞

解答

１　①　イ　②　ア　③　エ　２　①　イ　②　ウ　３　①　ウ　②　イ　③　ア　④　ア　⑤　イ　⑥　エ　⑦　ウ　⑧　エ　⑨　イ　⑩　ウ　⑪　ウ　⑫　イ　⑬　エ　⑭　ウ　⑮　ア　４　①　ア　②　イ　③　エ　④　エ　⑤　ウ　５　①　Is Yuta your brother?　②　George can't go to the concert.　③　How many books do you have?　④　Kana is doing her homework now.　⑤　Let's watch TV after lunch.

国語　＜第１回試験＞（50分）＜満点：100点＞

解答

一　①　あ　②　ぼうえき　③　こころざ　④　おぎな　⑤　じゅうだん　⑥～⑩　下記を参照のこと。　二　①　オ　②　イ　③　エ　三　**問１**　エ　**問２**　イ　**問３**　(例)　東京大学の植物教室で勉強させてほしいと願い出たという意味。　**問４**　(順に)　子どものころ／土佐植物目録／山ほど／単なるしゅみ／知識　**問５**　(例)　いろいろな場所で，いろいろな時期に見られるカンサイタンポポを標本として集めるため。／(例)　カンサイタンポポだけに見られる特ちょうがなんなのか，てってい的に調べるため。　**問６**　(例)　日本の植物の目録を作るということ。［日本中の植物を明らかにするということ。］　**問７**　エ，カ

四　**問１**　わたしたちが書いた言葉　**問２**　(瑠雨ちゃんは)特別な耳を持っている(子なのかもしれないと思うようになった。)　**問３**　(例)　わたしたちにはきこえないものも，瑠雨ちゃんの耳にはきこえているのかもしれないということ。　**問４**　(例)　みんなで合唱していたとき，瑠雨ちゃんの口がうっすら動いているのを見たから。　**問５**　イ，オ　**問６**　エ　**問７**　オ

●漢字の書き取り

一　⑥　底力　⑦　寄付　⑧　解禁　⑨　密集　⑩　並列

解説

一　漢字の読みと書き取り

①　音読みは「ヨク」で，「入浴」「海水浴」などの熟語がある。　②　外国と商品の輸出入をすること。　③　音読みは「シ」で，「意志」「大志」などの熟語がある。　④　音読みは「ホ」で，「補足」「補助」などの熟語がある。　⑤　南北または縦の方向に通り抜《ぬ》けること。　⑥　追いつめられたときに発揮する力。　⑦　金銭や物を無償《むしょう》で贈《おく》ること。　⑧　禁止されていたことが，自由にできるようになること。　⑨　集まっていて密度が高い状態。　⑩　複数のものを同じ向きに並べること。

二　敬語，慣用句の知識

①「うかが」うは「行く」の謙譲《けんじょう》語であるため，「もらう」の謙譲語「いただ」くを使っているオが正解。アの「くださ」るは「くれる」の尊敬語，イの「お帰りにな」るは「帰る」の尊敬語，ウの「いらっしゃ」るは「行く」の尊敬語，エの「なさる」は「する」の尊敬語である。　②「思っていたとおりになる」とは，「思うつぼ」の説明であるため，下の文が上の慣用句を正しく説明している選択肢《せんたくし》を選べばよい。したがって，イが正解。アの「間が悪い」は機会を逃《のが》すことや，きまりが悪いさまを表す。ウの「気がまわる」は細部まで注意が行き届いていること。エの「図に乗る」は調子に乗って得意げになること。オの「大口をたたく」は身のほどをわきまえない発言をすること。　③「浮き足立つ」は，不安やおそれを感じて落ち着きがなくなるさまを表すので，エが正解。

三　出典は清水洋美《しみずひろみ》『牧野富太郎《まきのとみたろう》　日本植物学の父』による。

のちに「日本の植物学の父」と呼ばれるようになる牧野富太郎が，植物学を志して高知県の実家から上京し，東京大学の植物学教室に出入りするようになった経緯《けいい》が描《えが》かれている。

問１　二十歳《はたち》もすぎ，生き方を決めなければならない時期にある富太郎が，祖母である浪子の守ってきた「岸屋」を継《つ》ぐべきか，「植物学」の道に進むべきかで思い悩《なや》んでいたことをおさえる。最終的に「一生を植物学にささげたい」と結論を出した富太郎から，自らの「めざす学問」にとどかせるためにはどうしても「東京」に出る必要があると訴《うった》えられた浪子は，どうしようもなく心細くさみしい気持ちになりながらもその「情熱」におされ，彼《かれ》の願いを聞き届けたのだから，エがふさわしい。なお，富太郎は「植物の研究書をたくさん買う」ために東京へと行きたいわけではないので，アは誤り。また，東京に行った後も，「折をみて佐川に」もどると富太郎は話しているので，

イも正しくない。さらに，富太郎が東京に行くのは「植物の研究」をするためであって「政治運動」を広めるためではないので，ウも合わない。そして，「世界中の研究者たちとともに進んで」いきたいとは話しているものの，ここでの富太郎の「のぞみ」は，佐川にいては植物の研究におくれをとってしまうので東京に出たい，という点に重きが置かれているものと考えられる。よって，オも間違《まちが》っている。

問２　ぼう線部②の前の部分では，浪子が「富太郎が描《か》く植物の絵」から「情熱と才能」を感じていたこと，最終的に富太郎の上京を許し，自分の守ってきた岸屋を継《つ》がせることをあきらめたことが書かれている。このことから，浪子は富太郎をただ地元で家業を継がせるにはもったいない，もっと広い世界に羽ばたくべき人材だと思っていたことが読み取れる。したがって，イが正解。

問３　ぼう線部③の前の部分で，富太郎は「東京大学の植物学教室」を「世界の植物学への窓を開いてくれるいちばんの場所」だと考えており，自分の「積み上げてきた」「学問と情熱」は，「ほかの学生」に負けるものではないと自信を持っていることが書かれている。富太郎は志を胸に「東京大学の植物学教室」へと足を運び，そこで植物学の研究をさせてほしいと志願したのである。

問４　ぼう線部③に続く部分で，富太郎は「子どものころ」から植物画を描きためてきて「土佐植物目録」を完成させたこと，「山ほど」の標本は「田中先生や小野先生」に教えてもらったり，本を読んだりと自分なりに学んで集めたことなどを教授たちに説明しており，教授たちは「単なるしゅみ」にとどまらない，富太郎の「おどろくほど専門的」な「知識」や「考え方」に感心している。これらのことをふまえて抜《ぬ》き出せばよい。

問５　ぼう線部⑤の前の部分では，植物に「学名をつけるため」には，「どの家族の一員なのか」を調べ，「その家族の中で，ほかのどれともちがうことを明らかに」することが必要だと書かれている。そのために，カンサイタンポポを例に，「いろいろな場所で，いろいろな時期に」カンサイタンポポの標本を集めなければいけないという説明と，「カンサイタンポポだけに見られる特ちょうがなんなのか，てってい的に調べ」なければいけないという説明が続いている。「タンポポ一家」のほかの「メンバーの特ちょう」を理解している必要があるのはこのことが理由であるため，この２点をまとめればよい。

問６　富太郎は教授たちに対し，「これから日本中の植物を調べて」すべて「明らかにし」，日本の「植物目録」を作ると話している。これに対し，矢田部教授は，「日本中の植物の目録を作る」とまで言い切ったことが「にわかに信じられ」ず，「日本中の植物を明らかにする」とは「どういうことかわかっているのだろうか」とおどろいたことが書かれている。したがって，「大きなこと」とは，日本中の植物を調べて目録を作ることを指しているとわかる。

問７　富太郎が何歳《なんさい》まで酒造業を継ぐつもりだったのかは，本文では明らかにされていないので，アは誤り。浪子が植物学に興味を持っていたという記述はないので，イは誤り。富太郎が小学校二年生のときにやめたのは，植物学ではなく小学校であるので，ウは誤り。ぼう線部⑥の前の段落に，富太郎の研究が「おそるべきスピードで進」み，「つぎつぎとその成果を発表して」いったとあるので，エは正解。日本の植物の研究結果が書かれている「何冊か」の本は，「明治初期の植物学者たちがたよりにできる」数少ない資料だったと本文にあるので，オは誤り。本文の終わりで，富太郎は東京大学で「今までかかえたままになっていたいろいろな疑問」の「答え」をつぎつぎと見つけているので，カは正解。富太郎が上京後に実家の酒造業を手伝ったかどうかは書かれていないので，キは誤り。矢田部教授は富太郎に対し「ここへきて，勉強してみたらどうですか」と話しているが，基本から勉強するようにとは言っていないので，クは誤り。

四　出典は森絵都《もりえと》『あしたのことば』所収「風と雨」による。小学校五年生の「わたし」は，国語の授業をきっかけに，普段《ふだん》は無口なクラスメイト「瑠雨《るう》ちゃん」が実は美しい音に対するとくべつな感性の持ち主であることに気づき，もっと親しくなりたいと考え始める。

問１　前書きに，村上先生が「たくさんの言葉と親しんで，その使い方をふやしていく」ことは，「自分のなかにたくさんの種をまくようなことだ」と話したと書かれていることをおさえる。先生は「国語の時間」に「わたしたちが書いた言葉」を，「ひとりひとりがまいた種」ととらえていることが読み取れる。

問２　「美しいもの」の例として，瑠雨ちゃんが「音楽」や「歌」，「雨の音」など「耳で感じる美しさ」に思いをはせていたことを知った「わたし」は，「クラスのだれ」にも「思いつかな」いであろうその「発想」におどろき，瑠雨ちゃんは「とくべつな耳を持って」いるのではないかと考え始めている。

問３　ぼう線部③の前の部分では，クラスではほとんど「しゃべら」ず，「この世のなににもきょうみがなさそうに」口を「閉じ」ている瑠雨ちゃんが，実は「とくべつな耳」で「いろんな音をすいこ」み，「いつも全開で世界を感じている」のかもしれない，という「わたし」の想像が描《えが》かれている。「わたし」は瑠雨ちゃんの普段の印象と，内にかくしもっているらしい感性との差を「意外」だと感じて「クラスのだれも知らないヒミツ」と呼んでいるのである。

問４　ぼう線部④の直後に，「わたし」が音楽の授業中に「合唱していたとき」，いつも閉ざされている瑠雨ちゃんの「口がうっすら動いている」のを「発見」したとある。「わたし」は瑠雨ちゃんが曲に合わせて口を動かすようすを「うた」っていると判断したことが読み取れるため，この部分をまとめればよい。

問５　ぼう線部⑤の前の部分に，「わたし」が瑠雨ちゃんを自宅にまねくことの二つのねらいが書かれている。「わたし」は瑠雨ちゃんと「一気に距離《きょり》がちぢまって，ぐんと仲よくなれるかもしれない」と考えていると同時に，日頃から「とんでもなくへたくそ」だと感じてきた祖父の謡曲《ようきょく》を瑠雨ちゃんが「才能なし」と「判定してくれ」れば，祖父が「自信をなくしてうたわなくな」るかもしれない，と期待している。

問６　家に遊びにこないかとさそわれた瑠雨ちゃんは，「ぽかんとした目」で「せいだいにまつげをふるわせ」，その後もしばらく「こまり顔」で「だまりこん」でいる。しかし，「わたし」がさそいを引っこめようとすると，瑠雨ちゃんは「わたし」を引き止めて遊びに行く意思を示し，このとき瑠雨ちゃんの「まつげ」は「動きを止めている」。瑠雨ちゃんのこうした「まつげ」の動きの変化から，始めはとまどっていたものの，最終的に遊びに行ってみようという気持ちが固まり，とまどいが消えたという心の変化が読み取れる。したがって，エがふさわしい。「わたし」に対して瑠雨ちゃんがいかりを感じている描写《びょうしゃ》はないため，アはふさわしくない。瑠雨ちゃんが「わたし」を大好きであるようすは本文になく，「わたし」も瑠雨ちゃんと「ともだちなのかもわかんない」と話しているため，イは合わない。まつげをふるわせているようすからは，瑠雨ちゃんが単に「わたし」のさそいを喜んでいたとはいえないため，ウは誤り。瑠雨ちゃんが「わたし」をめいわくに思う描写はないため，オは選べない。

問７　瑠雨ちゃんの服装について，本文では書かれていないので，アは誤り。瑠雨ちゃんは「耳で感じる美しさ」を大切にしているが，目で感じる美しさを特別きらっているようすはないので，イは誤り。本文中では瑠雨ちゃんと「わたし」の祖父は会っておらず，好かれているとはいえないので，ウは誤り。瑠雨ちゃんが「とくべつな耳」を持っているというのはあくまで「わたし」の想像である。「瑠雨ちゃんはきくことの天才なの？」という「わたし」の問いに対し，ターちゃんは本人に聞いてみるようさとしており，答えは本文では明らかになっていないのでエは誤り。本文に「しゃべらない」「長いまつげ」とあるので，オが正解。

Memo

Memo

Memo

当社発行物の無断使用は固くお断りいたします。御使用の前はまずご相談ください。

当社発行物には500点余の首都圏中・高過去問をはじめ、6点の学校案内、そのほかいくつかの情報誌などがございます。その多くが年度版で、限られたスタッフが来るべき受験シーズン前に余裕を持って受験生へ届けられるよう、日夜作業にあたり出版を重ねております。

最近、通塾生ご父母や塾内部からの告発によって、いくつかの塾が許諾なしに当社過去問を複写(コピー)し生徒に配布、授業等にも使用していることが発覚し、その一部が紛争、係争に至っております。過去問には原著作者や管理団体、代行出版等のほか、当社に著作権がございます。当社としましては、著作権侵害の発覚に対しては著作権を有するこれらの著作権関係者にその事実を開示して、マスコミにリリースする場合や法的な措置を取る場合がございます。その事例としましては、毎年当社過去問の発行を待って自由にシステム化使用していたＡ塾、個別教室でコピーを生徒に解かせ指導していたＢ塾、冊子化していたＣ社、生徒の希望によって書籍の過去問代わりにコピーを配布していたＤ塾などがあります。

当社発行物の全部もしくは一部を無断使用することは固くお断りいたします。

当社コンテンツの中にはリーズナブルな設定で紙面の利用を許諾している塾もたくさんございますので、ご希望の方は、お気軽にご相談くださいますようお願いします。同時に、当社発行物を無断で使用している会社などにつきましての情報もお寄せいただければ幸いです。

株式会社 声の教育社

2025年度用
中学スーパー過去問

■編集人 声の教育社・編集部
■発行所 株式会社 声の教育社
〒162-0814 東京都新宿区新小川町8-15
☎03-5261-5061(代) FAX03-5261-5062
https://www.koenokyoikusha.co.jp

※本書の内容についての一切の責任は当社にあります。内容・解説・解答・その他は当社ホームページよりお問い合わせ下さい。

カコを追いかけ
ミライをつかめ
「今の説明、もう一回」を何度でも
web過去問
ストリーミング配信による入試問題の解説動画
もっと古いカコモンないの？
カコ過去問
「さらにカコの」過去問をHPに掲載（DL）
声の教育社
詳しくはこちらから

ストリーミング配信による入試問題の解説動画

2025年度用web過去問　ラインナップ

■ **男子・女子・共学（全動画）見放題**
36,080円（税込）

■ **男子・共学 見放題**
29,480円（税込）

■ **女子・共学 見放題**
28,490円（税込）

● 中学受験「声教web過去問（過去問プラス・過去問ライブ）」（算数・社会・理科・国語）

3〜5年間 **24校**

過去問プラス

麻布中学校	桜蔭中学校	開成中学校	慶應義塾中等部	渋谷教育学園渋谷中学校
女子学院中学校	筑波大学附属駒場中学校	豊島岡女子学園中学校	広尾学園中学校	三田国際学園中学校
早稲田中学校	浅野中学校	慶應義塾普通部	聖光学院中学校	市川中学校
渋谷教育学園幕張中学校	栄東中学校			

過去問ライブ

栄光学園中学校	サレジオ学院中学校	中央大学附属横浜中学校	桐蔭学園中等教育学校	東京都市大学付属中学校
フェリス女学院中学校	法政大学第二中学校			

● 中学受験「オンライン過去問塾」（算数・社会・理科）

3〜5年間 **50校以上**

東京	青山学院中等部	東京	国学院大学久我山中学校	東京	明治大学付属明治中学校	千葉	芝浦工業大学柏中学校	埼玉	栄東中学校
	麻布中学校		渋谷教育学園渋谷中学校		早稲田中学校		渋谷教育学園幕張中学校		淑徳与野中学校
	跡見学園中学校		城北中学校		都立中高一貫校 共同作成問題		昭和学院秀英中学校		西武学園文理中学校
	江戸川女子中学校		女子学院中学校		都立大泉高校附属中学校		専修大学松戸中学校		獨協埼玉中学校
	桜蔭中学校		巣鴨中学校		都立白鷗高校附属中学校		東邦大学付属東邦中学校		立教新座中学校
	鷗友学園女子中学校		桐朋中学校		都立両国高校附属中学校		千葉日本大学第一中学校	茨城	江戸川学園取手中学校
	大妻中学校		豊島岡女子学園中学校	神奈川	神奈川大学附属中学校		東海大学付属浦安中等部		土浦日本大学中等教育学校
	海城中学校		日本大学第三中学校		桐光学園中学校		麗澤中学校		茗溪学園中学校
	開成中学校		雙葉中学校		県立相模原・平塚中等教育学校		県立千葉・東葛飾中学校		
	開智日本橋中学校		本郷中学校		市立南高校附属中学校		市立稲毛国際中等教育学校		
	吉祥女子中学校		三輪田学園中学校	千葉	市川中学校	埼玉	浦和明の星女子中学校		
	共立女子中学校		武蔵中学校		国府台女子学院中学部		開智中学校		

web過去問 Q&A

過去問が動画化！
声の教育社の編集者や中高受験のプロ講師など、
過去問を知りつくしたスタッフが動画で解説します。

Q **どこで購入できますか？**
A 声の教育社のHPでお買い求めいただけます。

Q **受講にあたり、テキストは必要ですか？**
A 基本的には過去問題集がお手元にあることを前提としたコンテンツとなっております。

Q **全問解説ですか？**
A 「オンライン過去問塾」シリーズは基本的に全問解説ですが、国語の解説はございません。「声教web過去問」シリーズは合格のカギとなる問題をピックアップして解説するもので、全問解説ではございません。なお、「声教web過去問」と「オンライン過去問塾」のいずれでも取り上げられている学校がありますが、授業は別の講師によるもので、同一のコンテンツではございません。

Q **動画はいつまで視聴できますか？**
A ご購入年度２月末までご視聴いただけます。
複数年視聴するためには年度が変わるたびに購入が必要となります。

よくある解答用紙のご質問

01

実物のサイズにできない

拡大率にしたがってコピーすると，「解答欄」が実物大になります。配点などを含むため，用紙は実物よりも大きくなることがあります。

02

A3用紙に収まらない

拡大率164％以上の解答用紙は実物のサイズ（「出題傾向＆対策」をご覧ください）が大きいために，Ａ３に収まらない場合があります。

03

拡大率が書かれていない

複数ページにわたる解答用紙は，いずれかのページに拡大率を記載しています。どこにも表記がない場合は，正確な拡大率が不明です。

04

１ページに２つある

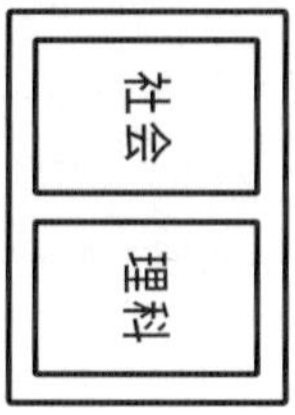

１ページに２つ解答用紙が掲載されている場合は，正確な拡大率が不明です。ほかの試験回の同じ教科をご参考になさってください。

西武台千葉中学校

つかいやすい書きこみ式
入試問題解答用紙編

禁無断転載

最近３年間収録

＊解答用紙は本体と一緒にとじてありますから、ていねいに抜きとってご使用ください。

■注意

●一部の科目の解答用紙は小社で作成しましたので、無断で転載することを禁じます。

●収録のつごうにより、一部縮小したものもあります。

●配点については、採点しやすいように小社が独自に作成したものもあります。

※ 実際の解答欄の大きさで練習するには、指定の倍率で拡大コピーしてください。なお、ページの上下に小社作成の見出しや配点を記載しているため、コピー後の用紙サイズが実物の解答用紙と異なる場合があります。

声の教育社

２０２４年度　西武台千葉中学校

算数解答用紙　第一志望

番号		氏名		評点	/100

5 (2), (3) は求め方や考え方も記入

(1)	個	
(2)	(求め方・考え方)	(答え) 個
(3)	(求め方・考え方)	(答え) 個

6 求め方や考え方も記入

(1)	(求め方・考え方)	分針	(答え) 度
		時針	度
(2)	(求め方・考え方)		(答え) 度

1 答えのみ記入

(1)		(2)	
(3)		(4)	
(5)	商	余り	

2 答えのみ記入

(1)	個	(2)	個
(3)	個		

3 答えのみ記入

(1)		(2)	
(3)	点	(4)	円
(5)	分後		

4 求め方や考え方も記入

(1)	(求め方・考え方)	(答え) cm^2
(2)	(求め方・考え方)	(答え) cm

（注）この解答用紙は実物を縮小してあります。213％拡大コピーすると、ほぼ実物大で使用できます。（タイトルと配点表は含みません）

〔算　数〕100点(推定配点)

1～3　各５点×13　4　求め方・考え方…各３点×２，答え…各２点×２　5　(1)　５点　(2)，(3)　求め方・考え方…各３点×２，答え…各２点×２　6　求め方・考え方…各３点×２，答え…各２点×２ <(1)は完答>

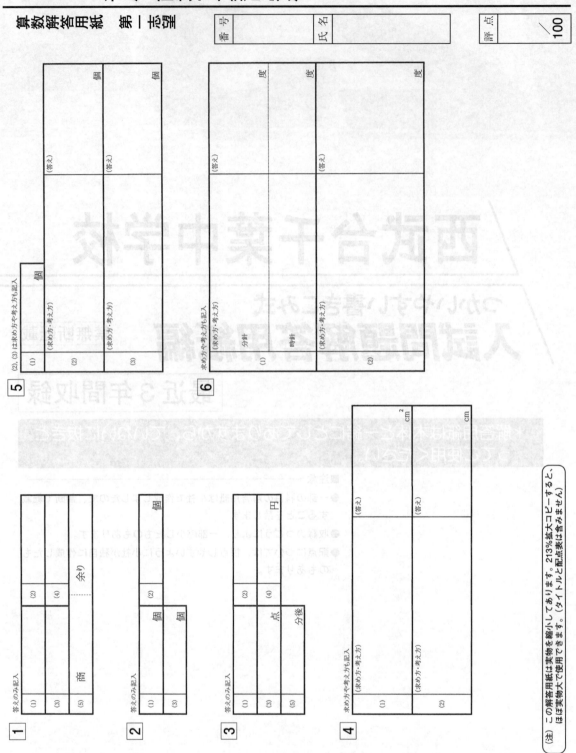

２０２４年度　西武台千葉中学校

社会解答用紙　第一志望

番号		氏名		評点	/50

1

①		②	
③		④	
⑤			

2

①		②	
③		④	
⑤		⑥	

3

①		②	
③		④	

4

①		②	
③		④	

5

①	⇒　⇒　⇒	②	⇒　⇒　⇒
③	⇒　⇒　⇒	④	⇒　⇒　⇒

6

①		②	
③		④	

7

①		②	
③		④	
⑤		⑥	

（注）この解答用紙は実物を縮小してあります。191％拡大コピーすると、ほぼ実物大で使用できます。（タイトルと配点表は含みません）

〔社　会〕50点(推定配点)

1　各２点×５　2　各１点×６　3～5　各２点×12　6，7　各１点×10

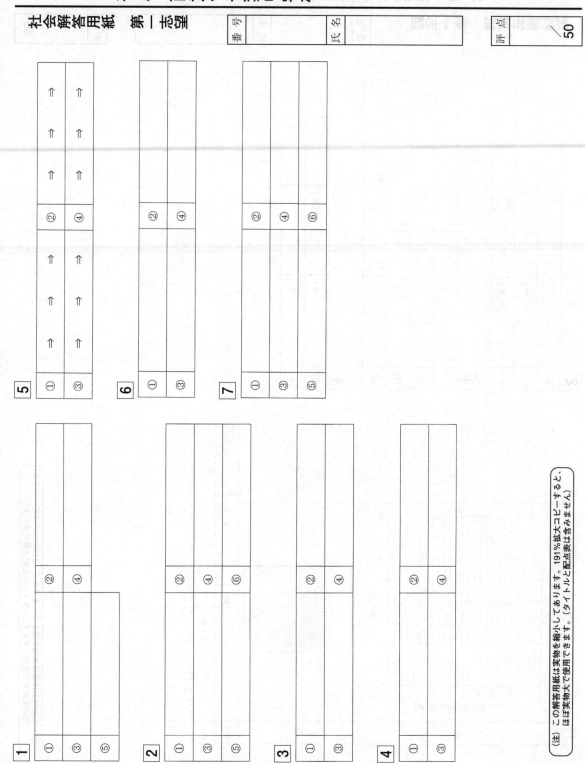

2024年度　西武台千葉中学校

理科解答用紙　第一志望

番号		氏名		評点	／50

1

問1

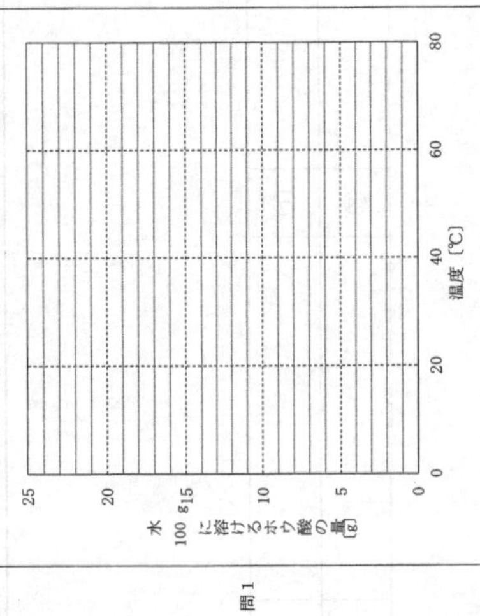

問2

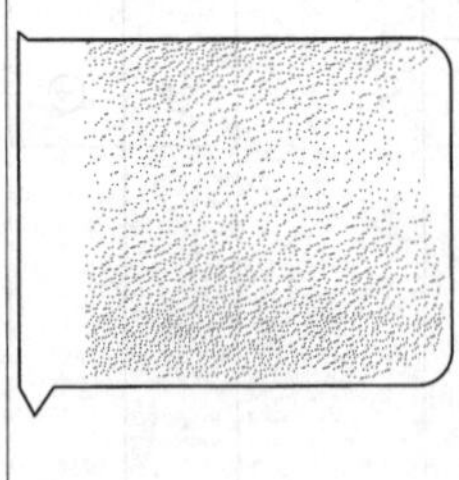

問3　問4　g　問5　g

問6　問7

2

問1　A　B

問2　問3

問4　個　問5　(1)　(2)

3

問1　ア　イ　ウ　エ

問2　①　②　③

問3　問4　番号　正しい答え

4

問1　問2　問3

問4　問5

(注) この解答用紙は実物を縮小してあります。210%拡大コピーすると、ほぼ実物大で使用できます。(タイトルと配点表は含みません)

〔理　科〕50点(推定配点)

1　問1，問2　各2点×2　問3　1点　問4～問7　各2点×4　**2**　問1　各2点×2　問2　1点　問3　2点　問4　1点　問5　各2点×2　**3**　問1，問2　各1点×7＜問2は各々完答＞　問3　2点　問4　番号…1点，正しい答え…2点　**4**　問1，問2　各2点×2　問3～問5　各3点×3

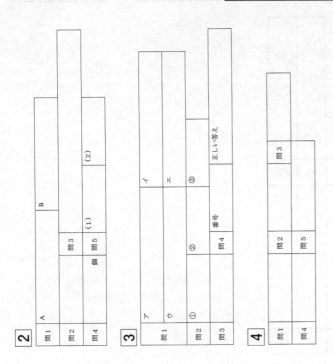

２０２４年度　西武台千葉中学校

英語解答用紙　第一志望

番号		氏名		評点	/50

1

1	2	3

2

1	2

3

1	2	3	4	5

6	7	8	9	10

11	12	13	14	15

4

1	2	3	4	5

5

1	.
2	?
3	.
4	?
5	.

（注）この解答用紙は実物を縮小してあります。197％拡大コピーすると、ほぼ実物大で使用できます。（タイトルと配点表は含みません）

〔英　語〕50点（推定配点）

1，2　各３点×５　3　各１点×15　4　各１点×５　5　各３点×５

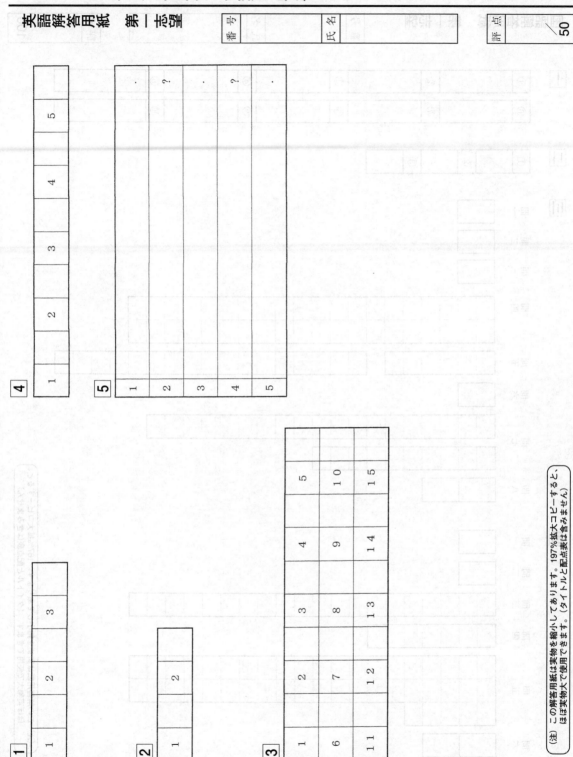

二〇二四年度　西武台千葉中学校

国語解答用紙　第一志望

番号		氏名		評点	／100

一

①		②		③		④		⑤	
⑥		⑦		⑧		⑨		⑩	

二

①		②		③	

三

問一

問二

問三

問四

問五

問六

問七

問八

四

問一

問二

問三

問四

問五

問六

（注）この解答用紙は実物を縮小してあります。187%拡大コピーすると、ほぼ実物大で使用できます。（タイトルと配点表は含みません）

〔国　語〕100点（推定配点）

一　各2点×10　二　各3点×3　三　問1　3点　問2　4点　問3　3点　問4　6点　問5～問7　各4点×5　問8　各3点×2　四　問1～問4　各4点×4　問5　7点　問6　各3点×2

２０２４年度　西武台千葉中学校

算数解答用紙　第１回

番号　　氏名　　評点 ／100

1 答えのみ記入

(1)　(2)　(3)　(4)　(5)

2 求め方や考え方も記入

(1) (求め方・考え方)　(答え) 塩 g　水 g

(2) (求め方・考え方)　(答え) 円

(3) (求め方・考え方)　(答え) ネコ 匹　ハト 羽

(4) (求め方・考え方)　(答え) 時 分

(5) (求め方・考え方)　(答え) あめ玉 個　子ども 人

3 求め方や考え方も記入

(1) (求め方・考え方)　(答え) 円

(2) (求め方・考え方)　(答え) 円

(3) 最終的に 円の がありました。

4 答えのみ記入

(1) cm^2　(2) cm

5 求め方や考え方も記入

(1) (求め方・考え方)　(答え) 本

(2) (求め方・考え方)　一番上の段 本　一番下の段 本

6 答えのみ記入

(1) cm^3　(2) cm^3

(3) ア　イ　ウ

(注) この解答用紙は実物を縮小してあります。218%拡大コピーすると、ほぼ実物大で使用できます。(タイトルと配点表は含みません)

〔算　数〕100点(推定配点)

1 各５点×５　**2** 求め方…各３点×５，答え…各２点×５　**3** (1)，(2) 求め方…各３点×２，答え…各２点×２　(3) ５点　**4** 各５点×２　**5** 求め方…各３点×２，答え…各２点×２　**6** 各５点×３＜(3)は完答＞

２０２４年度　西武台千葉中学校

社会解答用紙　第１回

番号		氏名		評点	／50

1

①	②
③	④

2

①	②
③	④

3

①	②
③	④

4

①	②
③	④

5

①	②
③	

6

①	②
③	④

7

(注) この解答用紙は実物を縮小してあります。191％拡大コピーすると、ほぼ実物大で使用できます。(タイトルと配点表は含みません)

〔社　会〕50点(推定配点)

1～6　各２点×23　7　４点

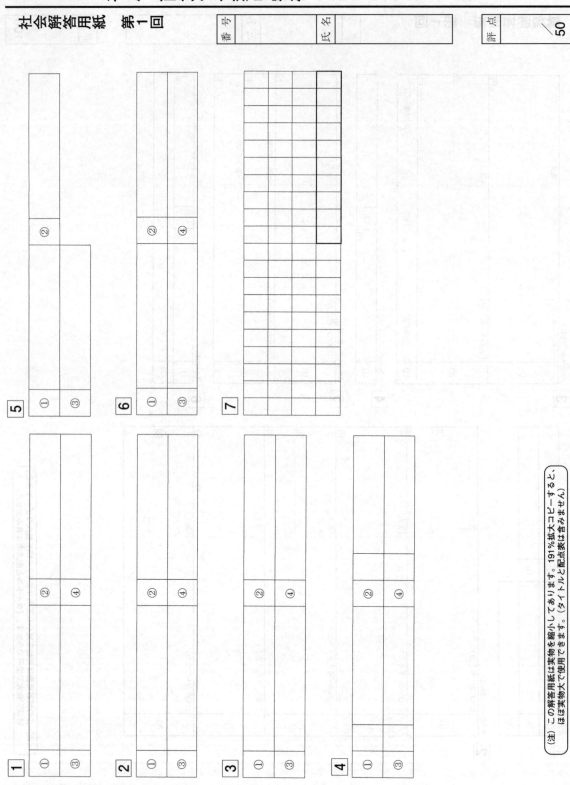

２０２４年度　西武台千葉中学校

理科解答用紙　第１回

番号		氏名		評点	／50

1

問1

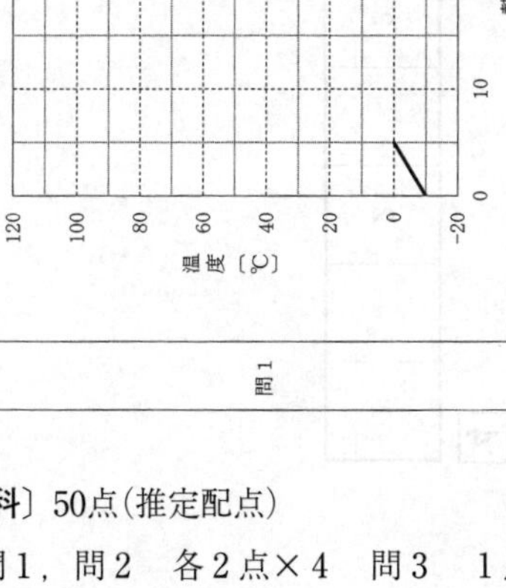

問2	①	
	②	
	③	
問3	分後	
問4	分後	
問5	分後	

2

問1		
問2		
問3		
問4	①	②
問5		

3

問1	
問2	
問3	
問4	
問5	
問6	
問7	
問8	

4

問1			
問2	%	問3	g
問4	%		
問5	① g	② g	③ g

(注)この解答用紙は実物を縮小してあります。203%拡大コピーすると、ほぼ実物大で使用できます。(タイトルと配点表は含みません)

〔理　科〕50点(推定配点)

1　問1，問2　各2点×4　問3　1点　問4，問5　各2点×2　2　各2点×6　3　問1　2点<完答>　問2～問4　各1点×3　問5～問8　各2点×4　4　問1　2点　問2，問3　各1点×2　問4，問5　各2点×4

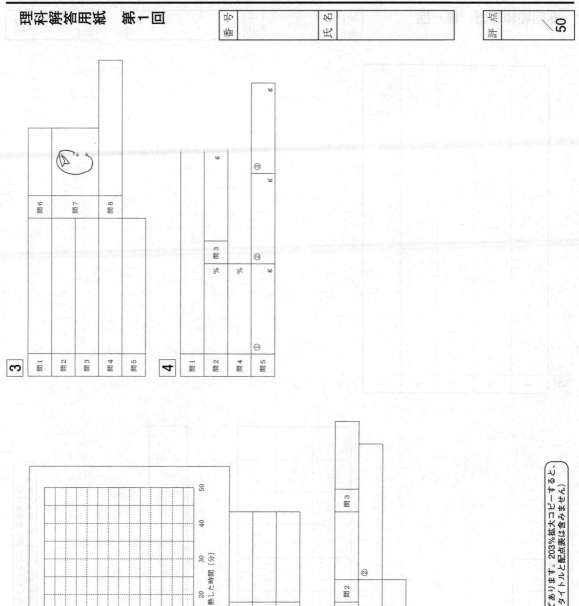

2024年度　西武台千葉中学校

英語解答用紙　第1回

番号		氏名		評点	/50

1

1		2		3	

2

1		2	

3

1		2		3		4		5	
6		7		8		9		10	
11		12		13		14		15	

4

1		2		3		4		5	

5

1	.
2	.
3	?
4	.
5	?

（注）この解答用紙は実物を縮小してあります。199%拡大コピーすると、ほぼ実物大で使用できます。（タイトルと配点表は含みません）

〔英　語〕50点（推定配点）

1, 2　各3点×5　3　各1点×15　4　各1点×5　5　各3点×5

二〇二四年度　西武台千葉中学校

国語解答用紙　第１回

番号		氏名		評点	/100

一

①　②　③　④　⑤

⑥　⑦　⑧　⑨　⑩

二

①　②　③

三

問一

問二　運命。

問三

問四

問五

問六

問七

四

問一

問二

問三

問四

問五

問六

問七

（注）この解答用紙は実物を縮小してあります。189%拡大コピーすると、ほぼ実物大で使用できます。（タイトルと配点表は含みません）

〔国　語〕100点(推定配点)

一　各２点×10　二　各３点×３　三　問１　各３点×２　問２　５点　問３　各３点×２　問４　各２点×６　問５　５点　問６，問７　各３点×３　四　問１，問２　各３点×２　問３　５点　問４　３点　問５，問６　各２点×４　問７　各３点×２

２０２３年度　西武台千葉中学校

算数解答用紙　第一志望

番号		氏名		評点	/100

1 答えのみ記入

(1)	
(2)	
(3)	
(4)	
(5)	

2 答えのみ記入

(1)	
(2)	通り
(3)	m²
(4)	度

3 求め方や考え方も記入

	(求め方・考え方)	(答え)
(1)		分後
(2)		分後

4 求め方や考え方も記入

	(求め方・考え方)	(答え)
(1)		cm^2
(2)		倍

5 求め方や考え方も記入

	(求め方・考え方)	(答え)
(1)		cm
(2)		個

6 求め方や考え方も記入

	(計算式)	(答え)
(1)		通り
(2)		通り

7 求め方や考え方も記入

	(計算式)	(答え)
(1)		段
(2)		分　秒
(3)		段

(注)　この解答用紙は実物を縮小してあります。211％拡大コピーすると、ほぼ実物大で使用できます。(タイトルと配点表は含みません)

〔算　数〕100点(推定配点)

1，2　各5点×9　3～5　求め方・考え方…各3点×6，答え…各2点×6　6，7　計算式…各3点×5，答え…各2点×5

２０２３年度　西武台千葉中学校

社会解答用紙　第一志望

番号		氏名		評点	/50

1

①	地方	②	地方
③	地方	④	地方
⑤	地方		

2

①	市	②	市
③	市	④	市
⑤	市	⑥	市

3

①		②	
③		④	

4

①		②	
③		④	

5

①		②	
③		④	

6

①		②	
③		④	

7

①		②	
③		④	
⑤		⑥	

(注) この解答用紙は実物を縮小してあります。192％拡大コピーすると、ほぼ実物大で使用できます。(タイトルと配点表は含みません)

〔社　会〕50点(推定配点)

1　各２点×５　2　各１点×６　3～5　各２点×12　6，7　各１点×10

２０２３年度　西武台千葉中学校

理科解答用紙　第一志望

番号		氏名		評点	／50

1

問1	
問2	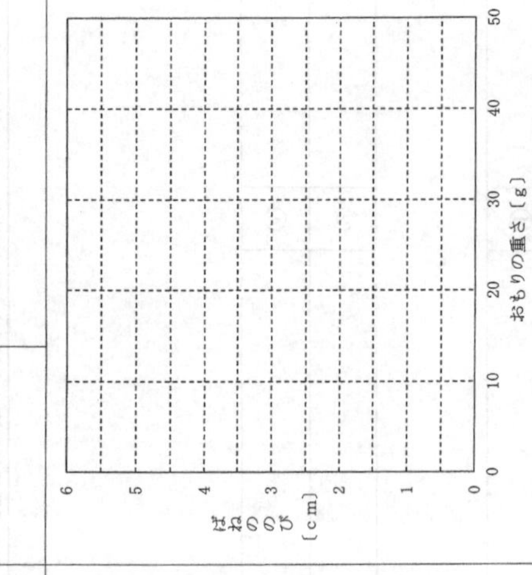
問3	
問4	
問5	

2

問1	①	②	③	④
問2		問3		
問4				

3

問1	ア	イ
問2	ウ	エ
問3	①	②	③
問4		

4

問1	①	②	③
問2	記号	理由	
問3			
問4	A	B	
問5	記号	正しい答え	

（注）この解答用紙は実物を縮小してあります。210%拡大コピーすると、ほぼ実物大で使用できます。（タイトルと配点表は含みません）

〔理　科〕50点（推定配点）

1　問1　2点　問2～問4　各3点×3　問5　2点　2　問1　各1点×4　問2～問4　各2点×3　3　問1～問3　各1点×8　問4　2点　4　問1　各1点×3　問2　4点　問3，問4　各2点×3　問5　4点

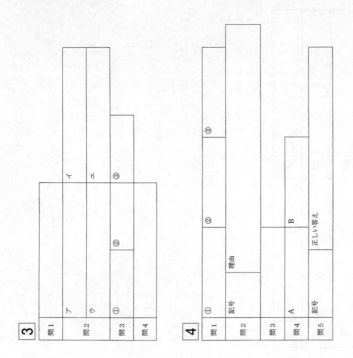

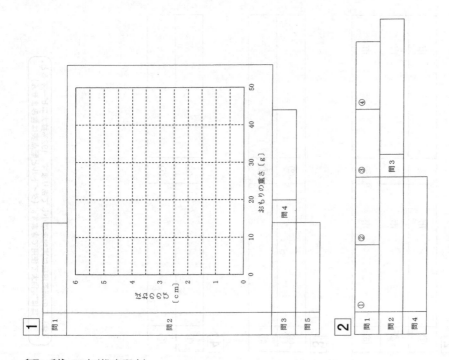

２０２３年度　西武台千葉中学校

英語解答用紙　第一志望

番号		氏名		評点	／50

1

1	2	3

2

1	2

3

1	2	3	4	5
6	7	8	9	10
11	12	13	14	15

4

1	2	3	4	5

5

1	?
2	.
3	?
4	?
5	?

（注）この解答用紙は実物を縮小してあります。199％拡大コピーすると、ほぼ実物大で使用できます。（タイトルと配点表は含みません）

〔英　語〕50点(推定配点)

1, 2　各３点×５　3　各１点×15　4　各１点×５　5　各３点×５

二〇二三年度　西武台千葉中学校

国語解答用紙　第一志望

番号　　氏名　　評点　／100

一

①　②　③　④　⑤

⑥　⑦　⑧　⑨　⑩

二

①　②　③

三

問一

問二

問三

問四

問五

問六

問七

四

問一

問二

問三

問四

問五

問六

問七

（注）この解答用紙は実物を縮小してあります。190％拡大コピーすると、ほぼ実物大で使用できます。（タイトルと配点表は含みません）

〔国　語〕100点(推定配点)

一　各２点×10　二　各３点×３　三　問１～問３　各３点×６　問４　６点　問５　５点　問６，問７　各３点×３　四　問１，問２　各４点×２　問３～問５　各３点×６　問６　４点　問７　３点

2023年度 西武台千葉中学校

算数解答用紙 第1回

番号		氏名		評点	/100

1 答えのみ記入

①		②	
③		④	
⑤			

2 答えのみ記入

①	円	②	
③	回目	④	

3 求め方と答えを記入

①	(求め方)
	(答)
②	(求め方)
	(答)

4 求め方と答えを記入

①	(作図) 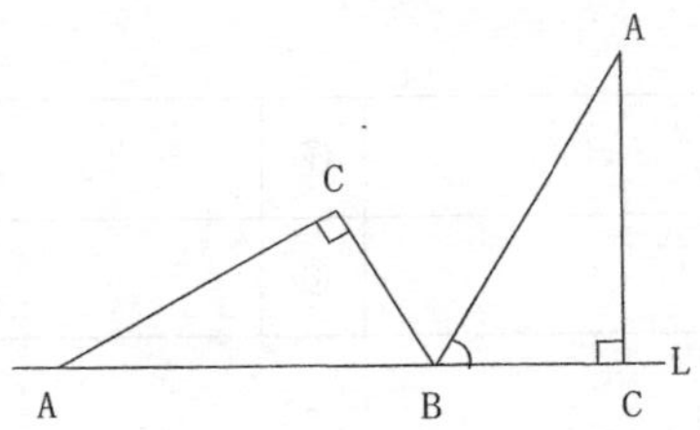
②	(求め方)
	(答) cm²

5 求め方と答えを記入

①	(求め方)
	(答) cm³
②	(求め方)
	(答) cm

6 求め方と答えを記入

①	(求め方)
	(答) 度
②	(求め方)
	(答) 時 分

7 求め方と答えを記入

①	(求め方)
	(答) 通り
②	(求め方)
	(答) 通り
③	(求め方)
	(答) 通り

(注) この解答用紙は実物を縮小してあります。205%拡大コピーすると、ほぼ実物大で使用できます。(タイトルと配点表は含みません)

〔算 数〕100点(推定配点)

1, 2 各5点×9 3 求め方…各3点×2, 答…各2点×2 4 ① 5点 ② 求め方…3点, 答…2点

5〜7 求め方…各3点×7, 答…各2点×7

２０２３年度　西武台千葉中学校

社会解答用紙　第１回

番号		氏名		評点	／50

1

①		②	
③		④	

2

①		②	
③		④	

3

①		②	
③		④	

4

①	→ →	②	→ →
③	→ →	④	→ →

5

①		②	プラスチック
③	バッグ	④	電球

6

	誤り	正解		誤り	正解
①			②		
③			④		
⑤					

7

(注) この解答用紙は実物を縮小してあります。192%拡大コピーすると、ほぼ実物大で使用できます。(タイトルと配点表は含みません)

〔社　会〕50点(推定配点)

1　各１点×４　2～6　各２点×21　7　４点

２０２３年度　西武台千葉中学校

理科解答用紙　第１回

番号		氏名		評点	／50

1

問1	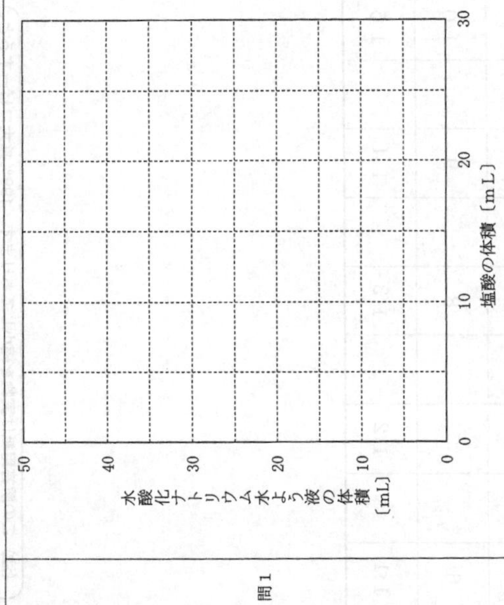
問2	
問3	① ②
問4	

2

問1	①	②
問2	①　秒	②　秒
問3	秒	
問4		

3

問1	①	②		
問2	バッタ	カエル	ワシ	
問3				
問4	イ	エ		
問5	A	B	C	D

4

問1					
問2					
問3	ア	イ			
問4	あ	い	う	え	お
問5	月の				

（注）この解答用紙は実物を縮小してあります。190％拡大コピーすると、ほぼ実物大で使用できます。（タイトルと配点表は含みません）

〔理　科〕50点(推定配点)

1　各２点×５　2　各２点×６　3　問１　各２点×２　問２～問５　各１点×10　4　問１　１点　問２，問３　各２点×３　問４　各１点×５　問５　２点

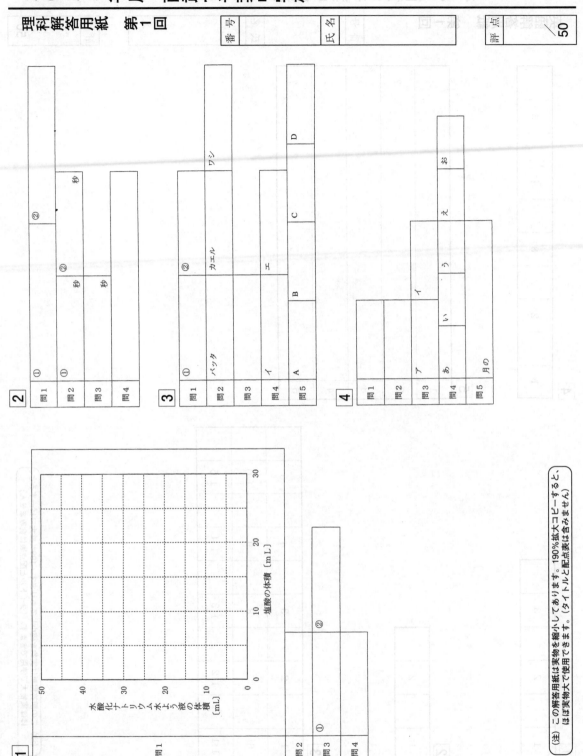

２０２３年度　西武台千葉中学校

英語解答用紙　第１回

番号		氏名		評点	／50

4

1	2	3	4	5

5

1	.
2	?
3	.
4	.
5	?

1

1	2	3

2

1	2

3

1	2	3	4	5
6	7	8	9	10
11	12	13	14	15

（注）この解答用紙は実物を縮小してあります。199％拡大コピーすると、ほぼ実物大で使用できます。（タイトルと配点表は含みません）

〔英　語〕50点（推定配点）

1，2　各３点×５　3　各１点×15　4　各１点×５　5　各３点×５

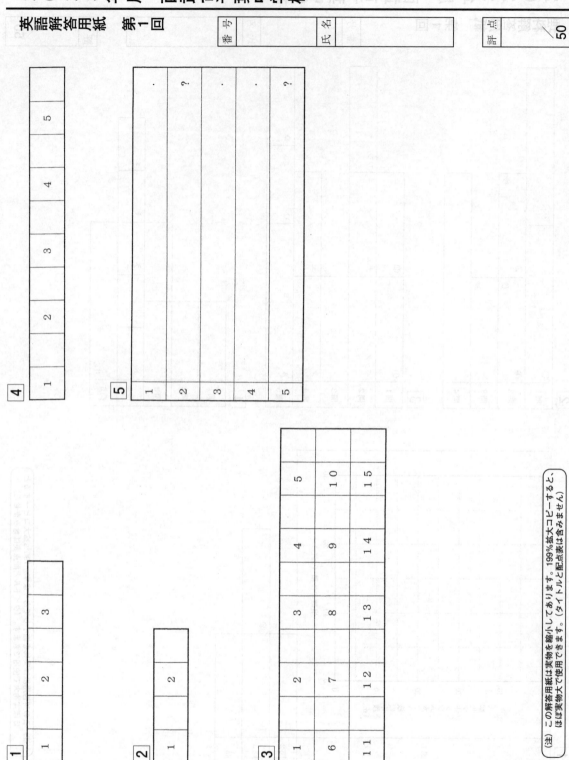

二〇二三年度　西武台千葉中学校

国語解答用紙　第1回

番号　　氏名　　評点　／100

一　①　②　③　④　⑤　⑥　⑦　⑧　⑨　⑩

二　①　②　③

三　問一　問二　問三　問四　問五　問六　問七

四　問一　問二　問三　問四　問五　問六　問七

（注）この解答用紙は実物を縮小してあります。190％拡大コピーすると、ほぼ実物大で使用できます。（タイトルと配点表は含みません）

〔国　語〕100点（推定配点）

一　各2点×10　二　各3点×3　三　問1　5点　問2～問5　各3点×7　問6　5点　問7　各3点×2

四　問1　3点　問2　4点　問3　6点　問4～問7　各3点×7

２０２２年度　西武台千葉中学校

算数解答用紙　第一志望

番号		氏名		評点	／100

1 答えのみ記入

(1)	(2)
(3)	(4)
(5)	

2 答えのみ記入

(1) ①	(2) ②
(3) ③	(4) ④

3 求め方や考え方も記入

(1)	(求め方・考え方)	(答え)
(2)	(求め方・考え方)	(答え) 円
(3)	(求め方・考え方)	(答え) kg
(4)	(求め方・考え方)	(答え) 秒

4 求め方や考え方も記入

(1)	(求め方・考え方)	(答え) cm^2
(2)	(求め方・考え方)	(答え) cm^2

5 計算式も記入

(1)	(計算式)	(答え) m
(2)	(計算式)	(答え) 分速 m
(3)	(計算式)	(答え) 時速 km

6 答えのみ記入

(1) 個	(2) 個
(3) cm^2	

(注) この解答用紙は実物を縮小してあります。200%拡大コピーすると、ほぼ実物大で使用できます。（タイトルと配点表は含みません）

〔算　数〕100点(推定配点)

1　各4点×5　2　各5点×4　3, 4　求め方・考え方…各3点×6, 答え…各2点×6　5　計算式…各3点×3, 答え…各2点×3　6　各5点×3

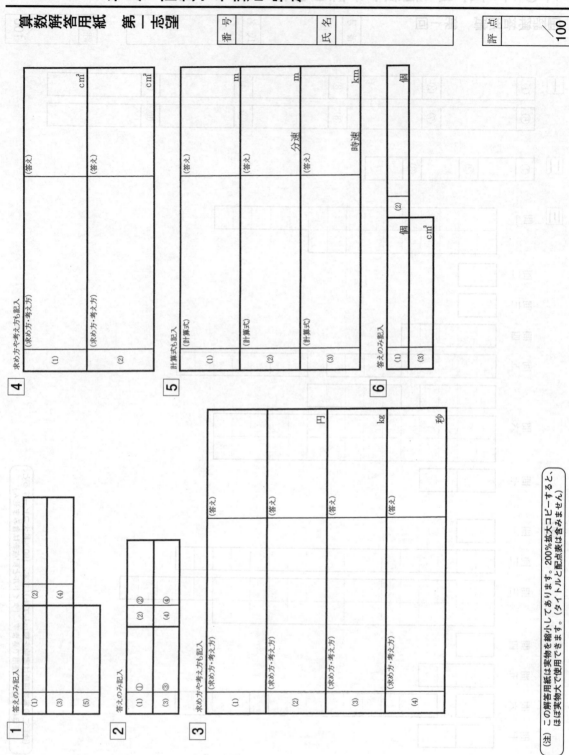

２０２２年度　西武台千葉中学校

社会解答用紙　第一志望

番号		氏名		評点	／50

1

①		②	
③		④	
⑤			

2

1		2	
3		4	
5		6	

3

①		②	
③		④	

4

①		②	
③		④	

5

①	国旗		国名	
②	国旗		国名	
③	国旗		国名	
④	国旗		国名	

6

①		②	
③		④	

7

①		②	
③		④	
⑤			

(注)　この解答用紙は実物を縮小してあります。185%拡大コピーすると、ほぼ実物大で使用できます。（タイトルと配点表は含みません）

〔社　会〕50点(推定配点)

1　各1点×5　2, 3, 4　各2点×14　5　各1点×8　6, 7　各1点×9

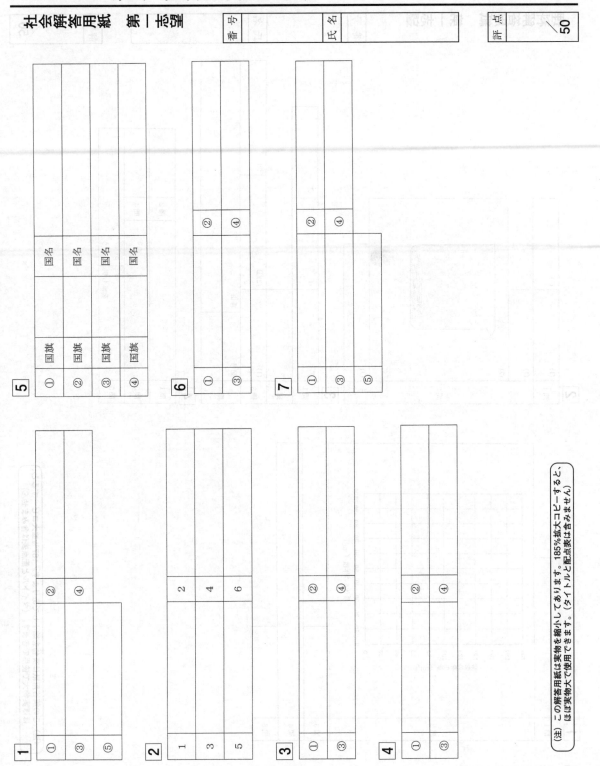

２０２２年度　西武台千葉中学校

理科解答用紙　第一志望

番号		氏名		評点	/50

1

問１

問２

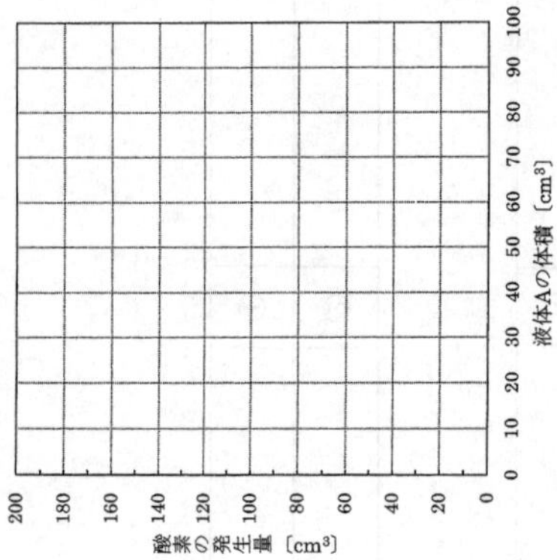

問３

問４

問５

2

問１　(1)　(2)

問２　(1)

(2)

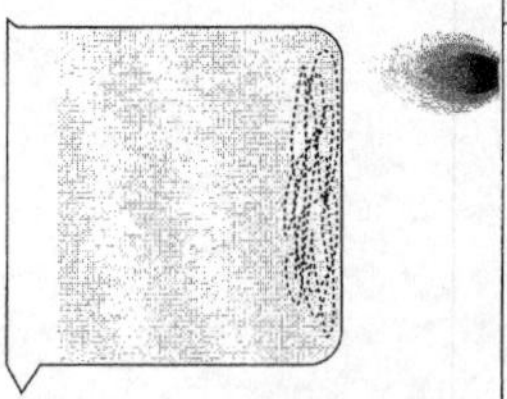

(3)

3

問１　ア　イ　ウ

問２

問３　(1)　(2)①　②

問４　記号　理由

4

問１　問２

問３　問４

問５　2　をまもり　3　う

（注）この解答用紙は実物を縮小してあります。187％拡大コピーすると、ほぼ実物大で使用できます。（タイトルと配点表は含みません）

〔理　科〕50点（推定配点）

1 問１　２点　問２　３点　問３　２点　問４　３点　問５　２点　**2** 問１，問２(1)　各２点×３　問２(2)　３点　問２(3)　２点　**3** 問１　各１点×３　問２，問３　各２点×４　問４　記号…１点　理由…３点　**4** 各２点×６

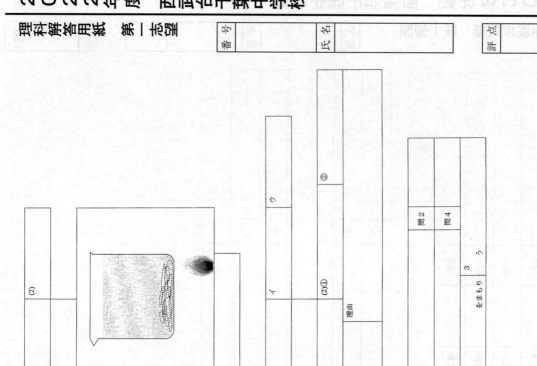

２０２２年度　西武台千葉中学校

英語解答用紙　第一志望

番号	氏名	評点
		／50

1

1		2		3	

2

1		2	

3

1		2		3		4		5	
6		7		8		9		10	
11		12		13		14		15	

4

1		2		3		4		5	

5

1		.
2		?
3		?
4		.
5		?

（注）この解答用紙は実物を縮小してあります。189%拡大コピーすると、ほぼ実物大で使用できます。（タイトルと配点表は含みません）

〔英　語〕50点(推定配点)

1, 2　各３点×５　3　各１点×15　4　各１点×５　5　各３点×５

二〇二二年度　西武台千葉中学校

国語解答用紙　第一志望

番号		氏名		評点	／100

一　①　②　③　④　⑤　⑥　⑦　⑧　⑨　⑩

二　①　②　③

三

問一　人間の道は　　はじまった。

問二

問三

問四

問五

問六

問七

四

問一

問二

問三

問四

問五

問六

問七　眉山が孝たちのことを　　いること。

（注）この解答用紙は実物を縮小してあります。200％拡大コピーすると、ほぼ実物大で使用できます。（タイトルと配点表は含みません）

〔国　語〕100点(推定配点)

一　各2点×10　二　各3点×3　三　問1　4点　問2　3点　問3　各4点×5　問4　5点　問5　3点　問6　4点　問7　各3点×2　四　問1，問2　各3点×2　問3，問4　各5点×2　問5，問6　各3点×2　問7　4点

２０２２年度　西武台千葉中学校

算数解答用紙　第１回

番号		氏名		評点	/100

1 答えのみ記入

①	②
③	④
⑤	

2 答えのみ記入

①	②
③	④
⑤	

3 求め方と答えを記入

① (求め方)　(答)　人

② (求め方)　(答)　人

③ (求め方)　(答)　人

4 求め方と答えを記入

① (求め方)　(答)　cm³

② (求め方)　(答)　cm

5 ①、②は答えのみ　③は求め方と答えを記入

①	②

③ (求め方)　(答)

6 求め方と答えを記入

① (作図)

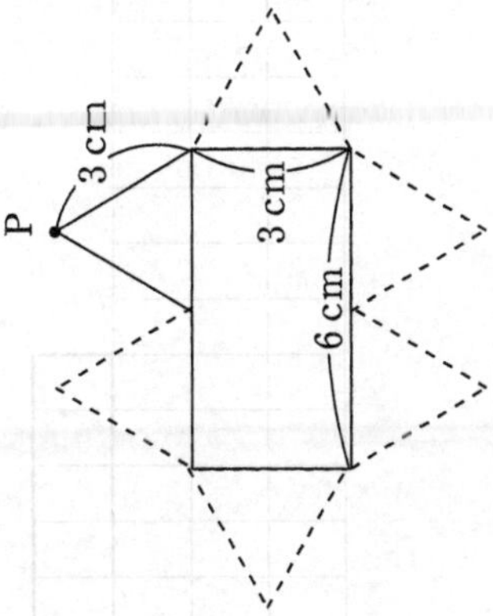

② (求め方)　(答)　cm

(注) この解答用紙は実物を縮小してあります。192%拡大コピーすると、ほぼ実物大で使用できます。(タイトルと配点表は含みません)

〔算　数〕100点(推定配点)

1，**2**　各５点×10　**3**，**4**　求め方…各３点×５，答…各２点×５　**5**　①，②　各５点×２　③　求め方…３点，答…２点　**6**　①　５点　②　求め方…３点，答…２点

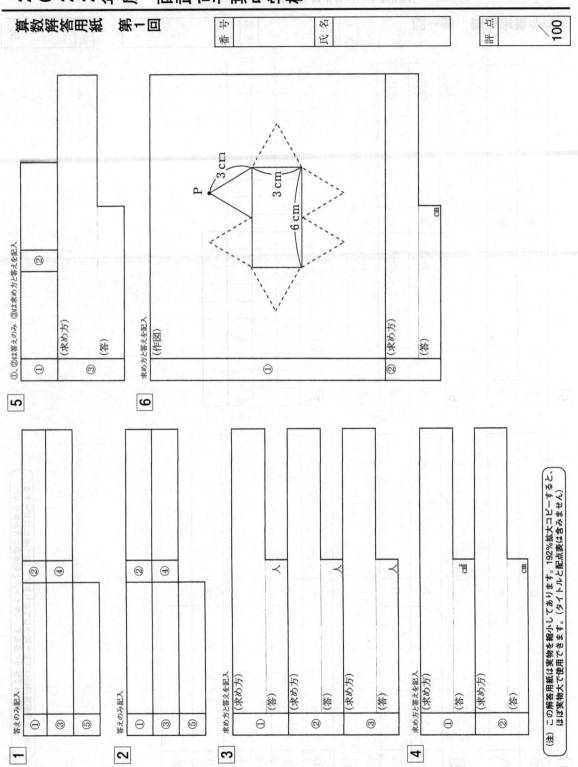

２０２２年度　西武台千葉中学校

社会解答用紙　第１回

番号		氏名		評点	／50

1
①　②
③　④

2
①　②
③　④

3
①　②
③　④

4
①　②
③

5
①　②
③　④

6
①　時代　②　時代
③　時代　④　時代
⑤　時代

7

(注) この解答用紙は実物を縮小してあります。182%拡大コピーすると、ほぼ実物大で使用できます。(タイトルと配点表は含みません)

〔社　会〕50点(推定配点)

1～4　各２点×15　5　各１点×５　6　各２点×５　7　５点

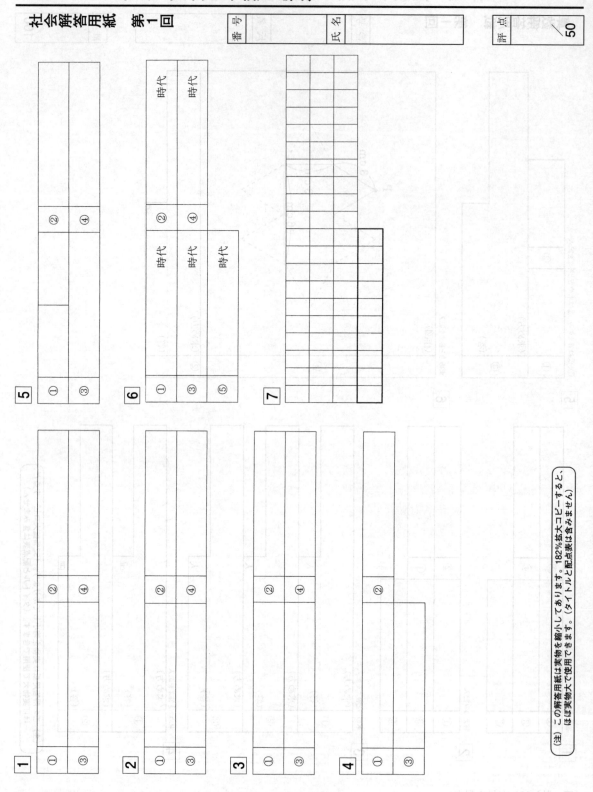

２０２２年度　西武台千葉中学校

理科解答用紙　第１回

番号		氏名		評点	／50

1

問１	
問２	%
問３	%
問４	
問５	
問６	

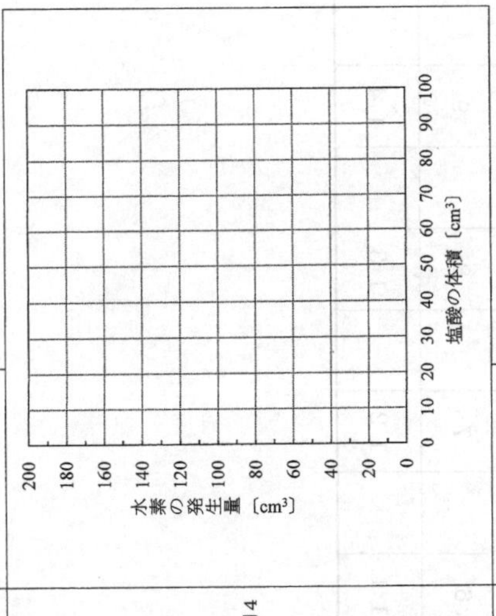

2

問１	
問２	
問３	
問４	

3

問１	①	②
問２	記号	名前
問３		
問４		
問５	①	②

4

問１	(ア)	(イ)	(ウ)
問２	(1)		組織
	(2)		組織
	(3)A	B	
問３	A	B	

（注）この解答用紙は実物を縮小してあります。189％拡大コピーすると、ほぼ実物大で使用できます。（タイトルと配点表は含みません）

〔理　科〕50点(推定配点)

1　問１～問３　各２点×３　問４　３点　問５，問６　各２点×２　**2**　各２点×４　**3**　問１　各１点×２　問２～問５　各２点×６　**4**　問１　各１点×３　問２，問３　各２点×６

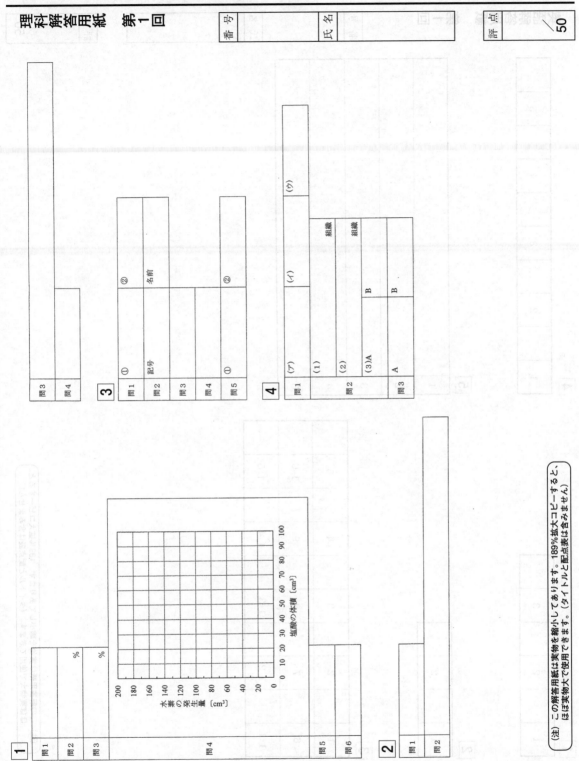

２０２２年度　西武台千葉中学校

英語解答用紙　第１回

番号		氏名		評点	／50

1

1	2	3

2

1	2

3

1	2	3	4	5
6	7	8	9	10
11	12	13	14	15

4

1	2	3	4	5

5

1	?
2	.
3	?
4	.
5	.

(注) この解答用紙は実物を縮小してあります。189％拡大コピーすると、ほぼ実物大で使用できます。(タイトルと配点表は含みません)

〔英　語〕50点(推定配点)

1, 2　各３点×５　3　各１点×15　4　各１点×５　5　各３点×５

二〇二二年度　西武台千葉中学校

国語解答用紙　第1回

番号　　氏名　　評点 /100

一

①　②　③　④　⑤

⑥　⑦　⑧　⑨　⑩

二

①　②　③

三

問一　問二

問三

問四

問五

問六

問七

四

問一

問二　瑠雨ちゃんは

子なのかもしれないと思うようになった。

問三

問四

問五　問六　問七

（注）この解答用紙は実物を縮小してあります。192%拡大コピーすると、ほぼ実物大で使用できます。（タイトルと配点表は含みません）

〔国　語〕100点(推定配点)

一　各2点×10　二　各3点×3　三　問1，問2　各3点×2　問3　4点　問4　各3点×5　問5　各4点×2　問6　4点　問7　各3点×2　四　問1～4　各4点×4　問5～問7　各3点×4

Memo

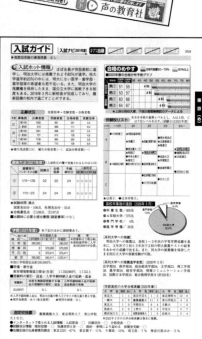

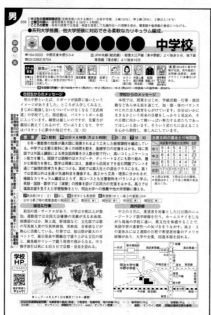